商务印书馆(成都)有限责任公司出品

不流于美好愿望

新经济学如何帮助解决全球贫困问题

[美]迪恩·卡尔兰 [美]雅各布·阿佩尔 著

傅瑞蓉 译

More Than Good Intentions

How a New Economics Is Helping to Solve Global Poverty

Dean Karlan | Jacob Appel

商务印书馆
The Commercial Press

MORE THAN GOOD INTENTIONS :
HOW A NEW ECONOMICS IS HELPING TO SOLVE GLOBAL POVERTY
by Dean Karlan and Jacob Appel
Copyright © 2011 by Dean Karlan and Jacob Appel
This edition published by arrangement with Dutton, a member of Penguin Group (USA) Inc.
Simplified Chinese edition copyright © 2013 Shanghai Sanhui Culture and Press Ltd.
Published by The Commercial Press
All rights reserved including the right of reproduction in whole or in part in any form.

迪恩：献给辛迪，感谢你的爱和支持
　　　献给玛雅、麦克斯韦和加比

杰克：献给普普乐团和祖父

本书所获赞誉

迪恩·卡尔兰是世界上最富创造力、最多产的新生代经济学家之一。他的研究把最热门的两大经济学领域结合了起来：行为经济学和发展经济学—小额贷款……这本围绕着发展与贫困问题展开论述的著作，是继《魔鬼经济学》(*Freakonomics*)、《怪诞行为学》(*Predictably Irrational*)、《轻推一把》(*Nudge*)之后的又一本杰作。

——理查德·萨勒(Richard H. Thaler)，《轻推一把》(*Nudge*)作者

这是一本引人入胜的书，它指导捐赠者如何进行捐赠以改善全世界最贫困的人的生活状况。卡尔兰和阿佩尔清晰而透彻地描述了他们据以做出结论的各项研究，深入浅出地阐明了如何将心理学上的"轻推一把"与经济学中的激励机制结合起来，从而帮助人们做出成功的决策。

——保罗·布雷斯特(Paul Brest)，威廉与弗洛拉·休利特基金会(The William and Flora Hewlett Foundation)主席

迪恩·卡尔兰是最具活力和进取心的新生代经济学家之一。这些后起之秀正在努力奋斗，试图消除贫困、改变世界。他们正孜孜不倦地、一个接一个地进行着随机控制实验。卡尔兰与阿佩尔合著的这本著作不仅仅把来自这些研究的令人兴奋的全新发现传递给了读者，而

且通过活泼的笔触、引人入胜的叙述,让读者也得以享受探索与发现的喜悦。阅读它,绝对是一次令人振奋、引人思考的思想旅程!

——埃斯特·迪弗洛(Esther Duflo),阿卜杜勒·拉蒂夫·贾米尔反贫困实验室创立者,麻省理工学院经济系扶贫与发展经济学教授,2010年克拉克奖得主

这是一本了不起的著作。任何有兴趣了解应该做些什么才能真正解决全球贫困问题的人都应该读一读它。卡尔兰和阿佩尔成功地在以下两个极端之间取得了平衡:一边是向每一个听起来似乎挺高尚的项目捐款的"非理性繁荣",另一边是对世界上任何做好事的努力都极度悲观的末日心态。他们给出了一条明确的、可行的前进道路,而且把它描述得非常有意思、非常人性化。

——迈克尔·克雷默(Michael Kremer),哈佛大学盖茨发展中社会研究中心教授

21世纪上半叶将被历史学家铭记为一个消除世界贫困的时代;而像迪恩·卡尔兰这样的少数一些天才,则将被人们视为这个时代的创造者。这将是一次伟大的胜利。在细致的分析和创造性的发现面前,许多原本被认为是永远不可能解决的深层次的问题都不复存在了。

——罗伯特·希勒(Robert Shiller),耶鲁大学经济学阿瑟·M.奥肯讲席教授,《非理性繁荣》(*Irrational Exuberance*)作者。

扣人心弦、轻松活泼、启迪心智,本书三者兼而有之。每当我捧起这部杰作,翻开书页时,都会发现自己像是在拆开生日礼物一样兴奋。每个人都应该而且必须认真地阅读一下这本书,它直指当今人类所面临的一些最重要的问题。

——约翰·A. 李斯特(John A. List),芝加哥大学经济学荷马·J. 利文斯通(Homer J. Livingstone)讲席教授

本书用通俗易懂的语言，深入浅出地叙述了一些可以改变世界的想法，如果我们想要解决全球贫困问题，我们就不能只流于美好愿望。卡尔兰以及阿佩尔在本书中告诉我们的恰恰是：我们需要做些什么，怎样才能达到我们的目的。

——彼得·辛格(Peter Singer)，美国普林斯顿大学人类价值研究中心的生命伦理学艾拉·W. 德坎普(Ira W. Decamp)讲席教授

这是一部以田野实验和随机对照实验为基础的有关新发展经济学的著作，它的可读性极强，学术价值很高，富有洞察力……任何人都会对它发生兴趣。每个人都应该阅读这部著作，它从全新的视角，非常务实地对解决全球贫困问题的方法进行了通俗易懂的讨论。

——泰勒·考恩(Tyler Cowen)，乔治梅森大学经济学教授，《验证的时代》(The Age of the Infovore)作者，博客 marginalrevolution.com 的联合作者

世界上最紧迫的挑战是经济发展问题，卡尔兰是对的，他站在了世界的前沿……这是一部极其重要也相当引人入胜的著作。

——提姆·哈福德(Tim Harford)，《金融时报》"亲爱的经济学家"专栏作家，《卧底经济学家》(The Undercover Economist)作者

扶贫行动创新研究会的迪恩·卡尔兰与他的同事们所进行的这类研究，在帮助像福特基金会这样的组织方面起到了关键性的作用。

——弗兰克·乔凡尼(Frank DeGiovanni)，福特基金会经济发展部主任，扶贫协助小组前执委会主席

卡尔兰是全球研究发展中国家小额贷款问题的顶尖专家之一，他在世界各地进行了一些开创性的研究。他的著作打破了以往经济学著作的固有界限，直面当今贫困国家所急需解决的诸多最紧迫的问题，并给出有力的回答。我们今天对如何使小额信贷为穷人服务的大部分认

识都源于迪恩的研究。

——爱德华·米格尔(Edward Miguel),加州大学伯克利分校经济学教授

本书为抗击全球贫困提供了一条新的出路,它以数据铺路,把现实生活中的故事浇注于其中,全书充满着人文主义精神。卡尔兰和阿佩尔大声呼吁,我们要对我们做出的决策进行严格的评估——我们必须听他们的,因为利害攸关莫大于此。

——雅各布·哈罗德(Jacob Harold),威廉与弗洛拉·休利特基金会慈善事业项目部官员

这是一部精彩绝伦的著作,它是一位先驱战士,带领着我们直接来到战斗的最前线,引导我们以更合理的方式去抗击全球贫困问题。

——阿巴吉特·班纳吉(Abhijit Banerjee),福特基金会,麻省理工学院国际经济学教授

这部著作邀请你参加一次对话。对话的主题绝对引人注目:全球贫困问题。合作伙伴也不可能更令人向往了:与全球最顶尖的学者们一起工作。结果当然会如你所愿。

——森德希尔·穆莱纳桑(Sendhil Mullainathan),哈佛大学经济学教授

请做好准备吧,这部著作将要对你原先所持有的关于如何促进世界发展的观念提出尖锐的挑战,因为卡尔兰和阿佩尔将要破除陈见,告诉你在缓解全球贫困方面,什么才是真正有用的。

——贾斯廷·奥利弗(Justin Oliver),印度金奈小额信贷研究中心常务董事

卡尔兰成功地把优秀的学术研究应用到了国际发展的实践中去,

他实现了两者的结合,这极其罕见。在这方面,卡尔兰开了个先例,实现了突破。

——克里斯·邓福德(Chris Dunford),"免于饥饿"小额贷款公司行政主任

卡尔兰和阿佩尔写道,他们的目的是'与读者朋友进行直接地对话,把他们引到世界上的某些他们可能永远都不会去的角落里,带着他们与生活在这些角落里的人们进行面对面地接触',他们完全做到了,不管是对拥护者来说,还是对怀疑者来说,本书都获得了极大的成功。

——《柯克斯书评》(Kirkus)

它像一篇篇引人入胜的散文,也像一篇篇生动的报告文学……发人深省,充满着乐观主义精神,把发展援助事业美好的一面完全呈现在了人们的面前。

——《出版人周刊》(Publishers Weekly)

目 录

作者的话   1

第一章　导言：僧侣和鱼

与贫困作斗争（和拯救鱼）需要双管齐下   3
"跳进辛格的湖"吧   10
触手可及的行为经济学解决方法   12
我们可以要求做得更好   16
本书的内容安排   17

第二章　与贫困作斗争：我们怎么做、我们做什么

真的无路可走了吗？   26
随机控制实验：提出正确的问题   28
为了科学而抛硬币   30
欧内斯特的一个难题   32
当我们谈到贫困时，我们到底在说些什么？   35

第三章　购买：使纳入"安全网"的家庭数目翻一番

你能卖出任何东西	41
最后一英里问题	42
一张漂亮女人的照片值多少钱？	44
太多的选择	48
如何使纳入安全网的家庭数目翻上一番	50
销售的重要性	53

第四章　举债：为什么出租车司机不贷款

小额贷款的奇迹	58
娥琳（Erlyn）的退出	62
解析贷款的基本要件	65
金蛋与小额贷款案例	69
为什么小额贷款没有那么受欢迎呢？	71
骨头缝里的一点肉	75
小额贷款能改造社区吗？	78
小额贷款是达到目标的一种方法，它本身不是目标	81

第五章　追求幸福：有更美好的事情要做

在正确的时间、正确的地点上	85
追求幸福	87

奥蒂与小额贷款 90
还是电饭煲好 97
没脚的钱走得快 99
获得真相 100
"没脚的钱走得快"还会带来一个更大的问题 104

第六章　群体合作：大众的弱点是什么？

被过度吹捧的群体负债贷款模式 111
谁是借款人？ 113
谁能保证借款者会按时还款？ 115
如果情况变得更糟糕了怎么办？ 117
群体负债贷款的其他优点 119
群体负债贷款模式的问题所在 120
更少即更多：简单的个人贷款模式可能就是问题
　的答案 122
证据 124
到底是什么使群体负债贷款模式发挥作用的？一个
　信任博弈 129
帽子的重要性 132
会议怎样举行也不可小视 135
后续的步骤 140

第七章　储蓄：看似无趣的选择

为什么说储蓄是好的 145

为什么储蓄会那么艰难　　　　　　　　　　　147
几乎与藏在床垫底下一样好　　　　　　　　149
莎妮存钱的故事　　　　　　　　　　　　　153
让穷人储蓄　　　　　　　　　　　　　　　155
来自于美国本土的启示　　　　　　　　　　160
轻推一把　　　　　　　　　　　　　　　　165

第八章　农业：从无到有

"鼓网"项目(DrumNet)与简单易用的方法　　171
仔细测量好土壤的化学成分更有利于耕作　　174
农民也是人　　　　　　　　　　　　　　　177
大量的信息：惰性与现状　　　　　　　　　178
什么将脱颖而出：近因与可获得性　　　　　181
克服"行为上的抽搐症候"，一劳永逸地解决问题　183
"病毒菠萝"(viral pineapple)与社会学习　　185
"鼓网"项目的崩溃　　　　　　　　　　　　189
强大的基础　　　　　　　　　　　　　　　191
为什么与贫困作斗争最终会变得像火箭科学呢？　193

第九章　学习：在场的重要性

第一步：增加学生　　　　　　　　　　　　203
学生的校服　　　　　　　　　　　　　　　205
直接开出支票　　　　　　　　　　　　　　207
从优秀到卓越　　　　　　　　　　　　　　209

令人惊讶的成功一击:驱虫运动　　　　　　　212
再次见到安东尼　　　　　　　　　　　　　217
第二步:让教师回到教室　　　　　　　　　219
一张照片值一千卢比　　　　　　　　　　　220
当你需要的不只是更高的出勤率时　　　　　222
走对路了　　　　　　　　　　　　　　　　222
让人惊讶的另一次成功一击　　　　　　　　225
寻找秘密武器　　　　　　　　　　　　　　229

第十章　保持健康：从摔断腿到寄生虫

对不起,我们关门了(总是如此)　　　　　234
把钱送给病人让他们去看医生　　　　　　　240
自我激励　　　　　　　　　　　　　　　　244
疟疾　　　　　　　　　　　　　　　　　　249
与疟疾作战:出售,还是免费分发?　　　　252
一桶水里面那最重要的一滴　　　　　　　　257
比阿特丽斯(Beatrice)和爱葛妮丝(Agnes)　260
没有包医百病的处方　　　　　　　　　　　263

第十一章　性交：赤裸裸的真相

糟糕的信息,糟糕的选择　　　　　　　　　268
甜心老爹　　　　　　　　　　　　　　　　270
为检查而付钱　　　　　　　　　　　　　　275

第十二章　捐赠：作为结语的重要提示

七种能够奏效的方法　　　　　　　　　　　　285
方法还有很多,数不胜数:项目效果论证计划　　289

注释　　　　　　　　　　　　　　　　　　　291
致谢　　　　　　　　　　　　　　　　　　　309
索引　　　　　　　　　　　　　　　　　　　317

译后记　　　　　　　　　　　　　　　　　　346

作者的话

我与杰克是怎样相遇的

在 2006 年年底,谷歌邮件系统提醒我(谷歌邮件系统有自动提醒功能),在我所创立的一个名为"扶贫行动创新研究会"的非营利性组织的网站上出现了一个新的网页链接。于是我点击这个链接,进入了雅各布·阿佩尔的博客。雅各布·阿佩尔是我们最近才聘请的一位雇员,为我们在加纳的一些项目工作。雅各布·阿佩尔的博客深深地吸引了我,一个小时后,我就把他写的东西都读了个遍——他这个人连"玉米片"都能注意到,确实非同寻常。

其实,我原本就认识杰克(雅各布)这个人,在几个月前,他来应聘的时候,正是我面试他的,后来我又曾经在两个不同的项目中与他一起工作过——但是,我并不知道他其实是一个作家。我之所以雇佣他,是因为他的数学背景。在面试的时候,他在数字方面所表现出来的天赋让我震惊,他是一位数字极客。通过他的博客,我又了解到,其实杰克他还是一块"海绵"。他是这样一种人,去市场上不仅仅只是去买买东西而已。在去市场的路上,杰克会去跟出租车司机交谈,了解司机的生活状况;在市场上,他会询问摊主一些经营业务方面的东西,诸如生意如何呀,为什么要做正在做的这些事情啊,等等。他从周围的世界中汲取知识、收集材料,然后把它提炼成一个个关于日常生活的扣人心弦的故事。他写的东西非常生动精彩,与学术界所要求的那种枯燥乏味的、技术性很强的论文完全是两种风格。就这样,一个团队诞生了。

写作这本书的想法在我的头脑中已经酝酿很久了。发展经济学是一个日新月异的、专业化极强的小圈子,我一直都很想在这个小圈子与众多关心并致力于解决贫困问题的人们之间建立起一座桥梁。但是,我又无法把它当作一项全职的工作来做。我和同事们的大部分研究成果,如果不是在一些学术期刊上发表,就是在一些会议上,成为学者、从事发展问题研究的专业人员和大型的基金会进行讨论的主要议题。从某种意义上说,公众可能会认为,致力于研究解决贫困问题是一件艰巨繁琐、枯燥乏味、沉闷无趣的事情。

实际上,事情根本不是这样的。事实证明,当你花时间在这个领域做过一些研究之后,你就会发现,这项工作魅力非凡、发人深省,而且鼓舞人心。通过阅读杰克的日志,我知道,他是一个擅长表达、善于沟通的人。他写出来的东西能够引起普通大众的共鸣。当然,他同样也能够把研究成果用很有意思的故事的形式表达出来,使普通大众都能够理解,并促使他们参与互动。因此,当他在加纳的项目告一段落的时候,我邀请他与我一起合著这本书。无论从哪方面而言,这个邀请都相当具有吸引力。我自己都有些羡慕了:全球旅行、考察项目、阅读最新的研究和著作。杰克愉快地接受了我的邀请。有些地方是我与他一同前往的。虽然用 iPod 玩拼字游戏并不能提高我们的工作效率,但是毫无疑问,它给我们带来了很多的乐趣。十八个月之后,经过了数千公里的奔波劳累,我们终于完成了本书的写作。

关于本书的几点说明

首先,我们希望这本书具有较高的可阅读性,能够吸引人的眼球。其次,我们的目标是通过它与读者朋友进行直接的对话,把读者朋友引导到世界上的某些他们可能永远都不会去的角落里,带着读者朋友与生活在这些角落里的人们进行"面对面的"接触。最后我要说明的一件事是,有的读者可能会注意到本书有两个作者,他们也许会感到困惑:这本书到底是谁写的,表达的是谁的思想。

虽然这是一本彻头彻尾的合著,但是杰克和我都试图使这本书全书的语气和意境保持一致,因此决定全书都以我的名义来写。这本书中的"我"就是我自己——迪恩。但是作者却有两个,这本书是我与杰克两个人共同写的。当你在阅读本书时,如果读到了某些比较"潮"的句子,那么,我敢打赌,那是杰克写的。

如果你觉得我(或者,更确切地说,我们)写的这本书确实很不错,那么就没有必要细究哪些段落是谁写的这个问题了;但是,如果你真想知道的话,那么这就是唯一的机会了。

感谢你的阅读。

迪恩·卡尔兰与雅各布·阿佩尔

第一章
导言:僧侣和鱼

洛杉矶的玛丽安德瑞尔(Marina del Rey)港的早晨明晃晃的,闪耀着钢铁般的亮白,空气中弥漫着海水的咸味和鱼腥味,到处可听到塘鹅的鸣叫声。它们聚集在海堤的尽头,有数百只之多。塘鹅们正在享受它们的早餐。它们摇摇摆摆步履蹒跚,振颤着双翼,狠狠地向下甩动脑袋,把满嘴的东西吞下去。它们似乎完全沉浸在美味的食物当中,丝毫没有注意到旁边驶过的小船。

小船中坐着杰克和他的女朋友切尔西(Chelsea),还有切尔西的父亲,他们经历了一次短暂的旅程,刚从泛着温柔的连绵起伏的波浪的太平洋中驶回。他们经过了在灰褐色礁石上嬉戏的灰褐色的塘鹅驶进了玛丽安港口。然后,他们沿着防波堤,驶过了煤气泵,驶过了渡轮的巨大船头,最后还经过了一些佛教僧侣。

是的,佛教僧侣。一些看上去很低调的男人和女人,他们有的穿着橘黄色的僧袍,有的穿着街头常见的便装,他们站在码头上,围着一张便携式小桌子,桌上放着一尊佛像和一盏油灯。桌子前面的地上放着一个大小与行李箱差不多的塑料桶。由于海水水位较低,从船上看过去,杰克看不清楚塑料桶里面放着什么东西。僧侣们聚拢在塑料桶的上面诵念着什么。

切尔西的父亲关掉引擎,任小船随波飘荡。而他自己则转过身,看着僧侣们。僧侣们的诵念结束了,他们一起深深地鞠了一躬,接着,最靠近塑料盆的两个僧侣抓住塑料盆的把手,把它拖到了码头的边缘,然后他们倾倒了塑料盆,把里面的东西向大海倒去。

伴随着清脆的哗啦声,塑料盆里倒出了很多小鱼,它们随着这股小小的水流落在了防波堤边的海面上。这些小鱼飞快地向四面八方游去,迅速地消失了。这个举动掀起的水波纹随着退去的潮水荡漾到了防波堤上,然后消失在海面上。这些僧侣们再次鞠了鞠躬,然后开始收拾他们的东西。

切尔西后来告诉杰克,他所看到的是一个定期举行的仪式。每隔几个星期,这些佛教僧侣就会放生一桶鱼。这是他们处理问题的特殊方式,因为他们觉得有些事情是错误的,试图以此"拨乱反正"。他们认为这些小鱼不应该被杀死,因此把它们买下来还它们以自由。他们会接洽一些渔夫,购买他们一天的捕鱼所得,诵念一番,然后把这些鱼放生,让它们重新回到大海。

这是一个动人的场景。杰克可以证明这一点。无论你对这件事多么的不以为然:它其实只具有象征意义,这些小鱼随后会被再一次捕获;这并不能改变每天依然有很多人在捕鱼这个事实;这最多只算得上杯水车薪(或沧海一粟)。虽然它改变不了这些事实,但是僧侣们确实相信某些东西,他们这样做是出于善心和怜悯。

杰克和我曾经一起讨论过这件事。有一个问题我们始终无法释怀,即这些僧侣显然是在致力于做一件好事——但他们能不能做得更好呢?

如果他们的目的是拯救这些每天被捕获的小鱼,那么他们为什么不事先把报酬支付给这些渔夫,告诉他们待在家里不用出海去捕鱼呢?这样做有很多好处。首先,鱼不会因为被捕获离开水面而受伤或丧生;其次,渔民们不用重复做无用功——每天破晓便出海捕鱼,然后又看着捕回来的鱼被放生回大海,这样不仅可以节省汽油,而且可以节省鱼饵。

这些僧侣们的愿望无疑是美好的,但是他们很可能并没有找到实现他们这个美好愿望的最佳方法。当然,或许有人会争辩说,这最多只能算是一个微不足道的悲剧;放生这些鱼绝不会涉及某个严峻的全球关注的问题。但是这确实是一个教训:要想真正解决问题,我们不能只流于美好愿望。这个教训对于我们与贫困作斗争有特别重要的意义——这是一个真正严峻的全球关注的问题,在这一问题上,造福于人类的美好愿望往往是我们能够得到的最重要的资源,可惜的是,这通常也是我们能够得到的唯一的资源。

与贫困作斗争(和拯救鱼)需要双管齐下

僧侣们的这些努力,即把怜悯心付诸行动,积极地为他人做一些好事,反映了我们内心中最美好的那一部分。我们在全世界范围内展开的绝大多数与贫困作斗争的工作就属于这一类。任何源于这种真正的利他主义的激情或冲动都应该得到鼓励。

但是,这些僧侣的做法、这一桶鱼的命运给了我们一个深刻的教训。许多时候,即使我们拥有世界上所有的美好愿望,我们仍然无法找到解决问题的最有效果和最有效率的方法。这是真的,无论是我们想拯救鱼,还是发放小额贷款,分发抗疟疾的蚊帐,或赠送驱虫丸。我们真正需要知道的是,我们应该怎样去采取实际行动而不仅仅只是流于美好的愿望,怎样才能找到最好的解决方法?

迄今为止,在反贫困这个问题上唯一真正达成了一致意见的是关于这个问题的严重性的认识。全世界有 30 亿人(大约占世界总人口的一半),每人每天的生活费只有 2.5 美元。(要明白,这里所说的 2.5 美元是**根据生活成本调整后的数字**——这样去想吧,在美国每天你就靠这 2.5 美元能买到的东西过日子,你会觉得怎么样?)有关援助和发展的公开对话中——即在寻求减少世界各地的贫困问题的无数相关的人士、组织和项目当中——在解释为什么世界上存在着如此大规模的贫困现象时存在着两个相互矛盾的观点。一个阵营坚持认为,在各种援助项目中,我们的投入还远远不够,我们必须大幅度地提高我们的参与水平。他们指出,世界上最富有的国家用于减少贫困问题的开支平均不到其收入的1%。在他们看来,我们甚至还没有为现有这些援助项目提供一个公平的机会,我们所要做的第一件事是投入更多的钱,而且要多很多。

另一个阵营则提供了另外一个截然不同的解释:像现在这样的援助根本不可能起作用,它们只是简单地把钱砸进去,这肯定于事无补。他们指出,在过去的五十年中,最富有的国家为了减少贫困问题已经花费了2.3万亿美元。因此他们追问:我们花了这么多钱到底做了什么?贫困和匮乏仍然困扰着半个地球,我们还能声称我们正走在正确的道路上吗?不!他们说,我们需要一个全新的开始。今天这些援助项目和发展组织松弛软弱、协调失当,而且尤其重要的是,它们不用对任何人负责,这是注定要失败的。他们强调指出,我们必须从像联合国这样的过度发展的笨拙繁琐的国际组织中撤出资金,与它们彻底脱离关系,转而聚焦于更小型的、更灵活的、土生土长的项目。

每个阵营都声称自己有著名的经济学家加盟,一方是联合国顾问、来自哥伦比亚大学的杰弗里·萨克斯(Jeffrey Sachs),另一方是世界银行的前高级官员、来自纽约大学的比尔·伊斯特里(Bill Easterly)。萨克斯和他的支持者跟我们讲述了许多完美转型的故事。以伊斯特里为代表的另一方则讲述了另外一些截然不同的奇闻轶事(这个世界是腐败的,凡事最终都将注定走向失败,等等)。结果呢?争论造成的分歧与不确定性导致援助项目进展迟缓,甚至陷入了完全的停滞,总而言之,就像一辆失事的列车,再也无法前行了。

杰克和我都认为实际上还是有路可走的。我们的直觉是,到了最后,甚至连萨克斯和伊斯特里都会同意如下观点:援助有时候有用,有时候没有用。这一点是毋庸置疑的。

所以,关键的问题是什么项目是有效的。争论可以天马行空,寻找答案则必须脚踏实地。我们必须关注细节,而不能各走极端。首先,让我们来看看穷人们所面临的具体的挑战或问题吧,试着去了解他们所面临的困境,提出一个可行的解决方法,然后进行实验弄清楚它是否有效。如果这个解决方法是有效的——并且如果我们能证实它持续有效——那么我们就可以扩大它的应用范围以便于为更多的人服务。如果它是无效的,让我们做出改进或者尝试一些新的方法。我们不可能通过这种途径一下子就根除贫困(当然,没有任何一种途径可以做到这点),但是我们确实能够——并且已经正在——做出改进,向根除贫困的目标前进,取得真正的、可衡量的和有意义的进展。这就是前进的道路。

为了实现这个目标,我们需要双管齐下。

第一个努力方向是,要努力弄清楚各种问题的原委。有些问题是系统性的,既体现在整个群体(甚至整个种群)的相互交往、相互交流信息的方式当中,又体现在他们进行买卖交易的方式当中。逐渐地我们认识到,这个问题也是**我们作为个体要面对的问题,与我们决策的方式有关**。现在,我们转向行为经济学,它的洞见极具启发意义。

在过去,经济学家们会以一种相当呆板的、机械的方式去思考这些僧侣的行为。他们会讨论这些鱼的成本、这些僧侣为这些鱼的生存所赋予的价值、渔夫的时间的机会成本,还有因开动小船而耗费的燃料的社会影响。他们会一直这么分析下去,直到你昏昏欲睡为止。更重要的是,到最后,讨论的结果依然是,很可能和尚们还是会把这些鱼倒入到玛丽安德瑞尔港的防波堤边的海面上。

上述这种观点其实是非常狭隘的,现实世界中的人并不会如此行事。传统经济学为我们引入了"经济人"——理性决策者的原型。借用理查德·萨勒(Richard Thaler)和卡斯·桑斯坦(Cass Sunstein)在他们合著的《轻推一把》(*Nudge*)这本书中的一个术语,我把这些人称为"庸俗经济人"（Econs）。当他们需要在两个选项之间做出选择时，庸俗经济人会对所有可能的成本和收益进行衡量，计算出每一个选项的"期望价值"，然后选择期望价值较高的那个选项。除了必须保持冷静的头脑之外，他们还像是一台有条不紊的异常可靠的计算机。由于掌握了准确的信息，他们总是选择满意度最高的那个选项。

行为经济学在两个方面对上述这种狭隘的定义进行了扩展。第一个方面的扩展比较简单，即强调金钱不是万能的。在某种意义上，这并算不上一种新的观点。例如，加里·贝克尔（Gary Becker）——虽然许多方面的迹象都表明他是一位"传统"经济学家——多年来一直在运用经济分析方法来思考婚姻、犯罪与生育方面的问题。第二个方面的扩展则有点激进。与庸俗经济学不同，行为经济学认为我们不能总是通过分析成本—收益来做出决策（甚至有时候虽然我们已经对成本—收益进行了分析，但是我们还是不能做出决策）。有的时候，我们需要考虑不同的优先事项；有的时候，我们会感到心烦意乱或在一时冲动之下做出决策；又有的时候，我们会在数学计算上出错；还有的时候（比我们自己乐意承认的还要频繁得多），我们会出现令人震惊的前后不一致。为了区别于传统经济学中的庸俗经济人，萨勒和桑斯坦使用了一个非常简单的术语——"人"（Humans）。在本书中，我们也会这么做。

行为经济学能够涵盖许多更微妙的行为，甚至前后不一致的行为。这类行为的例子有：当我们想减肥时却继续偷吃糖果；或者，当我们正在努力偿还信用卡债务时却仍然出去大吃大喝。这可能表明僧侣们的所作所为与传统经济学所说的那一套东西是不一样的。或许僧侣们把鱼放生回大海只是为了履行他们不捕鱼的承诺；或许他们很喜欢听到把鱼连同水倒入防波堤边的海面时所发出的清脆的哗啦声；或许僧侣们喜欢看到小鱼像炸开的爆竹一样飞似的离去；或许出于某种心理上的原因他们喜欢看到鱼儿活蹦乱跳；又或者僧侣们只是用这种简单的低效率的方式换取那一刻的精神慰藉。

行为经济学对传统经济学的突破表现在,它强调如果想了解这些僧侣做出这种行为的原委,我们必须知道他们为什么要做出这个决策、他们的这个决策是如何做出的。与传统经济学从一组核心法则出发进行演绎推理的思维方式不同,行为经济学通过观察人们在现实世界中的真实行为来构建决策模型。正如我们将在本书中看到的,这种思维方式可以帮助我们设计更好的方案来解决贫困问题。

当然,这并不意味着我们将完全丢弃旧的模式。行为经济学是一个强有力的工具,但是这个谚语仍然适用:并没有放之四海而皆准的方法(你有了一把锤子,并不意味着一切都是钉子)。一些反贫困项目的灵感直接源于有关具体细节的经济学研究。新旧方法的结合给了我们弄清楚我们所面临的问题的原委、设计并实施最佳解决方案的最好的机会。这要分两步走。

第一步,即弄清楚我们所面临的问题的原委,是一个良好的开端,但是仅仅这样还远远不够。试想一下,你被困在一个荒岛上,身边只有一艘锈迹斑斑、千疮百孔的手划艇。仅仅知道问题的原委是不够的(不管认识有多深刻):我们明白,这艘手划艇不能再用来航行了,但搞清楚这一点并不会把我们带回家乡。我们必须找到方法修理好它,或者干脆建造另外一艘更好的手划艇。

因此需要第二步,即严格的评估。对各种各样的相互矛盾的项目进行评估——这类似于上述的例子中:是设计并建造出一艘新的划艇还是修补原来的划艇——看看哪个项目更有效。有创意的、精心设计的评估方案可以更进一步帮助我们弄清楚为什么一个项目比另一个项目更好。

现在,让我们来看看僧侣们应该怎么做才是最好的。我可能会建议,建立一个市场,雇用渔夫们去从事其他工作,让他们不必再出海捕鱼。对于僧侣们来说,要想拯救鱼,这种方法将会更有效。从理论上看,这种方法应该是可行的,不过,最终结果则有待于我们去实践和检验。

　　有时候失败不见得是一件坏事。假设僧侣们实际上很乐意为渔夫不出海捕鱼而支付报酬，而不在乎能不能亲眼看着小鱼飞快地四散而去、返回大海，那么他们就可能会不得不面对一个因无法实施而导致的难题。这可能是一个信任问题：僧侣们会担心，渔夫们虽然承诺不出海捕鱼，并以此获得了报酬，但是他们可能还是会继续出去捕鱼；或者，这也可能是一个监督问题：没有足够多的僧侣去盯梢所有的渔夫以确保他们履行不出海捕鱼的诺言。一个严格的评估能够为我们指明：为什么"不捕鱼市场"无法实现拯救更多的鱼的目标？问题到底出在什么地方？

　　回到讨论发展问题的语境背景下，严格的评估可以帮助我们平息关于如何最有效地抗击全球性的贫困问题争论，具体途径是，来到现场，弄清楚各种具体的项目是否有效。（事实证明，有些项目比其他项目更好——而且在很多时候，会好得多得多。）你可能认为这根本无须多说。你可能会假设援助组织会对自己的援助项目经常进行仔细、严格的评估，以看看他们是否已经做到最好。如果你真的这样想的话，那么事实将会让你感到很吃惊。

　　一直到最近，对于在与贫困的斗争中什么是有效的、什么是无效的，我们所懂得的，依然少之又少，这是一个令人震惊的事实。现在，通过衡量各个特定的发展项目的有效性，我们开始获得了一些长期缺乏的真凭实据（你将在接下来的这几页中读到其中的一部分）。本书的下一章将更详细地介绍我们具体是怎么做的。

　　微型信贷，即为穷人提供小额贷款，一度被认为是一个完美的设想。在有证据证明它的作用之前，这种设想就已经被倾注了极大的热情，并得到了长期的支持。这种设想之所以让人兴奋，在很大程度上是可以理解的，因为它设计的独特的小额贷款项目很吸引人。它拨动了人们的心弦：小额贷款项目经常瞄准女性，许多人认为整个家庭将会因女性的经济赋权而受益（因为小额贷款使女性也拥有了赚钱养家的机会）；小额贷款项目也往往青睐有企业家精神的人，这些人，只要给他们一点点的资本，他们就有能力通过他们的聪明才智和开拓进取的精神极大地改善他们的生活；小额贷款还能够惠及社区，许多人相信通过社区而不是个人，我们更有可能获得成功。

但是在一定意义上，这种热情是令人惊讶的：这里似乎存在着某种判断高息贷款的有益性的双重标准。一方面，我们看到数以百万计的美元涌入小额贷款项目，这些项目借钱给窘迫的微型企业时的利率参差不齐——按年度百分比来计算，从10%到120%都有（全都以减轻贫困的名义）；另一方面，我们也看到数以百万计的人在面对发薪日贷款时则显得义愤填膺，而这项以家庭为发放对象的贷款业务同样标榜自己的目标是帮助美国的穷人，其利率也与小额贷款差不多。

由于没有掌握这些贷款是否真的可以让人们过上更好的日子的基本事实依据，我不知道该相信哪一方，更不知道该如何调和这两种观点。但是严格的评估可能——而且确实——有助于做出判断。许多人都会惊讶于在南非进行的一项研究的结果（我们将在本书第4章讨论这项研究），这项研究发现，获得小额贷款的人，即使年利率高达200%，他们的生活水平也比平均水平好得多。但是这并不意味着小额贷款项目对所有人都有好处。我们在表达自己的强烈意见，很肯定地说什么是有效的、什么是无效的，什么是好的、什么是坏的的时候，应该先用批评的眼光去审视我们的观点。我们真的有具体的事实来支持它们吗？

我们将会在本书中看到，上面概述的这种双管齐下的方法是一个强大的经济工具。不管对象是本科生还是博士生，每当我讲授发展经济学的时候我都会使用它（尽管方式会略有不同）。我们的讨论主要围绕三个问题来展开。第一，问题的根源是什么？同时运用行为经济学和传统经济学这两个工具来回答这个问题，就构成了本书所强调的双管齐下中的"第一管"。另外两个问题是，利用我们手头现有的这些"设想"，政府的政策、非政府组织和企业的参与真的能解决贫困问题吗？世界能够因为它而向好的方向改变多少呢？通过严格的评估来回答这两个问题构成了双管齐下中的"第二管"。

"跳进辛格的湖"吧

即使并不存在可以证明某些特定项目的有效性的坚实的证据，人们还是找到了令人信服的理由去参与并支持与贫困作斗争。其中一个原因来自道德方面。它非常简单明了：假设你正在去参加一个聚会的路上，如果你错过了这个聚会你将会损失200美元，在你经过的路边有一个湖，这时，你看到一个小孩落水了。你会不会出于道德义务，立即停下来，并跳进湖中去救这个小孩呢？——即使这样做你将会失去200美元。

大多数人认为会。

但是，你会出于道义上的原因捐献200美元给某个扶贫组织去拯救一个小孩的性命吗？大多数人的答案会是"不"——或者，至少，他们不会真的开支票付钱。

这个例子出自于彼得·辛格（Peter Singer）。辛格是普林斯顿大学的功利主义哲学家，他是我心目中的一个英雄。在很多特定时刻，我都会想到这个例子，例如，当我在商店里被引诱购买一些我根本不需要的东西的时候。问题在于，这笔钱能不能花得更值得一些呢？

辛格的基本思想引起了很多人的共鸣——其中至少包括我本人，但是，他的论证的逻辑结论是让人难以接受的。他的严密的功利主义的推理的言下之意是，除了我们确实极端缺钱以至于真的不能以200美元为代价去救一个小孩这种情况之外，我们都应该放弃这笔钱。然而，或许只有庸俗的经济人才会在这种冷酷无情的逻辑力量的驱使下真的这样去做。（当然，我们还是假设他第一时间想到的依然是尽力去救这个溺水的小孩。）事实上，没有人会这样做——甚至辛格本人（一个不知疲倦地提倡功利主义的人）也不会。

因为这个落水事件类比让我们很不舒服,所以我们想找出这种论证的逻辑漏洞。我们提出了多种反驳。通常,人们的第一反应是指出:你跳入湖中奋力将小孩救离了险境,世界就因你的行为而有所不同,这是毫无疑问的。你亲眼看到的是,你拯救了一条生命。但是,当你捐钱给援助组织的时候,你与接下来会发生的事件之间的链接就不那么清晰了。你怎么知道你的200美元是真的被用来去做有益的事的呢?

本书的大部分内容都是用来回应这种反对意见的。我希望能近距离地观察一些成功(和失败)的案例,以便让我们相信我们正在做的事情是对的——如果我们致力于对援助项目进行严格的测试,并且支持那些行之有效的项目的话。

人们对辛格的落水事件类比的逻辑推论提出的第二种反对意见与所谓的"可识别的受害者"(identifiable victim)有关:当我们**眼睁睁地看着**一个小孩在水中挣扎的时候,我们会模糊地感觉到在道义上,有些东西是很重要的,我们不能为了节约200美元而置之不理;反之,在马达加斯加那个需要200美元援助的小孩,却是我们无法看到的。从逻辑上讲,这种反对意见很容易被驳倒的。如果有个人跑到你家里来告诉你,有个小孩落水了,虽然你没有亲眼见到这个小孩落入湖中,你还是会去救这个小孩的。对某些东西视而不见并不能解决道德难题,我们不能通过缩小我们的视野范围而把我们的责任界定在某个狭小的特定区域内。无论一个孩子身处世界上的哪个地方,无论我们是否看得见他,他仍然是个孩子。

麻烦在于,虽然这种驳斥在逻辑上可能是有效的,但是它却缺乏一种本能上的推动力。我们不能满足于推理说,这一切与我们对他们的同情心和责任感有关。我们得有直接的感召才会采取实际行动。

触手可及的行为经济学解决方法

说到底,这些援助组织的资金来源是我们的怜悯心。凭经验,它们知道只跟我们讲道德义务并不能解决全部问题。这就是为什么各种援助组织为了获取资金,而长期运用"可识别的受害者"这类策略的原因。例如,救助儿童会(Save The Children)承诺给你一张被资助小孩的照片或者他(她)的一封亲笔信,以此来换取你每个月 30 美元的资助。与其用事实、数字、表格(这些东西可能对一个经济人有效)来打动资助者,各种援助组织更愿意利用我们作为"人"这个事实。它们充分利用了我们的情感。

这正是行为经济学在慈善机构的"市场营销"中的应用方式。一旦你深入了解了援助者的内心世界,你就能想出更聪明的策略来筹集资金。

这类策略的一个例子是把捐献与购物捆绑在一起。这种筹资策略可以减少捐赠者捐钱时的刺痛感。最近,我在全食食品超市(Whole Foods Market)排队付款时,收银员指着柜台上的一张小小的宣传单问我,是否愿意为完整行星基金会(Whole Planet Foundation)捐献 1 美元钱。如果我愿意捐献,她会扫描一下传单里的条形码,然后在我的账单上多加一块钱。

与购买商品已经付出去的 100 美元相比,多付 1 美元根本不算什么,你甚至可能会完全忽略它。但是你却会从这件事中得到很大的乐趣。当你拎着所购物品走出全食食品超市时,你会突然感觉良好——因为你做了一件积极有意义的事。从这个事例,就不难看出为什么完整行星基金会一直拥有大量捐款的原因。

筹集资金的另外一种行为经济学意义上的方法是,把捐献给人带来的积极感受(做好事给人带来的满足感)与消极感受(失去钱财的刺痛感)分离开来。如果你能在付钱之前就预先体会到满意的感觉,给予便会变得很容易,那么也就不会再产生"我又囊中羞涩了"、"我的钱包又变瘪了"这类令人不愉快的感觉了。

这就是隐藏在 2010 年 1 月发起的"向海地发信"("Text to Haiti")的运动所取得的现象级成功背后的心理机制。在这场毁灭性的地震发生之后的数周之内,提供援助的人以前所未有的数字递增,他们团结起来共同帮助那些有需要的人。每个人的捐款数额虽少——绝大多数只有 10 美元,甚至更少——但是它们累积起来的数额却大得令人难以置信。仅仅在头三天内,通过短信提供的捐赠总额就超过了 1000 万美元。

通过短信进行捐款这种方式只需要花费捐款人短短几秒钟的时间,但却足以让他感到心情愉悦。一旦你输入"HAITI",并按下发送键,你便会收到一个即时回信,内容是"感谢你的慷慨捐助"。你几乎没有时间去考虑月底的手机账单。而且,当它真的送达你手中时,你也能很容易地接受账单里多出了 10 美元这个事实,因为它被包含在了手机服务的其他项目当中——这项花费原本就是你准备承担的。

除非,你是卡拉(Cara)。以下内容是摘自一个真实存在的脸谱网(Facebook)页面:

卡拉在她的简介中写道:"我已经发了 200 多条内容为'HAITI'的短信到 90999……这就是说,我已经为海地救灾工作捐赠了超过 2000 美元(原文如此)。加入我的行列吧!"

以下是对卡拉的评论:

> 诺亚:你的父母看到你这个月的手机账单,可能会很不愉快。
>
> 卡拉:反正又不是我的钱!哈!
>
> 卡拉:等一下……这难道会增加我的手机费用吗?我原以为它是免费的……
>
> 亚伦:卡拉,你中招了。不是你想的那样,所有的短信都

是10美元一条的。

卡拉：哦~~哇！你确定吗？这对我来说真的太糟糕了。

亚伦：是的，我在一次足球比赛中看到过，他们会把费用算到你的手机账单上。

克洛伊：是的，每条短信10美元。卫生与公众福利部(Health and Human Services)的一位女士在脱口秀节目《科尔伯特报告》(The Colbert Report)中就是这么说的。呜~~你难道还想让别人为你支付手机费吗？

卡拉：谢谢你们。明白了！哈哈，海地人民现在一定很爱我！

凯尔：一张2000美元的手机账单？这个事情本身就很滑稽。

亚伦：那……你可能会有点麻烦，但是，这件事情至少有一个好处。

卡拉：刚刚数了一下我发的短信……总共发了188条。手机费1880美元……这一点也不滑稽！凯尔！！！！！！

不要紧的，卡拉。跟你付了1880美元手机话费这个失误相比较，还有更糟糕的呢。况且，这种事又不会经常发生。大多数情况下，在捐赠的时候，人们是知道自己捐了多少的。

但是，某些行为营销方法可能会使捐赠者无法确切的知道他们捐了什么，或者捐给了谁。这更让人不安。

作为一个例子，让我们来看看起哇网(Kiva.org)吧。起哇网是一个很受欢迎的网站，它为全球的小额信贷经营者筹集资金。如果你问起哇网的一个用户——它是怎么工作的，你可能会听到这样的回答：你先登录进去，然后阅读需要贷款的人的故事。当你找到一个你喜欢的人的时候，你可以资助他，方法是点击他，通过起哇网贷款给他。当这个客户(接受贷款的人)归还他的贷款的时候，你就可以拿回你的钱了。

这就是大多数起哇网的用户告诉你的东西。但是他们错了。

假设你点击进去,为一个秘鲁的客户提供了 100 美元的贷款。但这只是事情的表面,贷款事件背后发生的真实故事是:几个星期之前,银行职员去现场拍了一些照片,然后为这个客户写了一个简历。你在起哇网上看到的就是这些简历。当你点击进去,为这个女士提供贷款时,你实际上是为起哇网提供了无息贷款。然后起哇网再把这 100 美元无息贷款给某个秘鲁的小额贷款放贷者。这个秘鲁的放贷者再以 40% 到 70% 不等的年利率贷款给一些客户(但这些客户并不一定包括你点击选中的那个,她可能在之前就已经获得了贷款)。如果你选定的这个客户违约,你就拿不回你的 100 美元了。但是这种事极其罕见。大多数时候,会有另外一个客户为她偿还贷款,或者这个放贷者自己把钱还上(这个放贷者为了吸引更多的贷款,需要在起哇网上保持良好的记录)。这就是它真正的运作方式。

在无数次的随意的交谈中,人们告诉我,他们之所以使用起哇网,是因为他们喜欢这个创意,把他们的钱借给那些特定的人,这些人的故事深深地打动了他们。他们觉得自己与这些故事中的人联系在了一起,这种感觉促使他们愿意为这些人付出。

关于这件事,我感到喜忧参半。当然,能筹集到更多的钱自然是一件好事。起哇网为小额贷款筹集到了数以百万计的美元(截止到 2009 年 11 月已经超过了 1 亿美元)。问题在于,在选定援助项目的时候,如果我们根据的不是它的效果,而是其他什么东西,那么手段就会在一定程度上背离目标。有些策略对筹集捐款很有效——例如,只关注那些容易识别出来的潜在捐赠者——但是对于制订真的能帮助穷人改善他们的生活的援助计划不一定有效。

最好的那些组织,不仅追求筹资活动的效率,还同样致力于追求所实施的项目的有效性——这些项目实施的方式通常都是不同的。关键在于,他们必须认识到,并且打心眼里尊重这些差异。我们必须相信他们,才能确定这些奇闻轶事是不是具有真实的、系统性的影响。我们还必须相信,虽然他们在吸引捐赠者的时候,会利用一些奇闻轶事,但是,他们在设计项目、制定实施方案时也会使用严格的证据。

对于一个组织来说,赢得别人的信赖绝对称得上是一个非同小可的成就。

我们可以要求做得更好

幸运的是,我们不必完全依靠这些发展组织。如果我们想让这些援助项目得到最好的实施,我们就必须认识到,作为援助者——这些支付账单的人——我们才是真正的掌舵者。是的,我们,你和我。

大型援助者——各国政府、主要的慈善基金会、世界银行——很重要。但是,小型捐助者更重要。在美国,个人捐助者每年贡献的捐款额超过了200亿美元,总额相当于所有企业、基金会的捐款和遗赠的总和的三倍。正如我们所看到的,援助组织会不遗余力地开发一些急功近利的项目以达到向我们筹集资金的目的。你可以确信他们会对我们给出的激励机制做出及时的响应。

杰克和我会对你(作为捐助者的个人)如何掌控整个事件提出切实可行的建议,并以此作为本书的结尾。我希望我没有破坏悬念,尽管我在这里就提前把底线告诉了你们。愿意开出支票捐款是件好事情,但是这还远远不够——尤其是,我们可能会不假思索地就做出了捐款决定,或者不会对援助项目进行仔细审查(这要感谢行为营销)。

相反地,我们应该弄清楚,我们的钱用在哪儿会产生最大的作用,然后再把钱送到那儿。一些大型的援助者,像比尔及梅林达·盖茨基金会(the Bill & Melinda Gates Foundation)和休利特基金会(the Hewlett Foundation),已经在尝试着这样做,并开始把它作为一项政策——当然毫无疑问,援助组织会做出回应,他们会提供证据,证明他们的援助项目是有效的。虽然,小型的援助者势单力薄,他们做不到这一点。但是,如果小型援助者能够联合起来,要求援助组织提供他们实施的项目产生了实际影响的证据,你可以打赌,这些项目会得到更好的结果。或许,如果行动起来响应这件事的援助者的人数达到了某个临界值,那么我相信,慢慢地,关于援助这件事,整个社会的观点都会改变。这不仅使我们可以充分利用筹集到的资金,还可以帮助怀疑论者(他们觉得不值得给予援助)确信,只要使用正确的方式,援助项目是会起作用的。

还记得卡拉的脸谱网(Facebook)的网页吗?这里有一点至关重要,最初,卡拉觉得给海地发短信不仅很简单、很容易,而且还很酷——酷到让她觉得值得在脸谱网上分享。不管我们喜欢与否,对我们大多数人来说,总想让社会知道我们援助了些什么——援助组织也明白这一点,这就是为什么有一些我们看得见的捐赠的象征物,像腕套、贴纸、丝带等也都是很好的筹资工具的原因所在。

只要是出于美好的愿望,任何人的行为都是值得赞扬的,无论他们的行为最终在多大程度上偏离了最优目标。但是,如果所有人都认为经过评估、效果明确的援助方式是最酷的,那么,我们对这个世界的贡献必定将会大得多。

本书的内容安排

理论就暂且先讨论到这里。我们怎样才能确切地判断哪个项目是最有效的呢?在下一章里,我们将会给出具体的细节。在本书的其余章节,杰克和我将会与大家一起分享我们所了解的真正有效的一些特定项目的特征。在这些成功的项目当中,有许多项目的创意出人意料的简单,并且真正击中了要害。它们蕴含着极具创新价值的洞见与极其有效的解决方法,为我们所有人——无论是富人还是穷人——都要从事的共同事业指出了成功的新途径，让我们更好地适应与贫困的斗争。正是因为这个原因，本书各章节是根据从购买到配对的各种根本性的、有普遍意义的活动来组织和命名的（还有一些活动则介于购买与配对这两者之间）。

本书第三章专门考察各种发展项目经常被忽视的一个方面：如何向穷人推销它们。我们往往假设，一个好的项目，设计就意味着一切。这种想法其实非常奇怪的，因为，在发达国家，没有人会认为，根本不需要正确的销售方法，仅凭良好的产品设计就足够了。

本书第四章到第七章分别探讨微型金融项目的各个不同方面——从形形色色的小额信贷项目到各种储蓄项目。这个主题之所以值得深究，是因为以下两个方面的原因。第一，从实践上看，它几乎与我们所有的人都有关系。在美国，随时都可以利用正规的金融渠道。如果你办了一张信用卡、持有一份抵押贷款或拥有一个银行账户，那么你便成了由借款人和储蓄人所组成的庞大的网络中的一部分。一个简单的事实是，使用金融工具这种解决方法在很多方面都很有效——而且应用范围也很广——在发达国家，人们确信，这些金融工具是专门为帮助穷人而量身定做的。有一个一直都无法忽视的事实是：与任何其他发展工具相比，小额贷款被倾注了更大的热情，并获得了更长久的支持。这就是为什么我们要如此细致的考察小额贷款这个金融工具的第二个原因。在"援助行业"，它已经成了如此突出的一个典范，以至于你会认定它就是一味包医百病的灵丹妙药。在这里，我们需要表明我们的立场：首先，我们认为即使发挥了所有的优点，小额贷款也远远不是万能的——当然，它确实能带来一些真正的益处。第二，如果项目设计得好，就肯定不仅仅关乎信贷，也会关乎储蓄。小额贷款项目的工作重心将会从借贷转向储蓄。在这个过程中，大型的援助机构，比如比尔及梅林达·盖茨基金会，将会起到领头羊的作用。

第八章到第十一章是扩展研究。我们将研究除金钱之外的解决贫困的其他方法,并且将会触及到一些全新的领域——你不可能期望能够在传统经济学家的研究工作中找到这些领域。我们将看到,从公共领域(比如,农民在自己的土地上耕种,家长送子女上学)到更私密的空间(比如,医生的办公室),最后到人们的卧室,在所有这些农业、教育、健康以及两性问题上,都出现了全新的研究方法。我们将会发现,我们现在所使用的、已经使我们的生活变得更美好的许多工具,也同样能够服务于穷人。

最后,在本书结论部分,我们设想了一些前进的道路——既包括一些能使穷人的生活发生翻天覆地的变化的具体的设想,也包括我们每个人都能做的、能够帮助穷人取得成功的事情。

我在本书中涉及的主要研究是评估。在确定应该采取哪种发展方式时的具体依据,并给出了确凿的证据。但我并不认为这是唯一要考虑的因素。要想有创新,要允许我们去尝试新事物,也要允许我们失败。要向前推进,我们要有新的观念,作为援助者我们应该鼓励这些。

杰克和我并不认为我们在这本书里给出了所有的答案。正如我们将在本书中一再看到的,行为经济学揭示了这样一种现象:像其他人一样,穷人也会犯错并最终导致他们变得更贫困、更不幸、更不快乐。(如果他们不会犯错,那么只需要通过向其他人出售这种经验,就足以摆脱贫困了。)把这些错误鉴别出来,并纠正之,是解决全球贫困问题的先决条件。要想实现这个目标,没有捷径可走。即便是生活在发达国家的人,也不可能利用某个简单易行的方法一劳永逸地战胜人生中所有的挑战。

这也就是说,为自己着想,在发展中国家,我们应该一点一滴地把所有这些顽固的深层问题逐个啃掉,这正是我们正在开始着手做的事情。我们已经发现了一些改进我们的决策、大幅度地提高我们的生活水平的具体方法。我们能够利用、而且确实已经利用一些新的工具——例如我们在下文中将会讨论到的"明天储蓄更多"计划

(Save More Tomorrow)与StickK.com——保证自己钱花得更明智、储蓄得更多、吃得更好、生活得更接近于我们的梦想。我们必须理解，大量地存在于我们自己的生活当中、使我们的生活更富足的这类解决方法，同样能够令那些最需要它们的人生活得更好。这是思想上的一个大跨越。

本书的目的就是要搞清楚，这些解决方法当中哪些对改善穷人的生活真正有效，然后再努力为遗留的问题找到新的解决办法。

第二章
与贫困作斗争：我们怎么做、我们做什么

在我去读研究生之前，即在 1992 年，我与我最好的朋友已经在拉丁美洲各地游荡了一年。从那个时候开始，对于各种各样的发展项目，我们就有了一些模糊的初步想法，同时，我们对人权问题也很感兴趣。在他的大学的职业服务办公室里，我的朋友找到了一本国际社区援助基金会（FINCA）国际部发布的小册子。[FINCA 是国际社区援助基金会（Foundation for International Community Assistance）的简称。在目前的美国，它是资金来源较充裕的小额贷款组织之一]。虽然我们两个人都从来没有听说过国际社区援助基金会这个组织，但是，它却引起了我们的注意。整本小册子都在讨论"小额贷款"，当然，我们当中也没有人听说过这个。我记得，当看到描述国际社区援助基金会的发展项目（即为发展中国家的企业家提供小额贷款，帮助他们扩展业务，以便脱离贫困）的时候，我们为之雀跃不已。

那时，我已经在投资银行工作了两年，这个工作要求我经常思考有关金融方面的问题。给穷人提供小额贷款这个想法实在让人着迷，于是，我们给国际社区援助基金会写了一封信，并附上了我们的简历。

首先，我们提出了一条建议：让我们逐个地参观访问国际社区援

助基金会设在拉丁美洲各个国家的办公室，并帮助他们把他们的想法以及国际社区援助基金会的相关信息传递给拉丁美洲的各个国家（我们想游遍整个拉丁美洲）。但是，国际社区援助基金会国际部的这些家伙们在我们的简历中发现了我们的计算机才能，他们给了我们回复，同时又提出了一个更好的建议。他们建议我们去萨尔瓦多，在那里学习他们使用的一种专门的银行软件，然后让我们把它推广到他们在拉丁美洲各个国家的办公室。我们接受了他们的建议，出发去了萨尔瓦多。

这并不是我们原先所期望的。原来的计划是六个星期，结果却变成了三十个月，这是我职业生涯中唯一的一次失败，也是最大的一次失败。

我和我的朋友从零开始建立了一个全新的软件系统，它是为了满足四个国家的拜占庭式的会计标准而量身定制的，我们相信这个软件系统可以适应流行于周边各国各地区的形形色色的放贷品种。我后来得知，这个软件系统一直备受冷落，几乎没有怎么被使用过（除了在萨尔瓦多和秘鲁被使用了短短几年之外），到最后甚至完全被抛弃了。我被击垮了。我感到极度失望。

但是，在国际社区援助基金会的工作经历给了我一线希望，那就是我知道了我想做什么。

在那三十个月内，最让人激动的时刻并没有发生在办公室里，也没有出现在计算机前面，而是出现在与国际社区援助基金会的同事以及援助工作者的数百次同餐共饮中。我们谈到了小额贷款，谈到了小额贷款做了些什么、我们为什么认为它能发挥一些作用、我们怎样才能使它发挥更大的作用。我们的谈话非常有意思，但却有点不着边际。我们所谈到的内容并没有建立在任何坚实的基础之上。我的第一本能是查看数据，为衡量国际社区援助基金会的放贷项目的效果做一个小小的分析。但是，这里没有数据可看！一个简单的、令人沮丧的事实是，无论是我们，还是国际社区援助基金会，都不清楚小额贷款是怎样帮助穷人的,或者甚至不知道小额贷款是否真的帮助了穷人。

我们需要一些关于小额贷款对国际社区援助基金会的客户的生活确实产生了影响的确凿的证据。

我见过的第一个小额贷款"影响评估"让我啼笑皆非（made my stomach ache）。它的目的显然就是想摆出一些好看的数字,因为这本小册子是给援助者（这些援助者并不确定这些项目是否真的起作用）看的。它问它的客户的问题类似于这样："与你加入国际社区援助基金会之前比较,你现在吃的更好了,是不是?"当时,我还没有受过经济学或调查技术的训练,但我以往的知识足够让我知道这种问题并不能说明什么。（有据可查的是,这是二十年前的事情,因此我在这里不能发誓说,我当时就确切地知道应该向客户提出的问题是什么。但我敢保证我确实知道这项调查是仅仅针对现有的客户的,正如我们在下文中将会讨论到的,如果你真的想知道一个项目的影响,这种问题是问卷设计上的一个深层次的缺陷。）我后来才知道,国际社区援助基金会在测评它的项目的影响方面,所做的工作与其他任何组织一样多。也就是说,做得非常少。

我想继续为小额贷款组织（像国际社区援助基金会这样的组织）工作,但是,为了保证我能在这方面有所成就,我到底应该做些什么呢？我到底懂得了什么？几乎没有什么。我所能告诉你的就是,要使自己变得见多识广,并不是仅仅通过找到并阅读正确的资料就能做到的。我所需要的知识并不会摆在那儿,等着我去收集。因此,我决定去攻读经济学博士,希望能够以此来获得我所需要的技能,以便我可以回去继续从事小额贷款方面的工作,并且帮助我找到解决方法,弄清楚什么是有效的,什么是无效的。

当我入读研究生院的时候,我就已经清楚地认识到,在这个日新月异的世界中存在着两种人:思想家和实干家。实干家们置身于现实世界当中,力图做得最好——但是,他们基本上是盲目的。而与此同时,在学术的象牙塔内,思想家们在做着有趣的分析与研究——但是当他们谈到实干家的时候却经常保持沉默。在真实的世界中,许多研究成果从未成功地得到应用过。

思想家们会争辩说,这是因为他们的研究是"更深层次的,它们可以帮助人们理解社会运行的基本原理"。说得对。但这并不令我满意。我知道,在某些时候,我们必须超越这种"深层次的研究",深入到实际结果中去,让这些结果告诉我们应该去做什么。不过,关于思想家与实干家的差异,也有一些显著的例外。我现在仍然清楚地记得与迈克尔·克雷默(Michael Kremer)(他后来成了麻省理工学院的一名教授)一起喝咖啡时的情景,当时我们讨论的潜在主题是我的毕业论文。几年前,迈克尔已经开始做实验(这些实验成果稍后我们会在本书中看到),测度为肯尼亚的布希亚(Busia, Kenya)的一些学校提供援助(援助的东西包括校服和教科书等)的项目的效果。他在布希亚所做的工作为我和其他一些同行打好了基础。但是我还是担心,与我的同行们正在从事的博士论文研究相比,这看起来过于简单了。就我自己想研究的主题来说,虽然并不特别艰深,也不特别复杂,更加谈不上有多"时髦",但是凭它拿到经济学博士学位应该是足够了——虽然它的立论基础是有些奇妙的关于信贷市场的理论,但基本上还是可以归结为"抛硬币决定一个人是否获得一笔贷款"这个看上去相当简单的问题。我曾经问迈克尔,他是否觉得这可以作为我的毕业论文的主题,或者还是把它作为一个辅助课题来研究吧?直到今天,我依然记得他的简单而又深刻的回答:"最重要的是你提出的问题,以及你确信你能解答它。这就是这个世界所需要的。你提出了一个很重要的问题,而且这个问题目前还没有得到很好的解答。你现在找到的这条道路是解决这个问题的更好的道路,因此,大胆地往前走吧,去完成它!"

在我完成了我的研究生课程,并作为一名教授开始工作的时候,我想确保我自己,以及与我志同道合的教授们的研究不再只是简单地停留在书本上,我们更加不想在结满了蜘蛛网的学术象牙塔内闭门造车。由此,我看到了一个全新的学术组织的发展空间,这个组织的"头"必须在学术界,"脚"必须扎根在现实世界中。它将发挥放大器的作用,推动与政策相关的研究;参加这个组织的人都乐于从事研究,并且渴望得到研究结果。当然,最重要的是,它将致力于推广那些已经被证明有效的观念。

我把我的想法告诉了我在研究生院时的导师阿巴吉特·班纳吉(Abhijit Banerjee)、埃斯特·迪弗洛(Esther Duflo)和森德希尔·穆莱纳桑(Sendhil Mullainathan)。他们同意了我的观点,并且说,现在非常需要这样一个组织。更让人兴奋的是,他们同意加入这个组织的理事会。同时加入理事会的还有雷·菲斯曼(Ray Fisman)。雷·菲斯曼是一位来自哥伦比亚大学的教授,他对我们的研究很熟悉——虽然他本人并未直接参与这个领域的研究。发展创新研究会(Development Innovations)就这样诞生了,不过,它的名字很快就会发生改变。一年以后,即 2003 年,阿巴吉特、埃斯特和森德希尔开始着手建立麻省理工学院反贫困行动实验室(MIT's Poverty Action Lab)——现在的名字是阿卜杜勒·拉蒂夫·贾米尔反贫困行动实验室(Abdul Latif Jameel Poverty Action Lab),简称为 J-PAL。阿卜杜勒·拉蒂夫·贾米尔反贫困行动实验室已经成了来自全球各地的志同道合的研究者的联络中心。为了找到解决全球贫困问题的正确方法,阿卜杜勒·拉蒂夫·贾米尔反贫困行动实验室的研究者们倾注了极大的热情。

埃斯特被认为是一位真正的巨人,在过去的两年里,她获得了许多嘉奖——包括,获得了麦克阿瑟基金会(MacArthur Foundation)"天才"大奖的荣誉称号,以及约翰·贝茨·克拉克奖章(John Bates Clark Medal),它往往被认为是获得诺贝尔经济学奖的前兆——我们都以能有幸成为她的圈子里的一分子而感到骄傲(我尤其因为自己是她的第一个学生而自豪)。

从一开始,阿巴吉特、埃斯特、森德希尔和我都知道如何让两个组织密切协作,因此我们把发展创新研究会更名为扶贫行动创新研究会(Innovations for Poverty Action——简称为IPA),直到今天,它们还在一起工作着。

　　扶贫行动创新研究会的规模每年都在成倍扩张,在2002年我们的"总收入"只有150美元(这是我们在新泽西州的注册费),到了2009年,我们所获得的拨款以及合同收入达到了1800万美元。我们现在拥有了400名员工,在全球32个国家都有扶贫项目。虽然在有些国家,我们也会自己亲自运作反贫困项目,但是,我们在全球的大多数工作都是采用合作的方式完成的。我们与正在实施项目的其他组织合作——大部分是当地的组织,还有一些是国际非营利组织——共同设计并组织项目评估,以便找出什么项目是有效的,什么项目是无效的,然后我们把我们从中学到的东西公布于众。

真的无路可走了吗?

　　就像我们在第一章里看到的,多少年来,经济学家杰弗里·萨克斯和比尔·伊斯特里已经为下面这个非常简单,但又让人捉摸不透的问题争得"头破血流"了:援助真的有用吗?他们分歧的根源在于,他们一直没能就到底什么才能算是证据达成一致意见,这才是真正的难点所在。一直到最近,关于援助的有效性的争论仍然纠缠在复杂难懂的计量经济学问题上,并且陷入了因国家层面的数据有疑问而产生的泥潭当中。扶贫行动创新研究会在评估特定发展项目的有效性方面的研究已经走在了世界的最前沿,为我们思考并解决这个问题指出了一条新的道路。

　　要平息关于援助的效果的争论,下一步要做的,不是在讲台上引入更多的参数进行分析,也不是回到办公室去分析庞大的国家层面的数据集。实际上它要简单得多,也更直接得多:找到一些特定的项目,如果是有效的,我们便支持它;如果是无效的,我们便停止运作。然后观察两类项目的运作模式,以便弄清楚,在什么情况下更有利于取得成功,因此我们的第一目标是,设计出各种解决方案,使它变得越来越好。

为了做到这一点,我们需要脚踏实地,直接与从事发展项目评估工作的实践者们一起工作。其实,早在20世纪70年代,一些经济学家就曾经携同劳工部(the Department of Labor)在美国对某些特定的社会项目进行了严格的评估,比如职业培训、工作激励税等。但是,出于某种原因——或许是因为我们作为捐赠者时的要求没有作为纳税者时的要求来得苛刻——这类评估活动没有扩展到发展项目上。直到最近,由于实际上完全无法凭借任何确凿的依据来指导我们应该选择何种工具与贫困作斗争,我们依然瞎闯瞎撞。

考虑一下这个类比:几千年来,在医学界有一个普遍的共识,各种疾病,从痤疮到癌症,再到精神病,都可以通过放血这种方式来治疗。当然,医生放血的具体方法有很多种——有的医生喜欢用柳叶刀放血,而另外一些医生则喜欢利用水蛭去吸血——但是他们都赞成一条基本原则:即人们之所以生病是因为他们的血液里混入了毒素,而解决这个问题的方法是让血流出来。直到19世纪中叶,随着真正符合科学意义的医学的出现,这种方法才开始失宠。那是为什么呢?就是因为有人最终严格地证明了这种方法是无效的。

一个可悲的事实是,现在我们在全球范围内进行的与贫困作斗争的工作在某种意义上很像放血。对于这条原则,已经达成了这样的一个共识——如果人们陷入了危难之中,我们就应该去帮助他们——但是,我们应该帮到什么程度为止呢?这需要我们进行系统的检验,并且改进相应的援助方法和项目运作技术,然而这一切才刚刚开始。

本书接下来的章节将告诉大家,迄今为止,关于什么项目是有效的、什么项目是无效的,我们到底知道了些什么。然后,再把我们如何把它们分辨出来的基本要点告诉大家。关于具体的技术方面的一些细节问题,我会尽量介绍的简略些。(有些读者可能跟我一样,非常关注具体的技术细节,这些读者可以参阅文后的注解,那里引用了许多相关研究并进行了评论。)我不敢夸口说我能回答你可能会提出来的所有(或者大部分)类似于"这个项目有效吗"的问题。但是,我真心希望给你一个起点,这样,无论你在哪里(比如,在新闻里、在交谈中、或者作为一个捐赠者)看到类似评估与贫困作斗争的项目的影响时,都能运用批判性的思维方式去思考问题。

随机控制实验:提出正确的问题

那么,我们如何确切地找出真正有效的项目?我们所使用的工具叫随机控制实验(Randomized Control Trial,简称 RCT),它并非是一种尖端的工具。人类运用这种工具的历史差不多有一千年了——甚至比经济学本身的历史还要古老——在需要测定效力的各个科学领域内,它一直是最高标准。举个例子,美国食品和药物管理局(Food and Drug Administration,简称 FDA)就是根据随机控制实验中得到的数据来决定是否批准某种新药物的。总而言之,如果你需要大量严格的、系统性的证据来评估效果,那么你就应该尽可能地利用随机对照实验。

随机对照实验的威力在于,在评估某个项目对相关参与者的影响的时候,它能够给出一个客观的没有偏差的结果。我们在这里所说的"影响"究竟是什么意思呢?说的直白一些吧,要评估某个项目的效果(至少)需要回答一个简单的问题,即实施了这个项目后,人们的生活发生了怎样的变化?如果不实施这个项目,人们的生活又会发生怎样的变化呢?然后对两者进行比较。

然而,一般的发展项目评估只回答了上面这个问题的前半部分,即,因为实施了这个项目,人们的生活发生了怎样的变化?也就是说，它们对项目实施之前的人们生活（这叫"事前"）与项目实施之后人们的生活进行比较（这叫"事后"）。相应地，这做评估方法被称为"事前事后"评估。

"事前事后"分析通常不能得到很好的结果。实际上，在许多情况下，它们可能极其差劲，所带来的后果在我看来，还不如不做这种"事前事后"分析。在这种情况下，或许干脆不做任何评估，直接提供更多的服务就算了。我认为，用如此糟糕的方法去评估项目的影响甚至是不道德的，因为它真的不能告诉你任何东西。那纯粹就是浪费钱，这些钱本来可以用在更好的地方。

接下来，简单分析一下为什么这种"事前事后"的分析方法会存在这些缺陷。不妨假设，1980 年的春天，在华盛顿东部，你正在进行一项研究，这项研究主要是为了检验某种治疗呼吸道感染的新疗法的效果。5 月 18 号，正好是星期天，那天早上，"嘣"一声巨响，圣海伦火山（Mount St. Helens）爆发了。很快，许多实验受试者（生活在华盛顿东部）出现了严重的呼吸道感染。这时，如果你进行"事前事后"分析，你会发现，与刚开始时相比，有更多的受试者被感染了。这时候，通过这种实验你能确定这是新疗法的疗效吗？真的是这种新疗法使得受试者的呼吸道疾病变得更严重了吗？还是由其他的原因引发的呢？比如说，会不会是由于火山爆发产生的火山灰导致的。

当一些外部因素（比如，火山爆发）导致我们所关心的结果（比如，呼吸道感染）发生了变化时，这种"事前事后"的分析方法便会失败。在圣海伦火山爆发的情况下，这种外部影响因素很容易被识别出来。但是，对于许多发展项目来说，这类外部影响因素是很难被全部观察到的——如果不是完全不可能被识别出来的话。我们需要额外的东西来解释这些外部影响因素，尤其是当这些外部影响因素很难被识别出来的时候。

这个额外的东西就是另外一组受试者，他们没有使用新疗法治疗,但是也是被我们监控着的(我们把他们叫作"控制组")。任何发挥了实际作用的外部影响因素都会影响治疗组和控制组。如果外部影响因素对两组受试者都产生了影响,我们仍然可以对治疗组和控制组进行比较。仍然以圣海伦火山爆发这个外部影响因素为例。假设,控制组呼吸道感染的人数增加了三倍,而治疗组呼吸道感染的人数则只增加了两倍,那么,我们就可以知道新的疗法真的有效,尽管事实上,呼吸道感染的人数与刚开始时相比,变得更多了。

为了科学而抛硬币

但是,是不是无论怎样的控制组都行呢?我们能随便找出一些没有被治疗的人,然后把它们的结果与被治疗的人进行简单的比较吗?不能这样做。两组人一定要有足够的相似性,只有这样,他们之间的比较才是有意义的。

那么,我们所说的"相似性"究竟是什么意思呢?随随便便地找一些没有参加发展研究项目的人出来是很容易的。许多发展项目的评估确实就是这么做的,它们的问题也就出在这里。某些特定的人被排除在发展项目之外这个事实很可能恰恰意味着,他们不适合拿来作比较!我们必须问这样一个问题:这些人为什么被拒之门外?是他们自己不想参加的吗?还是他们没有资格参与?这些问题的答案对发展项目评估的结果有重大的影响。

比方说,一个小额贷款银行想评估一项新的创业贷款的效果,为此,他们进行了试点(pilot,导航实验或先导实验),即先给一些客户发放这种贷款试试,来看看结果会怎样。在大型会议上,银行经理们详细介绍了这个贷款项目,并且要 20 个人自愿组成一个试点组。然后在其余的人里面又选出 20 个人组成控制组(这些人是非自愿的),并对他们进行跟踪。果然,试点获得了成功。那些接受新的贷款项目的人准时归还了贷款,并且都是全额还款。基于这些结果,银行的管理层总结说，是新的贷款项目拥有的特定特征导致了更好的还款行为。然后，这个银行就开始推出这个新产品，并且把它提供给所有的客户，许多人获得了这项新贷款。但是，这个产品的表现并没有预期的那么好，还款率并没有那么高，实际上，反而比以前还要糟糕。难道是这个先导实验将他们引入歧途的吗？

未必。这个先导实验的结果只揭示了20个志愿者与另外20个客户之间的差异。前者自愿接受贷款，而且确实接受了这项新的创业贷款；而后者则什么也没有做（既没有要求贷款，也没有获得贷款）。也许那些勇敢地自愿接受贷款的志愿者本来就对能够获得贷款很兴奋，因为他们有良好的经营理念、完善的发展计划，并且能够很好地去实施它。但是，那些非志愿者（其中的一些人最终进入了控制组）可能欠缺良好的经营理念，或者他们本来就缺少激情。这种可能性有助于我们解释为什么志愿者组比对照组做得更好——其实，很可能新的创业贷款根本就与此无关。

因为如此多的发展项目——尤其是小额贷款，当然其他项目实际上也一样——都受到了参与者的各种看不见、摸不着的无形特质的影响。上述问题是一个常见的问题。当你设计一个评估方案时，你怎么能确定你没有把所有积极能干的人（或者所有富有创造力的人，或者所有野心勃勃的人、又或者所有具有最强的职业道德的人）都放到了一个组里呢？如果像这样的特质很容易被识别或检测出来，那么，你就可以让他们均匀分布在实验组和控制组。但是，这些特质很难被识别或检测出来的，它们隐藏得很深。

这样一来，你应该怎样根据这些你看不见的特征把人均匀地划分成不同的组别呢？

非常简单！为每个人抛硬币吧，以这种方式来决定他是否参与这个项目。如果是正面，就安排到处理组；如果是反面，就安排到控制组。

就是这样。这是一个天大的秘密。硬币可以帮我们大忙。当然，硬币没有任何想法，不可能"知道"哪些人是能干的，但是，它能够将人平均分配到各组，各占一半。只要参与的个体的数量足够多，处理组和控制组的人将具有相似性，所有的特征都会均匀分布于各组。这是真的，我们所能观察到的特征是这样，例如，性别、年龄、教育；我们无法观察和验证的东西也是如此，例如，企事业家精神、野心。

这个"平均"是非常重要的。如果你连续抛一百次硬币，正面朝上的次数将会接近于50%。如果你用同一块硬币抛1000次，那么正面朝上的比例会更接近于50%（虽然正面朝上的情况仍然不太可能是正好500次）。有一点必须指出，抛硬币这种方式并不能保证各种特征都得到完美的分配，但是，它至少能让你更接近于你的目标——抛得次数越多，越接近于你的目标。平均而言，建立随机分配的处理组和控制组在所有特征上是可以进行比较的，并且，群体越大，我们越确信这一点。

现在你知道了吧，一个随机对照实验并不是一件太复杂的事情。利用随机对照实验这种方法就能够弄清楚，在与贫困作斗争中，什么项目是真正有效的，这根本用不着使用经济学博士级别的数学。随机对照实验的工作原理是，把一群人随机地分成两组，给他们每个人拍个"事前快照"（即，在让其中一组人去执行项目前，记录这些人的全部具体情况），再让其中一组人来执行这个项目，然后让每个人拍个"事后快照"（即，等其中一组人执行完项目后，再把这些人的所有情况记录下来），再对比这两组人的事前、事后的"快照"。

欧内斯特的一个难题

现在，处理组、控制组和抛硬币（即随机对照实验），所有这些听起来似乎不如有些行为研究那般有吸引力，但是，这并不意味着，一个发展项目的随机对照实验是无聊的。事实远非如此。要完成一个随机对照实验,需要你亲历亲为,去直面贫困,获得第一手的资料。如果你想收集到与处理组和控制组的所有具体情况有关的可靠的、前后一致的数据,那么就需要你走出去,去得到它。随机对照实验发生在现场(或实地)——例如,在贫民窟内、在拥挤的市场上、在泥土房里、在稻田里,要完成随机对照实验,工作人员需要在现场观察:在真实的现实世界中,真实的人是如何做出真实的决定的。

  凭经验,我和杰克都会说,做实地研究确实令人百感交集:时而鼓舞人心,时而令人发狂,时而让人喜不自禁,时而令人深感沮丧,时而充满欢乐,时而又备感神秘,但是无论如何,它总是能给人以启发。下面这样的事情发生的频率几乎相等:看似很棘手的问题却在瞬间得到解决;而看似简单的任务却变得令人难以置信的复杂。简单地说,在实地研究中,根本不存在沉闷乏味这种事。

  举一个我自己亲身经历的例子。那是我负责的一个有关小额贷款利率的研究。那时候,杰克是这个研究项目的研究助理。当时我们正在为一项口头问卷调查进行试点测试,杰克负责采访加纳的一个电话卡推销员,他的名字叫欧内斯特(Ernest)。

  当时,这位欧内斯特先生坐在一把黄色遮阳伞的阴影底下,一旁的人行道被明亮而耀眼的太阳照得闪闪发光,遮阳伞的阴影与阳光照耀下白亮的路面形成了鲜明的对比,阴影的边缘看起来像锋利的刀刃。这把遮阳伞被固定在一个嫩黄色的木制柜子上。柜子上面放着一个笔记本、一支圆珠笔和两部手机。

  杰克低下身,把头凑近遮阳伞的边缘,向他打招呼:"下午好,先生。"

  "哦,先生,下午好。"

  "先生,我叫杰克。今天,我正在做一项调查,关于我们这个地区的企业及其业主的状况的调查。你不介意问你几个与你的电话卡业务有关的问题吧?"

  "哦,那敢情好。我叫欧内斯特。"

杰克从第一个问题开始问,很快就问到了第五个问题。"欧内斯特,你家有多少人?我的意思是说:有多少人跟你一起住,并且一起就餐?"

"哦,只有我,先生。"欧内斯特不假思索地回答。

"我明白了,那你是一个人生活了?"

"哦,不,先生,我有一个妻子和三个孩子。但是,我不跟他们一起就餐。我妻子单独为我带食物。"

"啊,但通常情况下,你妻子是为整个家庭做饭的吧?"

"是的,她为我们所有人炖汤和煮富富(fufu)*。"

"那么,你妻子每天晚上,要为多少人准备晚餐?"

"那是……"欧内斯特默默地数着他的手指头,"八个。"

"八个。也就是说,除了你自己,你妻子,你的三个孩子之外,还有另外三个人。那另外三个人是谁?"

"嗯,他们是我的奶奶,以及我妻子的妹妹。"他把头歪向一边,等待着我们的下一个问题。

"你的奶奶和你妻子的妹妹?听起来好像只有两个。"

"是的。"

"那么,就是七个人一起就餐了。你,你的妻子,你的三个孩子,你的奶奶,以及你妻子的妹妹。"

"是的,我们是七个。但,有时我妻子的妹妹的孩子也会来,他们算两个人。"

"哦,那是七个人再加两个孩子——总共九个人吗?"

"是的。"

"那,你妻子的妹妹,她也结婚了吗?"

"是的,她已经有了丈夫。"

---

* "富富"是生活在西部非洲和中部非洲的人的一种主食,通过在水中蒸煮富含淀粉的可食用根茎植物并研捣至适宜的稠度而制成。——译者注

"那么,大多数日子,他是否也跟你们一起就餐?"

"不,他和他的家人待在中部地区。"

"我明白了,但是你提到过的,他的妻子和他的两个孩子怎么样,他们住在你们的房子里吗?"

"不,他们和他待在一起。"

"哦,我记得你说过,通常情况下,他们是跟你的家人一起就餐的。"

"是的,我们已经在一起就餐了。"

"我恐怕有点无法理解了。你妻子的妹妹和她的两个孩子——他们在中部地区,又怎么跟你的家人一起就餐呢?"

"哦,杰克!他们过来和我们一起住。"欧内斯特笑了。也许他想起了他的大这家庭,满屋子的人。

"他们是正好到这里来拜访你们呢,还是一直与你们住在同一个房子里?"

"哦,不,他们不会一直住下去。他们只停留一个很短的时间。"

"好的,那他们已经跟你们一起待了多久了?"

"他们是圣诞节的时候来的。"

现在是7月。

当我们谈到贫困时,我们到底在说些什么?

只要做过一些实地研究——比如,到庞大的、杂乱无章的城市中心去,到密集得无法想象的沿山坡堆积起来的贫民窟里;到坐落在悬崖边上的小村庄里,到这些交通极度落后,只能乘坐古老而又锈迹斑斑的公共汽车,或者只有一些直接用原木制成的板凳的接近报废的货车,又或者步行才能到达的地方去——你很快就会停止用以往那些陈腐的隐喻来讨论"消除贫困"问题:贫穷不是什么无法打破的桎梏;贫穷不是什么不能割除的肿瘤;贫困不是什么不可粉碎的磨石;

贫困不是一丛无法修剪的令人窒息的藤蔓。或者,至少你会发现,上面这些看待贫穷的方法其实不会改变什么。

联合国是这样说它的:"从根本上说,贫困是缺乏最基本的个人发展机会和选择权,贫困是对人类尊严的侵犯。它意味着缺乏有效参与社会的基本能力。"这可能是完全真实和精确的。但是,仅仅这样说说有用吗?

当我们用这些宏大的套话来表述贫困问题时,我们一定也会按照这种思维定式提出同样空洞的解决贫困问题的方法。下面,我们不妨来看看那些强调"可持续性"的发展项目的实际效果。所谓的"可持续性",是指这些项目在经过初期监管和外部资金的注入之后,能够变得自给自足,甚至能够自我繁殖。

有人用一句中国谚语来解释"可持续性":"授之以鱼,不如授之以渔"。

这种美好前景让援助者和心系社会的投资者兴奋不已。与施舍相比,人们更愿意伸出援助之手。人们普遍认为这句话讲得很有道理。一般认为与其直接给他们送鱼,不如给他们送钓鱼竿、钓鱼线,并且教他们钓鱼的方法,以为这样就可以一劳永逸,以后再也不必为他们送鱼了。只要提供穷人装备,并且对他们进行培训,这样即使离开我们这些援助者,他们一样也可以生活下去。这种想法难道有错吗?

"授之以渔"这种方法已经存在几十年了,但是它的效果并没有像人们所普遍期望的那么大。如果是对一个天生的渔夫,这种方法自然是有效的。但是问题在于,有些人不善于放鱼饵;有些人对抛掷鱼钩一窍不通;有些人有关节炎,无法握住钓鱼竿将鱼拖出水面;有些人居住的地方,附近的河里没有足够的鱼可钓;有些人认为钓鱼很让人厌烦。然后,吃晚餐的时候到了,上面这些家伙运气很不好,他们可能钓不到一条鱼。但是他们又不能吃鱼竿、鱼线以及那些教他们如何钓鱼的课本。因此,这种发展项目到底为他们做了些什么?

在那个充斥着像选择、机会、尊严、垂钓等各种各样的高尚概念和隐喻的高高在上的王国里,空气稀薄,在那里根本找不到真正的穷人。我们需要从云端走下来,真正走进穷人的生活。如果想解决贫困问题,我们必须要知道什么才是真正的贫困,而不能只提出一些抽象的概念。我们必须去"嗅"、去"尝"、去"触摸",这样才能知道贫困的"气息"、"滋味"和"感觉"。

然而,或许这正是我们很难把握贫困的实质的原因所在:贫困并没有太多显性的可感特征,因为从最直接的意义上说,贫穷意味着很多东西都没有。它意味着没有足够的食物,没有居住的地方,当你生病的时候,没有基本药物或者干净的饮用水。贫穷的日常体验就是缺乏日常的生活必需品。贫穷就是得不到你所需要的东西。

现在,让我们来谈谈一些基本常识吧。人必须要吃东西,那就意味着有时候,我们必须给他们食物;人会生病,需要药物进行治疗,那就意味着有时候,我们必须给他们分发药片,为他们免疫接种;人需要上学,这就意味着有时候,我们必须为学生和老师准备好教室。

解决世界贫困这个问题是动态的、复杂的。但是,如果我们仅是看到上述这些东西是不能解决这个问题的。

我们必须见到活生生的个人,这些人有不同的能力和不同的需要。像我们将会在本书第七章中提到的薇嘉雅(Vijaya),她所真正需要的是,找到一种让她丈夫不再酗酒的方法,以免她丈夫喝光她所赚的钱;像我们将会在本书第十章中谈到的伊丽莎白(Elizabeth),她所真正需要的是,如何从当地医院获得更好的服务。

当我们用这种方式去考虑贫困问题时,我们就开始找到前进的方向了。实际上,前进的道路有很多条。人们能够提供的服务,人们表达出来的需要有多少种,就有多少个可能的解决方法。但是,要想找到它们,我们需要有创造性的思维,建立一个庞大的网络,并且必须清醒地认识到这一点:我们不可能只用同一种方法解决所有人的问题。同时,找到适当的解决方法后,我们必须有条不紊地坚持下去。如果一个发展项目是用来解决一个特定的具体的问题的,那我们就要对这个项目专门做一个具体的测试。如果这种方法是可行的,那很好。如果不可行,我们就对它进行改进,或者尝试使用其他的方法。日积月累地,通过这种方式,我们能不断地改善我们所使用的工具和方法,并且在反贫困工作中取得实质性的进展。

第三章
购买：使纳入"安全网"的家庭数目翻一番

据考古学家考证,毛毯的使用始于尼安德特人(Neanderthal)统治时期。那就意味着,在某种意义上,三万年前,袖毯(Snuggie)的前身就已经出现了。*

从那之后,人类历史上所有大思想家、所有创造力无极限的天才,都不得不与这样一床古老的、像煎饼一样又平又土气的床罩式的东西厮混终生,任由它一如既往,与刚问世时几乎没有两样。直到1998年,才终于出现了一个突破。

加里·克莱格(Gary Clegg)是缅因大学的一名一年级新生,他遭遇到了新英格兰严寒的冬天。即使在他自己宿舍的房间里,他也无法动手做功课。只要一坐到桌子边,他便觉得冷得受不了。他只能裹住毛毯,这样能让他感觉暖和些。但是,裹住毛毯既感觉笨重,同时又让他行动不便。因此,他请求他的妈妈为他缝制一条有袖子

---

* Snuggie 与 Slanket 都是"袖毯",但有所区别,Snuggie 较短,穿起来行走方便灵活;Slanket 是最早出现在网络视频中的一种产品,但是却在 Snuggie 流行起来之后才获得推广。另外还有两个类似的产品——"自由毛毯"(Freedom Blanket)与"毛毯大衣"(Blankoat)。对于它们之间的差异,请参见:http://gizmodo.com/5190557/ultimatebattle-the-snuggie-vs-slanket-vs-freedom-blanket-vs-blankoat。——译者注

的毛毯。第一件做得并不好，但是随后越做越好。随着春天的脚步，袖毯（Slanket，即，有袖子的毛毯）终于诞生了。

这个世界是健忘的，并没有多少人注意到这个新生事物——Slanket（袖毯），这个有袖子的毯子被人遗忘了，默默无闻了近十年。几乎没有人意识到他们缺少了什么，直到 2008 年，在一档午夜的电视购物节目里，一种新的袖毯 Snuggie（与 Slanket 很像）横空出世时，人们才意识到他们有多需要这种有袖子的毯子。在短短的两分钟的时间里，它就阐明了一个棘手的但又普遍存在的问题，并提出了一个完美的解决方法。"当你感到寒冷想要温暖，但又不想支付暖气费的时候，这种可以穿在身上让人活动自如的毛毯能帮你解决这个难题。……当你需要用双手去取物时，而你的手却被困在了里面，……这种 Snuggie（袖毯）既能让你备感温暖，又能解放你的双手。因此，穿上它，你可以在既温暖又舒适的环境下自由地工作、学习。""油管"网（YouTube）上出现的一段恶搞广告更使 Snuggie 这个单词红遍了全世界。

最后的事情大家都知道了，人类社会进入了一个"Snuggie 时代"。它获得了飞速的发展。

是的，飞速发展。第一年就有四百万件 Snuggie 销售一空。一夜之间涌现出了数以百万计的 Snuggie 粉丝俱乐部。Snuggie 酒吧也遍地开花。"早安美国"的制作方还组织了一场 Snuggies 时装秀。截至 2010 年 2 月，全球袖毯的使用者估计达到了两千万，而且使用人数仍然每天都在上升。它简直就是一场革命。

当然，你可能是一个愤世嫉俗者，不想随大流。你可能会说，Snuggie 根本算不上是一场革命，它只是在一床廉价的薄薄的毛毯上面剪两个洞，并且装上两只瘦瘦的袖子而已。你或许是对的。但谁又关心这个呢？人们的实际行动说明了一切。（原先的 Slanket 也持续畅销，但是没有 Snuggie 那么流行。）

你能卖出任何东西

广告界的一句谚语说得好：没有不好的产品，只有不好的推销员。就像我们在本书导言中看到的那样，我们在捐赠时，受市场营销力量的影响与我们在消费时一样多——有时，我们甚至根本不会考虑被推销的东西的真实状况。当这种情况发生时，质量与受欢迎程度便会产生偏离。有些东西对人体有益，但是人们并不一定会购买（比如，利马豆）；反过来，人们购买的有些东西却并不一定对人体有益（比如，香烟和咸味炸薯条）。

精明的商人深谙此道。据统计，在2008年，仅美国一个国家，花在广告宣传上的费用就达到了4120亿美元之巨。

但是，我们在国内销售日常生活用品的方法，与我们在国外推销反贫困发展项目的方法之间存在着一个奇怪的断裂。事实上，我们经常觉得我们根本不需要去**推销**反贫困发展项目这种"商品"，而只是单纯地希望它们会因为它们自身的优点而被采用。（注意：这种方法对销售利马豆不起作用。）

这个想法显得有些目光短浅，它忽视了这样一个事实，即，发展是一条双行道。如果我们想通过提供项目和服务来帮助穷人，那么必须做好以下两件事情：第一，我们需要提供有效的项目和服务；第二，穷人必须选择参与这些项目和服务。比如，在提供降水保险政策、小额贷款、预付肥料优惠券等项目的情况下，穷人们必须通过购买这些项目才能得到帮助。（我们稍后将会在本书中看到与上述这些项目有关的例子。）

在最近几年中，我们已经开始通过努力让研究人员和从业人员（参与者）协调工作、严格评估发展项目，在提供项目和服务方面取得了一些进展。但在第二件事情上，我们还真的很落后。从某种意义上说，对于怎样做是有效果的，我们了解得越多，越觉得需要使用正确的市场营销——因为,一个被证明为有效的项目由于参与者缺乏兴趣而最终导致失败是极大的浪费,这种浪费简直是一种罪恶。

广告费的很大一部分是用来确保让人们留下一个良好的第一印象的。一个发展组织要推出一项新产品,就需要考虑这方面的东西。如果他们市场营销做得好,那么就有可能产生 Snuggie 式的轰动效应。

最后一英里问题

Snuggie 从不为人知到横空出世,到最后引起了轰动,这是一个教科书式的案例。但是,在本书中,你将看到的很多项目与 Snuggie 的例子并不十分类似。本书介绍的这些项目已经存在于人们身边了,而且人们也知道它们已经存在了。这既是一个优势,同时也是一个劣势。因为这些项目早已存在于人们的身边,所以人们对它们很熟悉,这意味着人们已经对它们有了一定的了解;但也正是因为熟悉,人们对它们的存在感到麻木。套用一句广告界的话说就是,这些产品流行不起来。

有一个典型的例子,即口服补液疗法,用这种方法治疗腹泻很便宜,但十分有效。它只需要一些塑料包装的小包的盐,当患者服用它之后,能迅速被人体吸收,并能维持人体所需的水分,再结合流质营养的摄入,能有效抵制由于疾病引起的死亡的威胁。这些小包的补液盐每包最多只需花费几个便士。其实,在很多发展中国家的腹泻易发区,它们是完全得到资助的,即,这种补液盐是免费提供的。

像这种对治疗致命的疾病既便宜又有效的东西(顺便说一下,这种东西没有任何不良的副作用),看起来应该完全能够实现"自我推销"。但可悲的是,事实并非如此。实际上每年将近有两百万人,其中大部分是小孩,死于腹泻。他们要么不知道补液盐的存在,要么不想使用它。无论是哪种原因,都意味着我们失败了。

幸运的是，只要我们真的想找到改善市场营销的方法，那就不会太难。事实上，我们整天都被成功的市场营销案例"轰炸"——这些例子出现在网络上、广告牌上、杂志上、电视里以及收音机里。然而，在杂货店里，利马豆依然显得"憔悴不堪"，多多少少总不被人喜爱。但是同样是在杂货店里，同样不起眼的葡萄干就完全不同了，从它这个例子中可以学到很多经验教训。

从生物学的角度来看，1986 年，对加利福尼亚的葡萄干来说，是很普通的一年。葡萄干自始至终都只是一些"干干的葡萄"而已，似乎没有什么发展与变化可言。对美国公众来说，加利福尼亚的葡萄干在效用方面也没有发生什么大的变化。葡萄干在美国的大多数杂货店里都有销售——它们一直以来都是这样。既没有科学证据显示葡萄干是一种神奇的食物，对人体健康有某种不为人知的功效（它们依然被认为是一种只对人体有适度的益处的小零食），也没有任何证据证明在很短的时间里，这个国家的民众的味觉集体发生了变化。

尽管如此，1986 年仍然是一个转折点。用大力提倡食用葡萄干的主要团体——加州葡萄干顾问委员会（the California Raisin Advisory Board）的话说就是，在 1986 年年初的时候，葡萄干充其量只不过是"人们在感到枯燥乏味和无聊透顶时，用于消磨时光的一种零食而已"，但是，到了最后，人们便"不再羞于吃葡萄干了"。现在，行业团体说葡萄干的销售量在接下来的十年里每年都增加 10%，这可能有些夸大其词。但布丁可以作证，布丁里充满着葡萄干。

加州葡萄干顾问委员会的话暗示，加州葡萄干销售量的激增与葡萄干本身没有什么关系，而只与人们如何看待加州葡萄干有关。改变人们对加州葡萄干的看法的是一个广告。1986 年，全国的电视荧屏上突然出现了一个四重唱动画广告，广告里的动画人物挥舞着电吉他，把玩着酷酷的运动太阳镜，唱着："我听到了小道消息……"。如果你还记得加州葡萄干的话——我相信大多数人都记得——那么,你自己就是一个活生生的例子,说明这个市场营销方法确实是神来之笔。

我在麻省理工学院攻读博士学位时的导师之一、这本书中论及的许多论著的合著者、获得麦克阿瑟基金会"天才"奖的森德希尔·穆莱纳桑(Sendhil Mullainathan)关于这个问题也进行过很多思考,并撰写了一些这方面的著作。他说,关键在于所谓的"最后一英里问题"。这个问题如下所示:当面对某个强大的挑战时,我们会运用聪慧的头脑和丰富的资源来设计解决方案。我们综合运用科学和工程技术,发挥创造力,并进行仔细的测试,这样一般都能成功地解决所碰到的技术问题——这些问题出现在一千英里旅程中的前九百九十九英里中。然后,莫名其妙地,我们停了下来,把解决方法晾在了一边。我们不再运用同样严格的方法来保证这一解决方法被人们采用,而是简单地期待它会自己推销自己。通常情况下——就像补液盐的例子一样,在有关这个主题的谈话中,森德希尔·穆莱纳桑多次提到了这个例子——解决方法本身并不会进行自我推销。

那么,就让我们直截了当地说吧:我们需要向 Snuggie 和加州葡萄干学习。

一张漂亮女人的照片值多少钱?

造成这个问题的部分原因在于,经济学家们没有被训练去(不善于)思考这最后一英里问题。举个有关贷款的例子:一个人是如何决定是否借钱的?在本科生和研究生的课程中,学生们学到的各种借贷模型基本上都只考虑利率、个人投资机会以及他用来给现在和未来的消费估价的贴现率。

从理论分析的角度来看,这些因素都有一定的意义,但是非常有限。模型只是一些等式。除了它所包含的变量之外,模型看不见、说不出任何东西。因此,如果我们运用一个只包含上述这三个变量的模型去设计贷款产品时,它必然只能给出一些与这三个参数有关的建议,仅此而已,再没有其他东西了。

在南非,我和我的一个朋友,也是我在麻省理工学院的一位同学,乔纳森·辛曼(Jonathan Zinman)开始着手解决一个具体的问题——确切地说,是为我们谈论过的这些问题设计一个标准的经济模型——最终,我们学到了更多与"最后一英里问题"有关的很有意思的东西。我们想弄明白的是借款者针对不同的利率水平的反应是怎样的,因此,我们与当地的一家名为"信用补偿公司"(Credit Indemnity)的消费贷款机构合作(这家机构后来被一家更大的银行收购了),并且设计了随机对照实验。

我们因自己能够全身心地投入到对这个重要的政策议题的研究中去而感到很兴奋,多年来,这个议题在小额贷款圈子里一直备受争议。(实际上,十年前我之所以会转向发展经济学研究,主要原因之一恰恰正是因为我痛感在这个议题上最缺乏的就是确切的证据。)其中一个关键问题是,我们想搞清楚,更高的借贷利率会不会导致更高的违约率。为了找到答案,我们需要做大量的研究。我们将为不同的人提供不同的借款利率,因此我们需要很多借款人来借款,这样才能获得足够的数据,以便回答这个问题。

因此,我们必须招募到大量的潜在借款者。为此,我们决定在信用补偿公司的五万三千名现在和过去的客户中开展一种名叫"直邮邀约"的活动。当我们与信用补偿公司的管理人员一起讨论如何设计这项活动的时候,我们询问他们是否知道怎样做才能在直邮邀约活动中获得最高的响应率。事实证明,正如我们所预想到的,由于没有做过事前测试,在这个活动的推行过程中存在着各种各样的问题。突然之间,我们感觉到,对利率敏感性的研究其实也是一个市场营销的研究。

对于这个问题,玛丽安娜·贝特朗(Marianne Bertrand)、森德希尔·穆莱纳桑以及埃尔达·沙菲尔(Eldar Shafir)从心理学和经济学角度进行了许多思考。与信用补偿公司讨论后,我去芝加哥拜访了玛丽安娜和森德希尔。为了搞清楚怎样才能提高直接邮寄这种营销方式的响应率,我们进行了一场头脑风暴。与通常发生的情况一样,经过五分钟的交谈之后,我们就得到了十个主意,这些主意都有可能提高直接邮寄征集的响应率。这些主意都很有意思,但是我们却因为如下这个事实大受打击:我们不过是在"过家家"而已,因为我们并没有从"真实的世界"中得到能证明我们的想法或能引导我们思考的有用的数据。(这并不是说信用补偿公司自己不做任何随机对照实验;事实上,它们是做的,而且做得很多——但是在通常情况下,它们不会与我们这样的严谨的专业学术者分享它们的结果;也不会为了测试某个特定的关于人类行为的理论而设计一个随机对照实验。)

然而,对理论的忽视反而可能使它们更具洞察力:什么才是真正有效的?与我们的传统模型当中最重要的因素——利率——相比,各种微妙的市场营销技巧究竟有多重要?

为了对比利率与市场营销技巧的相对重要性,我们需要使这两者都发生变动。为此,我们从信用补偿公司拿到了最新的宣传单,然后开始着手修改。

除了真实的产品特征(就像是利率、申请有效期)之外,我们改变了宣传单的一些外在的表面特征。是否应该在宣传单上印有一张漂亮女人的照片?如果要印上去,印哪种类型的漂亮女人呢?南非的种族问题由来已久。他们会不会对印有自己种族的女人的照片的宣传单做出更好的反应呢?我们能否为他们的借款的用途提出建议?或者,我们要不要给他们介绍更多的借款实例呢?(比如,建议一个人借多少?可以借多久?)。如何以不同的方式显示利率?或者如何显示竞争对手的利率?

我们把各种影响因素都收集到了一起,然后制作了许许多多各种各样的宣传单,把它们随机地邮寄给五万三千名客户。几个月之后，当所有宣传单的有效期都过了之后，我们再来选出能给我们带来最多客户的宣传单。

经过统计我们发现，这些数据一面倒地表明的第一件事是：客户最关心的是利率问题。正如标准模型所预测的，人们显然更愿意申请低利率的贷款。这个结果并不出奇。令我们惊奇的是，人们好像还非常关心价格（即利率）以外的其他东西。

数据证明，两个市场营销方面的特征（即，漂亮女人的照片以及贷款实例的数量）确实是有影响的，虽然它们与借贷的实际条款没有任何关系。从经典经济学理论的角度来看，这一点确实很奇怪：没有一个客户会承认，他之所以做出借款的决定是由于这个宣传册的某个角落上印了一张漂亮女人的照片，但是，数据显示得一清二楚，他们的决策确实受到了照片的影响。从促使客户提出申请的角度来看，在宣传单里加印一张迷人的女性的照片对男性客户的影响，相当于降低借款利率40%。

另外，客户对贷款示例的反应有两点让我们很惊奇。（我们在宣传单里列出了一张简单的图表，分别为几个不同的贷款项目列出了月还款额。）第一点是，与一张图表里列有四种贷款实例的宣传单相比，一张图表里只列出一种贷款实例的宣传单更能吸引到客户。因此我们得出结论，即，呈现更多的选项反而会**把客户赶走**。这一结果直接违背了标准经济理论，因为根据标准经济理论，选项越多，对选择者越有利。

客户对贷款示例图表的第二个令人惊奇的反应是，他们"选择厌恶"相当强烈。数据显示，只用一个贷款实例的宣传单比用了四个贷款实例的宣传单更能吸引到额外的客户，其效果相当于利率降低三分之一。

如果有人还对市场营销真的能使发展中国家变得有所不同这一点持有怀疑态度，那么南非的事例应该让他们安心了。对邮寄的宣传单做一些简单的更改（比如，在贷款示例表中删去三行）时，就会带来许多新的业务,效果丝毫不逊于大幅削减价格,因此,你绝对不能忽略市场营销。

现在,我们已经知道市场营销是怎么一回事了;但是,要确切地知道做哪些改变可以提高宣传单的响应率就没有这么简单了。这个研究当中难度最高的那部分就是,预测什么是有效的,什么是无效的。(实际上,在开始做这个研究之前,我们估计了每种市场营销技巧的影响——结果证明,我们的许多估计都是错的。)举个例子,就说对种族这个因素的利用吧,在南非它一直是一个非常敏感的问题。但是当我们改变宣传单里印制的照片里的人的种族时,客户们的反应并没有什么不同。同样地,许多企业在南非进行"手机赠品"抽奖销售的结果也表明,人们有类似的反应。再比如,我们把市场营销专家反复强调的那些影响因素也放到宣传单里进行了测试,结果发现,这些因素没有带来任何益处。它反而抑制了人们的响应率。

在南非进行的这项研究中得到的这些结果——尤其是当呈现了更多贷款实例时的客户所反映出来的"选择厌恶"——清晰地指向了行为经济学。

太多的选择

最近的行为研究显示,传统经济学的"更多的选择总是更好的"规律远没有想象中的那么普遍有效。有时候,选择会让人麻痹。当选择太多或很难对它们进行比较时,我们常常会拖延做出决定,我们会说:"现在想这个问题太早了,明天再说吧。"

在日常生活中,人们认识到这种倾向已经有很长一段时间了——或许跟他们做决策的历史一样长——但是直到最近都没有人对它进行过细致的研究。近来,行为心理学家和经济学家们把它恰当地称之为"选择过载"(choice overload),并且开始着手对它进行度量。

2002年,哥伦比亚大学的社会心理学家[最近出版的《选择的艺术》(The Art of Choosing)一书的作者]希娜·艾扬格(Sheena Iyengar)和斯坦福大学的心理学家马克·莱珀(Mark Lepper)在美国加利福尼亚的一家高档的杂货店里做了一个选择实验。他们在那儿支了张桌子,桌子上放着一些进口的果酱,人们可以任意的品尝。在规定的时间内,他们可以任意品尝任何数量他们自己喜欢的果酱,但是,时间到了就必须停止。他们每人还可以得到一张一美元的优惠券,当他们选购果酱时,可以用它来抵一美元的现金。艾扬格和莱珀想弄明白,选择过载是否会折磨这些随意的购买者。因此,每过一个小时,他们便增加果酱的口味,改变样品的数目,最后从6种果酱增加到了24种。

当然,结果确实如此。当桌子上放着24种口味的果酱时,明显地吸引到了更多的购物者,至少最初的时候是这样的——60%的路过者都停下来品尝,相比较而言,当桌子上只放了六种口味的果酱时,只吸引到了40%的购物者——但是最后,事实证明,口味太多以至于超出了他们可承受的范围。品尝完六种口味的果酱之后决定购买的顾客人数差不多是品尝了全部24种口味的顾客的十倍(30%对3%)。

一个简单的解释是,面对两打选择,人们不知所措,于是干脆不做这个复杂的选择——最后决定什么果酱都不买。再见了,醋栗。草莓,你好。毕竟,无论什么东西,只要已经躺在自家冰箱里了,就是最好的。

现在,你可能会对我们在南非做的这个借款示例的研究提出反驳意见,因为我们提供的选择并不是很多——最多只有四个!但是,如果选择过载问题在人们做出吃何种烤面包这种琐细的决定时都会出现,那么,当人们需要做更大的决定的时候,例如,要不要借贷,它肯定会让人们感到苦恼——或许是更强烈的苦恼。

如何使纳入安全网的家庭数目翻上一番

如果你因为我们利用从果酱推销中获得的技巧与漂亮女人的照片去诱使穷人背负消费债务而感到一阵不安,那么,这是好现象。是的,到现在为止,我们还不清楚,信用补偿机构为穷人提供贷款是不是真的是一件好事情。在下一章,我们将会解决这个问题,并且还将深入探讨小额贷款的一般问题。不过,现在首先让我们来看看,我们在南非得到的结论在不同的背景下是不是依然成立。接下来,我们要讨论一个购买者能够获得的好处更加明显的产品的市场营销问题,即,如何在印度推广降水保险政策。

这项保险政策是有效的。它是这样设计的:参加保险后,当降水低于平均水平时,保险公司便会支付赔偿。这样,在发生了干旱灾害时,即使农作物减产了(或者完全歉收),至少也能保证投保人获得一些收益。实际上,他们是在天气变幻莫测的情况下,为农民提供一种金融保障——获得的保障的多少,跟农民自身与恶劣季节作斗争的描述有关。显然,这项保险政策正是农民所需要的。

但是,事实没有像你所期望的那样——这种保险会得到普及,农民也会持续地投保。为什么人们不去投保呢?在2006年,肖恩·科尔(Shawn Cole)、泽维尔·吉内(Xavier Giné)、杰里米·托巴科曼(Jeremy Tobacman)、比蒂·托帕罗瓦(Petia Topalova)、罗伯特·汤森德(Robert Townsend),以及詹姆斯·维克利(James Vickery)一起设计了一个随机对照实验。这是一个由来自学术界、世界银行、国际货币基金组织以及纽约联邦储备银行的经济学家们组成的能够博采众家之长的研究团队。他们试图通过实验弄清楚以下这个问题:怎样才能让印度乡下的农民购买保险。他们与古吉拉特邦(Gujarat)和安得拉邦(Andhra Pradesh)当地的小额贷款组织合作,他们为推广基本的降水保险政策设计出了许多市场营销策略,并且进行了测试。

就像我和辛曼在南非所做的一样,在印度的这个研究团队的目标也是致力于找出"市场推销"的奥妙,他们的方法是这样的:随机地利用不同的市场营销技巧向不同的潜在顾客推销保险,并且对他们的购买行为进行跟踪记录。但是这两个研究之间也存在着很大差异——这不仅仅体现在降水保险这种产品似乎更加简单这一点上。

首先,是因为人的不同。在南非,大多数人都有工作,尽管他们整体上都比较贫穷,但是他们都有正式的工作,并且都拥有一份稳定的工资。但是,在印度,你所提供的保险的推销对象是一群经营小规模农场的农民,他们依靠土地生活,这就隐含了很多不确定性。这些农民知道哪些年会丰收,当然,他们肯定也清楚地知道哪些年会歉收。

然后,就是居住地的不同。在南非我们的工作地点是在城市里,或者半城市化地区,发送促销单是通过邮寄的方式进行的。然而,在印度,市场营销是靠人去做的,要么到农村去做宣传,要么直接上门服务。那些人没有街道地址,更不要说是邮箱了。(即使有邮箱,在我们做研究的那个安得拉邦的乡下地区也没有邮差。)它是在这样一种情况工作的:你的双脚满是泥泞,深一脚浅一脚地穿梭于种满高粱的、尘土飞扬的小路上,然后,农民们会邀请你坐在他家门口的小木凳上。

现在,我们就不需要再反复讨论南非和印度的环境的差异了。相信你自己已经明白了这一点。我想说明的是,这两个地方的差异如此明显,所以我们不应该有这样的期望,即,在推动消费者做出决定方面,期望找到一组对两个地方都能起相同作用的广告。不过,尽管如此,印度的这个研究团队的研究结果与我和辛曼在南非的研究中得到的基本结论却是一致的,即,市场营销是重要的,非常重要。

再者,知道市场营销事宜的重要性是一回事,设计一项具体的市场营销活动又是另外一回事。就像我们在南非曾经涉及过的种族因素一样,印度的研究团队也检验了一个非常敏感的因素。他们随机地把内容跟宗教有关的照片印在推销保险的宣传单上。有些宣传单上印上一张站在寺庙前面的印度教徒(Hindu man)的照片,另外一些宣传单上印有一个站在清真寺前面的穆斯林的照片,剩下的那些宣传单则印上了一个站在不属于任何类型的建筑物前面的没有任何宗教色彩的人的照片。他们发现——跟我们发现的一样——这些人物形象对结果没有任何影响。另外,无论是强调保险对个人的好处,还是强调保险对整个家庭的好处,对结果也都没有任何区别。

如果微妙的广告策略变化没有产生重大的影响,那么或许是因为更严重的信息问题惹的祸。也许是因为许多潜在的客户不能确切地明白:降水保险政策到底是什么,以及它有什么用。研究人员认为,如果人们多了解一些有关降水保险的知识,可能对产品就会热心起来。因此,研究人员随机地选出了一些市场营销处理组,往里面增加了一段几分钟的解说,这个解说的内容包括了降水量的测量,以及雨水、土壤的湿度与最佳种植时机之间的关系等信息。但是,对此,人们几乎没有什么反应——听了这段解说,他们并没有购买更多(或更少)的保险。

真正让人们对保险营销产生积极响应的是人际接触。在一些社区,保险营销是通过保险公司的代理人与客户面对面的接触而完成的。虽然,大多数人(包括那些没有被登门拜访过的人)都知道,保险对他们是有益的,然而,到客户家中进行一次销售拜访有可能使保险签约率提高三分之二。但是,这并非全部。如果登门拜访的保险推销员是由当地的一家知名的、可信赖的小额贷款银行的代理人引介的,那么这种面对面营销的效果还可以再提高三分之一。

如果把这两种方法结合起来使用——即登门拜访并且在首次上门时让一个客户信赖的组织引介一下,那么就会使人们签约的可能性整整增加一倍。如果把这种方法全面推广开来,那么被保险人将会增加到原来的两倍。这样一来,在贫困人口当中,纳入安全网的人数将会翻一番;这也就意味着,那些不需要担心因降雨不足而挨饿的人也将增加一倍。

销售的重要性

在很多时候,当我跟一些非经济学家和非学术界人士谈论这些项目时,我都会因他们对我的看法而感到震惊。坦白地说,这令我感觉到了自己以前的"销售"方法是多么地愚蠢。但是,现在我宣布:我们一定要把这些东西推销出去。

许多人之所以不想过多考虑援助和发展项目的市场营销方面的因素,或许是因他们不想让人觉得他们在拼命兜售一些东西。这跟他们认为援助应该是什么的想法相冲突——当然,那些只不过是一些自以为是的想法罢了。事实上,世界上大多数支持发展项目的人——实践者、决策者以及大大小小的援助者——都能找到合适的理由去这么做。他们想帮助那些有需要的人。而且(冒着过于简单的风险)大多数有需要的人也真的希望得到帮助。因为这两方(援助者和被援助者)的意图是一致的,那么我们为什么不借助于有"黑魔法"称号的广告,把他们对接起来呢?

无论你是否认同我们必须这么做,事实已经摆在那里了:通过正确的方法把项目呈现出来,能够使参与者显著地增加。我们找到的有效的市场营销方法越多,我们——和穷人——越有可能获得成功。

本书中讨论到的绝大多数研究——事实上,它们极大地推进了真正意义上的发展经济学研究——都集中关注发展项目的有效性。这样很好。找到有效的抗击贫困的东西是第一步。

让这些东西受到关注是第二步。

在这里,没有什么是羞于启齿的。积极推广发展项目并不意味着去误导受众、或者认为他们本身不能做出正确的决定。它仅仅意味着,承认他们跟其他人是一样的,即,都很容易受到关于事物本身的信息、别人的建议以及微妙的广告等因素的影响。

我们为什么不把它当作一次机遇来看呢？既然我们能够成功地说服成千上万的人——顺便说一句，这些人当中大多数都已经有了毛毯——他们需要 Snuggies，那么，我们也一定可以找到一种方法来出售已被证实能够解决贫困问题的点子。

第四章
举债:为什么出租车司机不贷款

当一辆欧洲的紧凑型小轿车"死去"(报废)后,我不知道它的灵魂会去哪儿。有的时候,它的躯体会被送去加纳(Ghana),在那儿,也许它会"重生"——改头换面后,它成了一辆出租车。有些人认为,人死后,如果上了天堂,那么灵魂和躯体会再次合二为一:我们又会变回生前的模样。但是,在加纳,汽车的躯体和灵魂肯定不会再次合二为一。无论是车窗摇柄,还是汽车转向灯都不会跟过去一样。它们会被刷成黄色,但不是整个车身,因为加纳政府规定,每辆正规的出租车的车身上必须要有四个橙黄区域,它们分别位于每个车轮的上方。这使得它们特别容易被识别出来。但是,通常情况下,即使没有这个视觉色彩的帮忙,你也能辨别出加纳的出租车。通过它们在路上摇摇晃晃地行驶时发出的特别刺耳的刹车声、轮胎与地面摩擦时的尖叫声,通过它们不断排放出来的像愤怒的幽灵一样紧紧跟随着在后面的刺鼻的汽车尾气,你就可以把它们认出来。

就是这样的一辆出租车,它突然转向,横穿两条车道,冲向站在路边的杰克。它就像一个怪异的保龄球一样驶了过来,停在了杰克的身边。车窗是开着的,司机把身子凑近车窗,对路边上的乘客(杰克)说:"下午好,先生,您要去哪儿呢?"

杰克把地址和愿意出的价码告诉了他。随之而来的是在这种情况下通常都会发生的一幕:出租车司机对价格不满意,但是,在一阵悲叹、抱怨以及佯装的生气后,他们很快就会同意乘客的要求。杰克他们出发了,驶上了拉巴迪支路(Labadi Bypass),沿着海滩行驶,这个海滩是加纳首都阿克拉的南部边界的标志。

在出租车行驶过程中,杰克开始问司机他通常都会问的那一套问题:这辆出租车是不是他自己的?出租车的日常维护费以及维修费由谁支付?他结婚了没有?他有几个孩子?他有没有任何正式的储蓄?同时,出租车司机也问了杰克的工作。杰克告诉出租车司机,他正在为一家储蓄贷款公司工作,就是在那儿他拦下了出租车的。当出租车司机得知这点时,他想了解更多的东西了。

这个司机想拥有一辆完全属于自己的出租车,但是,他觉得他得贷款才买得起。关于银行信贷的程序,他提出了一些很好的问题。他问,为了获得贷款,他是否得在那个银行开立一个账户?("是的",这是杰克的回答。)那么,利率情况如何呢?(月利率3.17%,单利计息,根据每月的期初余额计算。)通常来说,他将如何来偿还贷款?(每月偿还。)他能用一年的时间偿还吗?(不能,客户的第一笔贷款的最长期限为六个月。)为了获得贷款,他需要提供诸如土地之类的抵押品吗?(不用,贷款只要提供担保人的担保就行了——是担保贷款,而不是抵押贷款。)

当他的车子绕着独立广场(Independence Square)行驶时,他放缓了车速,这时他已经情绪高涨了。"明天早上上班之前,我就直接去银行的营业大厅办理贷款手续。"他说。他知道申请开立一个账户所需要准备的材料,也知道向谁提出贷款申请。他前面的人生道路突然之间被点亮了。现在他成了一个具备了获得成功所需要的意志和能力的男人。他似乎刚刚才意识到自己也有不少可利用的资源。

当车子在一个露天足球场和奥苏墓地(Osu Cemetery)边上绕行的时候,他们保持了几分钟愉快的沉默。杰克告诉司机,他对他很满意。当他们快要到目的地的时候,这个司机问了杰克另外一个问题:"你是否认识另外一个名叫詹姆斯的外国人?他也在那个银行工作。"杰克正好认识他,詹姆斯是这个银行的行政管理团队中的一员。杰克把这个告诉了司机。

这个司机告诉杰克,他记得,詹姆斯是从同一个办公室出来搭乘他的出租车的,司机把他载回了家。这件事已经过去一段时间了。"至少有一年了,我想甚至已经超过一年了"。那天晚上的情形已经深深地刻入了他的脑海,因为当时他也和詹姆斯相谈甚欢,就像这次与杰克一样。两次谈话似乎是同样重要的:那天晚上,关于申请银行贷款的程序,詹姆斯也回答了"很多很多的问题"。

杰克问他:"那么,以前当詹姆斯告诉你所有这一切的时候,你是怎么跟他说的?"

他回答道:"我告诉他,我明天会去银行的。"这话听起来多少带点自嘲的意味。

但是他第二天并没有去。一年前他没有去,这一次他当然也不会去。他确实说了,他想得到贷款——虽然那只是他的意图的相当微弱的信号。稍微回顾一下两年来我们与加纳人的谈话内容,就会发现嘴上说说想申请贷款的人很多,比那些真的会采取实际行动的人多得多。但是,发生在这个出租车司机身上的情形特别令人迷惑不解,因为他已经了解了所有细节,并显得情绪高涨。他知道如何开立账户,也了解贷款项目的特征以及安全性的要求等等细节,并且已经在实际上为此制订了一个行为计划(虽然只是一个非常简单的计划)。他清楚地知道他该做什么,看起来似乎也非常渴望去做这件事。到底是哪里出错了呢?

让穷人学会借钱已经成了缓解全球贫困问题的最大的希望之一。这个出租车司机最终没能成功地去银行借钱,是因为他感到困惑了呢?还是因为他后悔了呢?在接下来的章节内容里,我们将努力找出答案。

小额贷款的奇迹

也许这个出租车司机没有仔细阅读过小额贷款组织和它们的支持者出版的宣传资料。如果他认真地阅读过了，他就会发现，这种东西将会改变他的一生，它不是那种可以随便拒绝的东西。宣传册的页面上通常都会放上一些客户的反馈，它们会深深地把你吸引住，例如："看！我们过去的生活是多么的艰辛，但是，现在我们已经过上好日子了，这都要感谢从某某银行获得的贷款……"，在这个振奋人心的故事的旁边，再配上一张衣着光鲜亮丽、面带明媚笑容的女人的照片，那效果就会更好。这个女人站在她新开张的便利店的货架前面，或者站在她新购买的面包烤炉前面，脸上挂着满足和自信的笑容，她的目光越过相机，注视着前方，充满着对美好生活的憧憬。你觉得看到这样一张女人的照片，客户们会怎么想呢？

如果说这样不行，那么，你可以搜索网页或者一些小额借款公司的年度报告。这样的例子不难找到。这是一个由国际社区援助基金会介绍给我的有关小额贷款的例子：

> 玛莉娅·露西娅·波托西·拉米莱斯（María Lucía Potosí Ramírez）……她好像一生都在编织漂亮的羊毛衫，并且在当地的市场上出售。她用出售她的手工制品的收入来贴补家庭的日常生活开支，庞大的生活开支从不允许她有任何积蓄，因此，她无法趁低价买进大量的羊毛。因为没有抵押品，她也无法从传统的贷款机构获得任何贷款。2001年，当波托西女士从国际社区援助基金会了解到小额贷款项目的有关情况之后，她便申请了一个两百美元的小额贷款。这让她……能够以更低的价格买到更多的羊毛。现在，她们家吃的更好了，她的贷款额度也增加了三倍，这可以让她买到更多的羊毛，她同时也拥有了更多的储蓄。波托西女士说，她非常感谢国际社

区援助基金会,因为它不仅使她获得了一些有形的物资财富,还让她拥有了许多其他的东西。

对于生活在富裕国家的读者来说,像这样的故事有特别强大的感染力。原因有以下两点:第一,这样的故事表明,小额贷款极大地提高了借款者的物质生活水平。过去,一个家庭必须在以下两者之间做出选择,即,要么吃有营养的膳食,要么购买必需的药品。现在她们就不必做这种困难的选择了,她们可以同时拥有两者。第二,这样的故事表明,客户的生活发生了深刻的变化——就像波托西女士所说的,她们在"有形的物资财富"之外,还获得了其他东西,这就是说,她们拥有了某种权利,也拥有了追求更高层次的东西、使自己实现人生转型的机会。这些东西的价值不是用金钱可以衡量的。捐赠者最看重的,也正是这些。

国际机会组织(Opportunity International),是一个全球性的小额贷款的服务网络,它拥有超过一百万的客户。国际机会组织会在它按季出版的简报中刊登一些客户和捐赠者的来信。以下是一位拜访过一些加纳借款者的捐赠者提供的"证言":

> 我们收到了一封来自玛尔塔(Marta)的信。玛尔塔主要经营棕榈油的买卖。她利用国际机会组织给她的贷款作为资金,购买她所需要的产品,在镇里开了一个小店。她的孩子们在中学读书,个个都有美好的前途。她看着我们,自豪地说:"现在,我自由了!"她的这句话说明了一切。毫无疑问,我们所见到的这个女人已经实现了某种转型。我们正好目睹了这一过程,我们感到她神采奕奕、斗志昂扬。我们的加纳之旅……进一步确证了我们支持国际机会组织的理由,它还帮助我们了解小额贷款对于改变人们的生活的强大威力。

过去,只要一听到"借钱"两字,我们的好心情便会一扫而空。现在来说说我们的想法吧。把"借钱"说成是债务那已经是过去式了,现在它有了一个响亮名字叫作"小额贷款"。几千年来,无论生活在世界上的哪个角落里,不管是穷人还是富人,都借过钱。我们通常把它看成是一种债务,是义务和负担,并没有人认为它能神奇地治愈贫穷。小额贷款就像是一种真正的炼金术,它能使借钱这种行为变成某种能使人发生彻底转变、实现自我的难得的人生经历。这就是玛尔塔描述的生活体验。

我们现在听到的有关小额贷款的成功的感人的故事开始于1976年。当时,担任孟加拉国吉大港大学(Chittagong University in Bangladesh)经济系主任的穆罕默德·尤努斯(Muhammad Yunus),正开始着手一项关于为穷人提供正式的信用和银行服务的可行性研究。

尤努斯发放的第一笔贷款只有区区的27美元,是借给一个由四十二名女性竹工艺品制作者组成的社团(女篾匠合作社)的。在获得这笔贷款之前,她们购买竹料的钱都是向高利贷者借的。尤努斯贷款的目的是为了扶贫,而不是获利,因此给这些人的贷款利率很优惠——足够低,以至于与过去相比,她们获得了较高的利润,使尤努斯能够收回他的投资。

这个新的贷款项目使这些妇女得以从不断借贷的恶性循环中逃离了出来,同时,尤努斯也看到了,他的这个贷款给穷人的想法确实能够起作用。但他还有个更大的计划。与那些高利贷者不同,尤努斯有一个明确的社会目标——也就是说,让借款者脱离贫困。同时,尤努斯也很清楚,现在这个贷款本身只不过是"一个大箭袋当中的一只箭"而已。其他的"箭"是一些行为和习惯方面的东西,比如,送孩子去上学、减少家庭成员的人数、在家里挖一个厕所、种植蔬菜以补充食物的供给。不幸的是,尤努斯没办法为他们射出这些"箭",射与不射只能由客户他们自己做出选择。

尤努斯所能做的只有鼓励他们,并且利用贷款激励他们射出各种各样的"箭"。他成立了格莱珉乡村银行(the Grameen Bank),专门贷款给一些群体组织——就像他以前曾经发放过贷款的那个女篾匠合作社一样。他设计了一些行为目标。如果这些妇女要想从他那儿获取贷款,不仅要还清债务,同时还要做出"十六个承诺"(其中前四项就是上文中提到过的那四个方面,即,送孩子去上学、减少家庭成员的人数、在家里挖一个厕所、种植蔬菜以补充食物的供给)。这些决定显然有助于她们自己的个人发展,同时也能够为她们的家庭的繁荣兴旺做出贡献 。突然之间,有史以来第一次,借贷成了一个社会救援活动。

历史证明他是对的。自从 1983 年获得了孟加拉国政府颁发的银行执照之后,格莱珉乡村银行一直在稳步成长着。今天,它服务的客户超过了六百万,贷款总额接近 6.5 亿美元。尤努斯和他的格莱珉乡村银行一路走来,终于在 2006 年,因为他们所做的努力,共同获得了该年度的诺贝尔和平奖。更重要的是,尤努斯和他的格莱珉乡村银行的成功鼓舞了无数人,全球数以百万计的人们都在追随他们。今天,在全球六大洲有超过一千个小额贷款组织,为大约 1.55 亿的借款者服务。

小额贷款的成功是无可辩驳的,这不仅有扎实的数据作证明,也有崇高的荣誉作担保,因此人们为之兴奋不已。每个人——从联合国秘书长到摇滚巨星般的明星经济学家,再到真正的摇滚巨星——都对它唱起了赞歌。有人把它看作是传说中的"金弹",寄望这个伟大的独一无二的想法将一劳永逸地解决贫困问题。正如我们在导言当中提到过的,著名经济学家、联合国制定雄心勃勃的千禧年发展目标时的特别顾问杰弗里·萨克斯(Jeffrey Sachs),也是小额贷款的最具影响力的拥护者之一。萨克斯写道:"消除极端贫困的关键是,让最贫穷的穷人踏上发展的阶梯……他们因为缺乏必要的资金而无法立足,因此他们需要一个能帮他们踏上发展之梯的第一个阶梯的推动力。"

来自于其他各行各业的知名人士也同心协力地致力于反贫困斗

争。比如，著名女演员娜塔丽·波特曼（Natalie Portman），她是国际社区援助基金会的希望大使，她所服务的这个援助机构正是贷款给波托西女士发展她的羊毛衫事业的那个慈善机构。还有反贫困的"圣斗士"博诺（Bono），他是爱尔兰著名摇滚乐队 U2 的主唱，也是萨克斯和全世界穷人的最诚挚的盟友。他也引用了我们前面提到过的那句谚语（授之以鱼，不如授之以渔），他说："如果给一个男人一条鱼，他能吃上一整天。如果给一个妇女以小额贷款，她、她的丈夫、她的孩子们以及她的整个家庭就可以一生不愁吃穿。"

现在，小额贷款已经被炒作得如火如荼了，针对如此多的宣传，我们需要做的是，放下我们的偏见，睁大我们的双眼，公正无偏地核查有关的证据。这也正是我们在这一章中所要完成的任务。我们将会看到一些真正成功的案例，但是，这些案例并非像我们平时所想象的那么简单，也没有那么普遍有效。这种情况，正如我们在分析"授之以渔"时所发现的一样。然后，在接下来的两章里，我们将会看到一些证据，证明应该如何改进小额贷款项目。最后，我们将会指出，我们应该更多地关注小额**储蓄**项目（而不要再单纯地只关注小额贷款项目），以此来结束我们对微型金融世界的探索。

娥琳（Erlyn）的退出

"萨力萨力"（Sari Sari）这个词是直接从塔加拉族（Tagalog）语中音译过来的，是菲律宾使用最广泛的土著语言，意思是"这个和那个"。当你来到这个国家后，它将会是你最先学会的一个词。这是因为，你会发现，在这个国家的每个城市和农村的招牌上都有它。这些招牌是红色的、矩形的，两边印有可口可乐的标识，中间印有白色的字母，这些字母全部是大写的，写着"萨力萨力商店（SARI SARI STORE）"。

正如它的名字一样，这些都是商店，里面的东西包罗万象。萨力萨力商店所卖的东西视地方而不同。你可能会到一家当地的"萨力萨力商店"去购买一盘热乎乎的红烧猪肉饭或者一些崭新的铅笔、一杯热咖啡、一袋洗衣粉、一大堆干意大利面以及预付手机话费卡、新鲜的香菜。

尽管不同的萨力萨力商店所卖的东西千差万别,但是,每一个成功的萨力萨力商店背后都离不开一个简单的经营原理:搞清楚到底什么才是人们想要的。当然,这个问题的答案似乎一直都在变化。但是在任何一个给定的日子里,它总会大致体现在每个成功的萨力萨力商店的在售商品上面,它们摆在窄窄的货架上或小小的陈列柜里。

在2009年夏天,我和杰克就遇到了这样一个萨力萨力商店的老板,她的名字叫娥琳(Erlyn)。很明显,逛进娥琳的商店的人都想买猪肉皮。店里有各种各样的猪肉皮,不同规格、不同味道以及不同的松脆程度的都有。

娥琳很乐意为顾客效劳。在她的萨力萨力商店柜台上方,我们看到的是层层叠叠的像瀑布一样垂挂下来的冻猪肉皮。这些冻猪肉皮用锡箔纸包着装在塑料袋里,然后用长尾夹和钓鱼线穿起来,被悬挂在商店的门楣上。在娥琳的商店里,另外一种很受欢迎的货物是"唐"(Tang),这是一种千变万化的彩色香囊,货架上到处都是,非常显眼。

娥琳非常擅长迎合顾客的口味。而且她能找到巧妙方法去适应顾客的预算,使他们既能买到他们所需要的东西,同时又不会花光他们的钱财。她把香烟拆开论支卖;在她的商店里,可乐也可以只买半份。甚至她还会在塑料袋里装上几盎司苏打水卖给顾客——只要把袋口系紧就可以了。(我第一次购买袋装苏打水是在中美洲。当地的店主们喜欢这个创意,因为这样一来,他们就可以拿玻璃瓶去退还瓶款,但是这样做也带来了一个意料之外的结果,那就是购买者必须立刻喝掉它,因为这样的一袋液体是很难存放的。每袋苏打水大概

50美分。我记得,在洪都拉斯,有一个店主允许你拿走瓶子,但你必须为此支付一美元,很显然,为了这样一个毫无价值的东西支付1美元过于奢侈了。)

备好无数商品,然后一点一滴地销售出去,通过这种方式,娥琳的生意获得了巨大的成功。

正如她为了迎合顾客的需要而拼凑齐了五花八门的商品一样,在某种程度上,她也为自己铺就了一条解决财务难题的道路。是的,在某种程度上。

乍看之下,娥琳应该是一个完美的小额贷款客户,而且有一阵子,她确实是的:她是一个从菲律宾最大的非营利放贷者那里借到钱的小额贷款者。她利用头几笔贷款做的生意非常成功,因此她的共同借款人和信贷员鼓励她借更多的钱。她照做了。当她带着两万比索(大约四百美元)回到家的时候——当然这也是她的最大的一次借款——她不能一次性地把全部借款都用于她的生意。很简单,她的商店没有足够多的空间来存放这么多的猪肉皮。如果借款都用于购买猪肉皮,那么这些猪肉皮会一直摆放到街上为止。因此,在她尽可能地充实库存后,剩下来的借款却成了烫手的山芋。其实花钱的机会到处都是:"当有两万比索的时候,我就可以把钱花一些在家里,可以购置一些衣物,或者一台电视机。然而我知道这样做太过分了。这样花钱很快就会花光的!"

库存已经满了。如果可以的话,娥琳会以补足库存所需的钱为标准,给自己设定一个借款的上限。但是,银行至少要过六个月才会放贷一次,而商店则每两个月就要补一次货。总不能为了补货而一次借三倍的钱吧,因为如果钱放在那里不动,是会自动消失的。娥琳陷入了困境,她不知所措了。

其实,她也没有完全陷入绝境。对穷人来说,正规渠道的贷款并非是他们资金来源的唯一途径。实际上,即使在小额贷款已经得到了广泛普及的地方,人们还是可以利用个人信誉从邻居、家人、商店老板,甚至可以从饱受诅咒的(但可靠的)放债者那里获得贷款。在他们最近出版的名为《穷人的投资组合》(*Portfolios of the Poor*)这本书里,达雷尔·柯林斯(Daryl Collins)、乔纳森·默多克(Jonathan Morduch)、斯图尔特·卢瑟福(Stuart Rutherford),还有奥兰多·鲁斯文(Orlando Ruthven)对南非和孟加拉国的家庭借贷情况进行了细致的分析,结果发现,穷人在借钱和储蓄时可以利用相当多的途径和机制。很明显,事实并非如以下这句话所描述的那么简单:"幸亏有小额贷款项目给穷人提供贷款,不然他们什么也得不到"。

在这种情况下,娥琳有一个特别的解决方法,这个解决方法叫作"上门服务"。当地的放贷者提供四十五天期贷款和六十天期贷款,他为了收回贷款每天都会来到商店。虽然他的利率比非营利放贷者的利率要高一些,但是他借给娥琳的钱的数目,恰好是她所需要的,并且只要她有需要,他随时都能满足她。对娥琳来说,多付出一点利息是值得的。因此,在过去的两年里,娥琳离开了银行,稳定地、愉快地从一个私人放贷者那里获得了借款。

显然,在娥琳这里,小额贷款并没有取得预期的效果。根据小额贷款的宣传资料,它可以帮助你摆脱当地的高利贷者的束缚,但是这一点并不让人信服。总而言之,当地高利贷者所提供的服务更适合你的需要。怎样解释这其中的奥妙呢?

解析贷款的基本要件

事实上,它其实根本没有那么神秘。小额贷款与民间借贷之间的分界线要比你所想象的更加不明显得多。如果人们得知,很多小额贷款的放贷条件违反了美国大多数州的反高利贷法,那么通常会感到很惊讶。让我们来考虑一下来自墨西哥的这几个案例吧:如果把所有的费用都包括进来,国际社区援助基金会在墨西哥当地的一个分支机构(它当然是一个非营利性的小额贷款公司)的贷款的年利率高达82%；另外一个主要的非营利小额贷款机构"支持妇女"（Pro Mujer）的贷款的年利率为56%。而以营利为目的的放贷者收取的费用并没有比这些非营利的机构高很多（但非营利性的小额贷款机构更受到人们的追捧——这是为什么呢？）。例如，墨西哥国民银行（Compartamos），一个公然宣称以营利为经营目的的公司，收取73%的费用。当然，这个收费条件远比美国的任何一种信用卡都要恶劣。但是，你要知道，利率最低的小额贷款的年利率也高达大约20%，这其实已经远远超过我们国内（美国）的标准了。

  这就引出了前面提到过的一个问题：小额贷款到底是什么？是否可以换一种说法，把它说成是"小型贷款"（small loans）？不管大家对它的概念如何众说纷纭，这都不是一个容易回答的问题。一些现代小额贷款项目与尤努斯开创的女篾匠合作社的例子几乎没有什么类似之处。对它的最佳定义，或许与对淫秽的最佳定义类似——对于淫秽，前美国最高法院法官波特·斯图尔特（Potter Stewart）给出了一个著名的定义："我看到时就会知道。"不过无论如何，小额贷款项目是有一些稳定特征的，包括：明确的社会使命、侧重于对创业的投资、满足小企业主的要求、集团放贷、频繁地召开还款工作会议、重点关注妇女贷款创业等等。所有这些，一般都被认为是小额贷款区别于普通贷款的特征。

  然而，我们也可以改变我们的方法，把关注重点转向一些根本性的大问题：小额贷款是否有效？它是怎样有效地发挥作用的？它为什么会有效？等等。我们可以把所有附加到小额贷款上面的特征都剥离掉，直至只剩下最基本的要件——贷款金额、到期日期以及利率。如果这种最简朴的（bare-bones）贷款确实有利于借款者，那么，我们就有很好的理由积极乐观地看待小额贷款。

  2004年，我和乔纳森·辛曼在南非的信用补偿公司全神贯注地进行一项市场营销与利率的研究（我们将会在本书最后一章中讨论这项研究）。跟我们一起工作的人都很友好，很机灵，也很有趣，但是信用补偿公司的贷款业务并不能让人感到多少温暖，而且其目的也显得有些模糊不清。它从事的是营利性的消费信贷业务，没有社会议程——与穆罕默德·尤努斯的格莱珉乡村银行相比，它更接近于美国的发薪日贷款机构，或者为娥琳提供贷款的友好的挨家挨户收款的放债人。它并不瞄准妇女或者创业者，也不关心借款者如何处理款项（只要他们会如期归还），它仅给有工作的人提供贷款。它的年利率大概是200%。总之，它不可能赢得诺贝尔和平奖。

我们需要搞清楚的是：这些贷款是否真的能让人们的生活变得更美好？

我和乔纳森发现了一个可以弄明白这个问题的机会。我们在研究利率与市场营销策略对小额贷款的影响的过程中，发现信用补偿公司把大量的时间耗费在拒绝潜在客户上面，这令我们感到万分震惊。实际上，它拒绝了一半的贷款申请者，他们认为把钱借给这些人风险太大了。但是，我们对有关数据的分析结果显示，向勉强符合贷款要求的客户放贷，恰恰是最有利可图的。因此，我们想知道：向那些"勉强"被拒绝的申请者放贷是否也对放贷者有益？

经过苦思冥想，并与信用补偿公司的"信用团队"一起进行了一番头脑风暴之后，我们想出了一个适用于每个人的简单的随机对照实验。这个实验将有助于信用补偿公司改善它的业务（和潜在的利润），也可以帮助我们回答借款者是否真的能从贷款中获益这个问题。研究者经常会面对一种痛苦的挣扎与权衡——如何在寻求有意义的研究问题的答案的同时，尽可能减少对合作者的业务的干扰。在这个研究项目中，上述两者实现了完美的平衡。

在信用补偿公司目前采用的贷款程序中，做出决定的是机器。当一个新客户前来申请贷款时，公司职员就会收集一些基本信息，例如，年龄、收入以及工作经验等，然后输入电脑。至于这个客户是否有资格获得信用贷款，电脑程序马上就会给出一个反馈——要么"赞成"，要么"反对"，要么不确定。我们修改了电脑软件，把一些

"不确定"的客户随机地分配到了"赞成"那一边,并把另一些"不确定"的客户随机地分配到了"反对"的那一边。当允许信贷人员忽略计算机给出的建议时,最终结果就是,一些信誉处于边缘状态的申请者随机地获得了贷款。通过跟踪所有这些边缘申请者——所有被随机地分配到同意贷款那一组的申请者,以及那些贷款申请被随机地拒绝的申请者,然后比较所有这些人的经历,我们就可以搞清楚,获得贷款是否真的会让人们生活变得更美好。

一年之后,情况就相当明朗了。很明显,那些被随机地分配到同意贷款申请那一组的客户(获得了贷款的客户)更有可能保住他们的工作,并且获得更高的收入。他们的家庭——不仅仅是借款者他们本人——也享受了相对来说更美满的生活。总的来说,那些被随机地同意获得贷款的家庭赚得钱更多,生活在贫困线之下的人也更少。调查结果表明,他们饿着肚子睡觉的可能性更少。

最重要的是,有关收入状况与工作保有度的调查结果非常坚实有力,允许我们有效地排除"就总体而言,贷款是有害的"这种可能性。

对小额贷款的拥护者来说,这是一个巨大的好消息。实际上,对发薪日贷款的拥护者来说,这也是一个巨大的好消息。世界各地的放贷者被左右夹击,说他们是邪恶的,把债务推给了借款者,但是很多攻击的"弹药"并非事实,而只是谩骂和含沙射影。信贷的影响究竟如何?由于缺乏可靠的信息,任何能够证明它是有益的证据——即便是高利率也是有益的——都有利于这个争论的平息,因而都是很受人欢迎的。

提供一些有利于贷款的真凭实据是一个良好的开始,但是,我们在信用补偿公司所做的研究的作用远不止此。在有关贷款如何导致繁荣的具体途径与方式等方面,它也揭示出了一些很有意思的东西。在许多情况下,我们知道,贷款常常用于应对意外的冲击。

对于所贷款项的用途,会出现两种常见的情况。第一种情况是,许多借款者会把贷款花在与交通工具有关的地方。例如,他们用贷款修理因为临时出故障而毁坏的汽车和摩托车,或者购买公共汽车票,这样做可以让他们能够准时地去上班,以避免与他们的老板发生冲突。第二种情况是,借款者把钱寄回家以帮助那些生活在乡下的贫穷的亲属。如果他们不以这种方式帮助他们的亲属,那么,他们就不得不离开工作的地方亲自去帮助他们的亲人。离开一阵子对他们的稳定的工作来说是将是一场灾难。但是,借助于信贷——即使需要付出高昂代价——在上述两种情况下,都会得到比较圆满的结局。他们至少不会失业,因此仍然可以源源不断地获得工资。

金蛋与小额贷款案例

到目前为止,一切似乎都很好。我们已经知道,对符合信用补偿公司的贷款条件的借款者,或者有正式工作的就业者来说,最简朴的小额贷款是有效的。那么,对小额贷款的通常的目标群体,即小规模创业者,又会怎么样呢?

支持小额贷款的一个基本思想是,穷人实际上能获得很大的经济机会,只是她们缺乏利用这些机会的资源而已。这里有一个典型的例子:露茜亚(Lucia),一个女裁缝师,通过手工缝制、修补衣服以维持生计。如果她一天能够获得 5 美元的收入,那么就可以足够维持她的家庭开支,以及支付房租了。如果她能够拥有价值为 100 美元的电动缝纫机,那么她的产量(和利润)都会增加一倍。但是,她没有那么多钱——除非她向小额贷款者去借。

露茜亚申请了一个为期六个月的 100 美元的贷款,买了一台缝纫机,现在她每天可以赚 10 美元了。即使贷款的年利率为 100%——再次说一下,在美国如此高的利率是不可想象的(很可能是不合法的),但是,对小额贷款来说,这是完全真实的——露茜亚的收入还是高于要支付的费用,甚至还很充裕。她每天只须预留略低于 1 美元的收入以支付每个月 21.85 美元的还款额,与过去每天赚 5 美元相比,她现在每天可以为她的家庭留下 9 美元的收入了。一旦还清了贷款,她就可以自己留下那 1 美元了,那么全部 10 美元都可以用在家里了。因此,不必大张旗鼓,露茜亚的收入就因为这个年利率 100% 的贷款而增加了一倍。

很简单,对吗?

如果对穷人来说,确实存在这么赚钱的商业机会,那么小额贷款的高利率就不再是个问题了。借款者和银行都是赢家。但是这里有一个大大的"如果"。如果一次 100 美元的投资能带来双倍的长期盈利,就像我们这个例子中的露茜亚的缝纫机那样,那么它就是一只会下金蛋的鹅。难道这些"会下金蛋的鹅"真的存在吗?莫非,真的就像小额贷款的拥护者们所宣称的那样,这些会下金蛋的鹅正迈着蹒跚的"鹅步"行走在喀尔的货摊边(the stalls of Dakar's)或者达卡的户外市场上(Dhaka's outdoor markets)吗?又或许,它们正浸泡在泰国小农场的水稻田里,悠闲自得地游弋吗?

我们必须先回答这些基本问题,才能搞清楚,小额贷款对借款者究竟是否真的有效。究竟在什么时候能发挥作用?因为有一件事情是可以确定的:只有在客户们归还了贷款的前提下,贷款才可能是有效的。不管利率是多少,如果客户是用因为借入了贷款而多赚得的利润来支付还款额的话,那么整个系统的生存能力就取决于多赚得的利润的多少。在这儿,如果套用经济学的专业术语来表述这个问题,那就是"企业的边际资本收益的大小?"换句话说,如果一个小企业主对她的业务增加投资,那么她能因为这个额外的投资增加多少收入?

2005 年,为了找到这个问题的答案,并搞清楚穷人到底能够拥有什么样的商业前景,三位经济学家,即斯里兰卡帕拉德尼亚大学(the University of Peradeniya)的苏雷什·德·梅尔(Suresh de Mel)、世界银行和扶贫行动创新研究会(IPA)的大卫·麦肯齐(David

McKenzie)以及圣地亚哥加利福尼亚大学的克里斯·伍德拉夫（Chris Woodruff），开始在斯里兰卡南部的一个地区做研究。小微企业的经济引擎到底有多强劲？他们在研究中使用的策略既简单又直接：把钱注入一些商业活动当中去，看看能产生多少额外的收益。

通过挨家挨户地访问，研究者们找到了408位小企业主。他们分别是裁缝师傅、梭织花边者、竹子手工艺人、小杂货店老板以及自行车修理工——每次当我们听到有人申请小额贷款时，我们所听到的往往都是这些人。他们中的半数人会被随机地选中，给他们100或200美元的贷款（至于是100美元，还是200美元，也是随机选择的）。这是一笔相当大的数额，相当于一项特定业务的三到六个月的利润。

在接下来的十五个月里，研究人员对这408项业务的利润按季度进行了跟踪调查，对那些接受了贷款的人的业务利润与没有接受贷款的人的业务利润进行比较。接受了贷款的人的利润每个月大概平均增长6%。也就是说，额外增加的这百元投资使得业务利润每个月增加了6美元，或者说，每年增加了72美元的收入。如果把额外赚取的利润进行再投资，那么有可能增加的利润还要多。要知道，如果你把所有的钱都用于投资，并坚持把利润进行再投资，那么在年回报率为70%的情况下，你的财富每年都会翻番。如果真有的话，这就是一只会下金蛋的鹅。

为什么小额贷款没有那么受欢迎呢？

如果全世界的小微企业主都像他们在斯里兰卡的同行们那样，可以赚到那么高的利润的话，那么小额贷款的前景看起来将会更好。但是请稍等，这只表面上看起来会下如此多的金蛋的鹅其实也是一个谜。如果回报率真的如此之高的话，传统的经济学预测，人们的每一分钱都会像漏斗一样的流向利润如此可观的生意,那么,小微企业主会踏破放贷者的门槛。

麻烦在于,他们并没有这么做。

在德·梅尔、麦肯兹、伍德拉夫他们开展实验研究的斯里兰卡的南部地区,小额贷款已经相当普及,并且也非常便宜。在那里,小额贷款的年利率大约为20%,远远低于他们所研究的小微企业主的投资回报率的平均水平。既然这样,当地的小微企业主前来申请如此有利可图的贷款的可能性应该是很大的。但是,实际上,很少有人来。仅九分之一的人前来办理了各种正式的贷款。

其实,表现出了如此奇怪的过于谨慎的倾向的,远远不仅仅是南斯里兰卡地区的人们。究其原因,这是因为,尽管在发达国家,人们普遍都对小额贷款表现出了极大的热情,但是,在最重要的人群——穷人——当中,小额贷款的推广却非常不得力。小额贷款在全世界的客户达到了1.55亿,乍一看,这个数目给人留下了深刻的印象。但是,我们细细地探究一下之后,又将会如何呢?我们这个数字与全世界穷人的人数相比,简直不值一提。穷人约占全世界总人口数的一半——大约为三十亿,或者是小额贷款人数的二十倍——他们每人每天的生活费不到2.5美元。因此,即使小额贷款的客户全都是穷人(当然,他们并非全部都是穷人),借款者的人数也只达到了所有穷人的5%。

实际上,5%只是一个保守的估计。并不是每一位穷人都有资格申请小额贷款,或者他们也不一定首先会想到去使用小额贷款。但是,这个数据与真实数据相比也不会相差很远。在印度的海得拉巴(Hyderabad)所做的一项具有里程碑意义的实验中,也发现了与在斯里兰卡所做的实验相类似的数据——在有贷款资格的借款者中,决定申请贷款的人数在10%至20%之间。如果人们是用脚投票的话,那么小额贷款赢不了任何选举。那也就是说,我们在本章开始部分提到的这个加纳的出租车司机其实根本算不上"孤家寡人"一个。

那么,怎么解释这个让人迷惑不解的现象呢?

也许,在斯里兰卡进行的这个研究中,之所以有九分之八的小微企业主没有申请贷款,仅仅是因为他们忽视了这个很好的机会。但是印度的海得拉巴,不妨先让我们假设他们都看到了这是一个难得的良机,那么,对于如此之低的贷款申请率,还可以提出两个看似合理的解释。

第一个解释来自于数学上的理由。也许在斯里兰卡观察到的巨大的平均年收益率只是冰山的一角。毕竟,平均70%并不意味着每个人的真正收益率都恰好是70%。比如说,如下这种情况也未尝完全没有可能,一半人的收益率为140%,而另一半人的收益率为0%,那么,平均的收益率仍然为70%。在这种情况下,当我们看到零回报率的人拒绝贷款时,我们不应该感到吃惊。

实际上,对于这种情况是有证据支持的。每个人的收益并非全都是一样的。不同类型的人是有差异的。有些差异刚好是你能预期到的。例如,受过更高教育的、更精明的小微企业主可能会经营得更好(虽然,从统计数字上看,这些结果并不能强有力地说明这个问题,因为,毕竟参与该研究项目的人员只有408位,而且,该研究也没有对这408位研究对象做过如此细致的分析)。其他研究表明,多接受一年教育能够使回报提高四分之一,而且如果一个人能够在简单的认知能力测试中取得成功,往往就可以预测他在未来的商业活动中也能获得较好的回报。

但是,收益的另外一些差异则有些令人吃惊,而且更难处理。最显著的一个差异是性别上的差异。许多强有力的证据表明,男性更能从他们的经营中获得高收益,而能证明女性更能获得高收益的证据则要弱得多。该项研究的结果显示,男性的平均年收益率为80%左右,而女性的平均年收益率则为负数。这是不是意味着,只有男性才能成功地经营小微企业?

现在,笼统地声称女性不能成功地经营小微企业似乎明显是错误的。当你走过任何一个发展中国家的拥挤的市场时,你所听到的买卖蔬菜时的大声的吆喝都出自于女性,长裙曳地时发出的沙沙作响声似乎在宣告有女性小贩沿着过道来回走动。实际上,在许多发展中国家中,女性都是小微企业的命脉。此外,许多小额贷款活动,自尤努斯的格莱珉乡村银行开始,贷款的对象重点都放在了女性身上——很大一个原因是因为尤努斯们相信,作为借款者女性比男性更有责任心。但是,如果让女性经营业务确定无法盈利的话,那么,很明显,女性并非是小额贷款的最佳人选。

难道把小额贷款的对象重点放在女性身上真的错了吗？我希望不是。但是,从斯里兰卡的研究中发现的东西迫使我们必须面对这个让人不愉快的问题。

幸运的是,对于为什么申请正式的小额贷款的人如此之少,还有第二个可能的解释。或许,有那么多的人远离小额贷款,是因为小额贷款对所借的钱的用途限制的过多的缘故。与世界上的其他地方一样,在斯里兰卡,很多小额贷款机构都要求,它们所贷出的款项只能用于开展业务活动。也就是说,例如,一个裁缝只能把贷款用于购买缝纫机,而不能为他们的孩子添置衣服。

问题在于,斯里兰卡的这些企业主不想把这些贷款仅仅用于业务活动。他们还有其他主意。

德·梅尔、麦肯兹和伍德拉夫设计了另外一个实验,看看这些"其他的主意"到底是什么。他们对小微企业主发放贷款时采用了两种方式。对一半的人发放"实物"贷款,即,借款者可以在贷款额度范围内选择任何跟他们的业务相关的东西,然后,研究人员会陪同他们前去购买。对另外一半的人则发放现金贷款,即,给他们提供无任何附带条件的现金,借款者们被告知,他们可以随心所欲地使用这些贷款。

研究者们发现,接受了无任何附带条件的贷款的这些借款者们只把刚好超过所贷款项一半(约58%)的钱用于购买与业务有关的东西,其余的钱则用于储蓄、偿还债务以及用于像食品、衣服、机器、公交车费等方面的日常生活开支。如果他们真的想把钱花在这些方面,那么,对于他们不想申请更多的(有那么多附带条件的)小额贷款又有什么好奇怪的呢?

或许我们应该换个角度来思考这个问题:小额贷款机构为什么要对如何使用贷款做出如此之多的规定呢?(最终的回答是,这些都是援助者的要求。让我们来看看"起哇"网上援助者的说法吧。我们都喜欢这样的想法:把我们的钱借给小型创业者。如果在"起哇"网上你看到的是这样的请求:请把钱借给她们,好让她们可以购买一台新的电视机或者铺设新的地板,那么你还会捐出同样多的钱吗?)下一章中,我们还将看到更多的关于如何使用贷款的规定——有些看上去非常精巧,其实都注定徒劳无功。

骨头缝里的一点肉

在我去南非的信用补偿公司测度小额贷款对借款者的影响两年之后,我和乔纳森·辛曼得到了一个机会,可以在菲律宾复制我们在信用补偿公司所做的关于小额贷款的研究。这是一个很好的时机,可以让我们对比一下,看看更传统的小额贷款能否产生与以消费者为导向的小额贷款的类似的积极影响。(菲律宾的小额贷款针对小微企业主,而南非信用补偿公司的目标客户是消费者。)我们已经在宣传册中读到了许多令人振奋的成功故事,或许我们能找到一些证据来支持它们。这类故事的例子包括:因为购买了一个新的烤炉,使得面包师傅的生意突飞猛进;受到国际社区援助基金会资助的波托西的羊毛衫事业蒸蒸日上,等等。

扶贫行动创新研究会在菲律宾开展的许多小额信贷业务都要归功于约翰·欧文斯(John Owens)的有力领导。我们还要感谢他,是他把我们介绍给了我们在当地的合作伙伴雷吉·奥坎波(Reggie

Ocampo)。奥坎波是第一宏大银行(First Macro bank)的总裁,该银行在菲律宾首都马尼拉市及周边地区拥有大约7000名顾客。

第一宏大银行的业务与信用补偿公司有很大的不同。第一宏大银行是一个"正宗"的小额贷款机构。它只把钱借给企业主,而且贷款只能用在他们的业务上。第一宏大银行的大多数客户没有正式的职业、没有贷款历史、也没有抵押品以确保贷款的安全。当第一宏大银行还是一个营利机构时,它就已经赋予了自己一个明确的社会使命。它的公司宗旨中提到了"社区发展"、"以顾客为导向的产品"、"可持续发展"等内容。与我们在南非做研究时的那些贷款相比,第一宏大银行的贷款利率要低得多,大概是南非的三分之二,即年利率为63%。

但是,这两个贷款机构在操作上有许多相似之处。与信用补偿公司一样,第一宏大银行也只给个人借款者发放贷款,贷款期限通常也只有几个月,他们也把申请贷款者的个人资料输入电脑,计算机会立即对资料进行分析,然后会产生一个基本的信誉度推荐。所以,对我们来说,做实验就显得简单多了,我们只要对前面做过的实验做一些修改就好了。

我们在第一宏大银行重做实验的流程几乎与在信用补偿公司时一样。我和辛曼修改了第一宏大银行的电脑程序,让一些得分处于"边缘地带"的初次申请者被随机地选定为符合条件。(处于"边缘地带"的申请者就是被电脑认定为"不确定"的申请者,实际上这部分人约占申请者总人数的四分之三。)在接下来的两年里,我们跟踪调查每一个人,包括那些被拒绝者,我们想看看这些被拒绝者的生活有什么变化,当然,我们更加想知道获得了贷款的人生活有没变好。

答案却是模棱两可的。我们把所有的申请者放到一起来观察,结果却一点也不突出。获得了贷款的人的业务利润增加了10%,在统计学上,这点变化并不显著,因此,我们不能肯定地说,这些利润的增加是由于获得了贷款而达成的。

不过,通过观察一些特定的申请者群体,我们也看到了一些显著的情况——但是,这些并不是小额贷款的福音传道者们想听到的。首先,与学者们在斯里兰卡发现的情况一样,男性比女性做得更好。男性企业主增加的业务利润是女性企业主的三倍。第二,原先较为富裕的借款者更善于使用他们的贷款:对于(相对比较)富裕的这一半申请者,获得贷款使得他们的业务利润猛增了25%,而对于那么不那么富裕的申请者,我们根本无法得出肯定的结论,获得贷款对他们有没有任何影响。因此,这些可怜的妇女,传说中的小额贷款世界中的英雄人物,在马尼拉并没有能大出风头。

在马尼拉发生的故事还出现了其他一些东西,一些与传统的观点不甚相符的东西。故事的结局往往是一样的——一般情况下,获得贷款的业务的获利增长情况总是渐进式的,由小变多——但是,故事的中间部分却给了我们一个惊奇。我们原本以为我们可以找到借口老调重弹,说小额贷款能使企业茁壮成长,就像巨大的绣球花那样不断向外蔓延,迎风怒放;或者像初春的玉兰花那样绽放生命,焕发光彩,等等。但是,事实并没有这么幸运。我们发现,实际上,大多数企业盈利的改善并不是通过业务量的不断增加而得以实现的,而是通过某种"修剪"手段来实现的。

确实是这样:利润的增长大部分是因为公司实行紧缩措施而导致的,而不是因为业务量的扩张。那些获得贷款的(随机地)申请者都对他们经营的业务进行了整合和削减。他们都全面地减少了业务量,并且雇佣了工资更低的工人。因此,费用减少了,利润增加了。答案就这么简单。

答案虽然简单,但是却相当出乎意料。毕竟,从来没有人会把小额贷款与企业的关闭以及工人的失业联系在一起。但是,或许他们应该尝试着去这样想一下。如果真的不是小额贷款导致了企业关闭、工人失业,那么他们应该能找到证据来证明这一点。

小额贷款能改造社区吗?

到目前为止,我们看到,至少有一部分人因为获得了小额贷款而走上了成功之路。但是,从坚定的小额贷款的拥护者那里听到的故事却远不止此。在这里,不妨先再次考虑一下这个最适合不过的谚语吧:"(授之以鱼,不如授之以渔)如果给一个男人一条鱼,他能吃上一整天。如果给一个妇女以小额贷款,那么,她、她的丈夫、她的孩子们以及她的整个家庭就可以一生不愁吃穿。"它隐含着更多的内容:不仅仅是世界上极其广泛的个人能从小额贷款中直接受益,而且它能带来水涨船高的效果。小额贷款做出了一个伟大的承诺,那就是,它能降临到世界上的任何地方,并且能使整个社区都有望脱离贫困。

我们必须弄清楚这是不是真的。一个方法是,把实验继续下去,看看当小额贷款初次"降临"到某个社区时会发生什么。2005 年,来自阿卜杜勒·拉蒂夫·贾米尔反贫困行动实验室和扶贫行动创新研究会的四名经济学家阿巴吉特·班纳吉(Abhijit Banerjee)、埃斯特·迪弗洛(Esther Duflo)、蕾切尔·格兰内斯特(Rachel Glennerster)以及辛西娅·金南(Cynthia Kinnan)一起在印度的海得拉巴做了一个随机对照实验。他们与斯邦达(Spandana)合作,斯邦达是印度的一个小额贷款机构,它拥有一百二十万客户,主要发放群体负债贷款。在那时候,为了实现它的扩张计划,斯邦达开始在新的社区设立分支机构。他们与研究人员一起确定了大约一百个未曾发放过小额贷款的社区,并且在接下来的一年里,随机地选择其中的一半地区开设分支机构。

在 2007 年末,也就是大约在这些分支机构成立之后的一年后,研究人员对这所有的一百个社区进行了广泛的调查。在建有分支机构的地区,研究人员不仅与获得贷款者交谈,同时也与没有申请贷款者交谈。他们对作为一个整体的社区的经验感兴趣,想看看整个社区有没有因得到贷款而发生什么改变,而不仅仅只关注新的分支机构设立时率先获得贷款的那些能人。

研究人员所注意到的第一件事是,社区内实际上并没有那么多的能人。就像我们以前在斯里兰卡的研究中所看到的一样,在所有符合斯邦达的贷款资格条件的人当中,只有不到五分之一的人被成功地说服提交了贷款申请。而且,贷款极少被投资到小微企业中,实际上他们申请贷款的最主要的动机是,为了还清各种各样的高利贷。

鉴于这些事实,或许以下结果就不值得大惊小怪了:不管斯邦达的新分支机构在街上是如何的耀眼夺目,但是它并不能使这个社区一夜之间完全变样。调查显示,在斯邦达新分支机构设立一年后,妇女的权利、儿童的入学率,以及社区居民花在健康、卫生和食品上的支出并没有显著的变化。要弄清楚这个事情,还有另外一个方法,那就是跟踪统计家庭的月支出总额——包括所有的支出,从晚餐到尿布,到学费,再到雪茄。统计结果表明,分支机构成立一年后,家庭总支出并没有增加。总体看起来,人们的生活也没有比以前更富裕。

因此,对于贫穷的海得拉巴社区来说,引入小额贷款并不意味着能给它带来即时的繁荣。但是,这并不是故事的全部。对马尼拉第一宏大银行而言,实际上已经因这项研究而有所获益了。他们可以根据研究结果来调整经营策略,促使更多的人来申请贷款,这就是说,他们应该针对不同类型的人采取不同的贷款申请和发放模式。

研究人员对这一百来个海得拉巴社区的居民进行了分门别类。首先,他们把那些已经拥有自己的生意的人分离出来。然后,对于剩下来的每一个人,研究人员收集他或者她的整个家庭的相关人口统计信息,包括这个家庭拥有多少土地、在这个家庭里有多少已到工作年龄的妇女、它的家庭主妇是否受过教育以及是否拥有一份带薪的工作,等等,并以这些信息为基础,建立模型去预测这个人是否有可能开始一项新的业务。根据他们的创业决心的强烈程度,研究人员使用上述模型把剩下的那些人又分为两组。这样一来,每个人都被贴上了一个标签:或者是"一个真正的企业家",或者是"一个有希望成为企业家的人",又或者是"一个没有希望成为企业家的人"。这一分组工作完成后,研究人员就可以通过比较分析的方法来确定贷款对每个组的成员究竟有什么影响了。

这种三分法直指我们的问题的核心。这些穷人在利用小额贷款为他们自己——以及他们的家庭成员和他们的社区——谋取利益方面具有普遍和相等的能力吗?或者他们当中某些人这方面的能力比其他人要更强一些呢?

通过对这三组成员进行的比较,发现了非常显著的差异。这些结果实际上讲述了一个连贯的故事。

具有商业头脑的人们做得很好。真正的企业家不断地筹集资金扩张现有的业务。有希望成为企业家的人们开始削减他们的开支,尤其是削减了在所谓的"诱惑品"上的开支,如酒、烟、彩票以及路边茶点(在印度,这有些类似于星巴克咖啡),并变得更加倾向于把钱花在一些耐用品上。他们把钱用于购买开展一项业务所真正需要的东西。也就是说,如果他们是裁缝,那么就购买缝纫机;如果他们是面包师傅,那么就购买烤炉;如果他们是杂货商,那么就购买电冰箱。

所有这些与业务有关的花费意味着,人们正在为发动他们的经济引擎而添砖加瓦。研究人员发现,尽管人们整体上还不富裕,但他们正朝着这个方向前进。人们为了实现他们的创业梦想,削减了有关"诱惑品"方面的开支。这就是说,为了达到目标,他们明智地做出了牺牲。到目前为止,关于小额贷款的经典的故事都是成立的。

但是,对于那些没有希望成为企业家的人来说,小额贷款无异于"在机床中扔进了一个大板钳",效果适得其反。他们既没有购买耐用品,也没有对自己的生意进行投资。他们只是比以前更会花钱了。在每样事物上都花得更多,比如,从衣着到食品、到烟、再到路边的茶点。到最后,与原先的状况相比,他们的富裕程度并没有得到半点儿提高。他们唯一的"收获"就是对斯邦达的债务。因此，从他们的所作所为看来，他们就更像是提醒人们小心信用卡债务的警世故事的那些角色，与出现在小额贷款宣传资料中的那些鼓舞人心的人物则相去甚远。

小额贷款是达到目标的一种方法，它本身不是目标

现在，我们有必要明确地对这一章中给出的各种证据做一个评论。它们并不意味着小额贷款失败了，也不意味着，我们对小额贷款倾注如此巨大的热情必定是错误的。所有这些证据其实意味着，在这个问题上依然众说纷纭，"陪审团"并没有给出一个定论。由于最初的尝试并没有获得预期中的梦幻般的效果，"举证责任"悄悄地发生了一些转移——接下来，要由小额贷款的拥护者们，以及研究者们举出进一步的证据，说明在什么情境下小额贷款会更有效果，或者，至少说明它确实是发挥了什么效果的。没有任何一项研究，单凭在某一地点、某一时刻得到的证据，就能给出放之四海皆准的"药方"。在发展问题上，最大的挑战之一就是，如何在足够多的地方、足够多的情境下有效地重复进行评估，然后再总结出具体普遍意义的经验教训。促使我创建扶贫创新研究会的部分动机也就是为了应对这个挑战。扶贫创新研究会是这样一个组织，它致力于最辛苦、最艰难的工作，目的是在各种各样的单个研究与最终具有普遍意义的、前后一致的、全面的证据体系之间架起一座桥梁。例如，我们试图带给小额贷款银行的，就是这样的证据。

令人感到欣慰的是，我们在这一章中了解到的小额贷款的局限性并不是小额贷款的灾难！它仅仅意味着，并不是每个人天生都是企业家——或者是天生的小额信贷的客户——或者说，每个人并不是天生的渔夫。至于为什么会是这样的，我们将在下一章进行更多的讨论。

小额贷款的问题并不在于小额贷款本身。各种各样的为穷人服务的成功的小额贷款案例也有许多,它们给人留下了很深刻的印象。更重要的是,由于在过去的三十年里工业的突飞猛进,与过去相比,成千上万的人们有了更多的选择。这才是真正伟大之处。

　　小额贷款面临的真正问题在于人们对它的定位。许多人把小额贷款当作一种放之四海而皆准的、能够解决所有贫困问题的方法,以为它不需要进行严格的效果评估就可以直接被采用,而且是每个穷人都需要的东西。其实并非如此。

　　行文至此,我不由得回忆起了在 2010 年年初由全球发展中心(the Center for Global Development)主办的一次会议上发生的一些事情。我记得那时候,一群学者、决策者以及实践者聚在一起讨论我在这一章中提到过的关于媒体对小额贷款的负面宣传。在会议上,一些人总结道,小额贷款很明显地受到了关注。但是有的与会者也预感到:"小额贷款的未来可能岌岌可危。"

　　那么,真正性命攸关的东西是什么呢? 要知道,小额贷款只是达到目标的一种方法,它本身不是目标。真正关键的是,如何为穷人改善自己的生活提供一个机会。成千上万的钱投入到了发展援助项目中,但是这些远远不足以解决贫困问题。作为一位经济学家,我内心深处痛感失望,因为我看到如此多的金钱、努力以及美好愿望,都投入到小额贷款中去,但却没有得到太好的结果。这些东西本来是可以投入到储蓄、保险、教育与健康等其他领域中去的。我们将会在本书中看到,上述其他领域中的某些方法,不仅确实有效,而且能够以更少的代价、更包容的方式达到我们的最终目标,即减少贫困。

　　因此,我们怎样才能够最充分地运用我们现在所拥有的资源呢? 我们怎样才能让更多的人相信确实有真正有效的项目存在,从而让他们受到鼓舞而加入到我们的行列当中来呢? 这才是关键所在。

　　使用什么工具并不重要,重要的是减少穷困。

第五章
追求幸福：有更美好的事情要做

时间刚过六点半，奥蒂慢慢地停下了他的车。虽然毒辣的太阳早就落山了，但是站在黄昏喧嚣的街道边的杰克心中却有一团火。奥蒂迟到了这么久，也许是路上发生了某种状况。但是，他显然并没有受到什么影响。奥蒂看起来精神相当不错，照例是一副大大咧咧、满不在乎的样子。他热情地向杰克打招呼，但是杰克却没有什么心情，因为他已经站在那里整整两个小时了。杰克有些忍无可忍了，决定与奥蒂严肃地谈一次——他的服务质量实在是太糟糕了。

他们两个初次见面是由丹尼尔引见的，丹尼尔是阿克拉市的拉巴迪海滩片区的夜班守卫。丹尼尔建议杰克可以雇佣他的朋友奥蒂当一个月司机，这样杰克就不必每天乘出租车上下班了。于是，杰克和奥蒂谈妥了价格，并且制订了一个时间表。奥蒂将在每天早上的八点钟准时来到杰克的住处，并且在下午四点半准时到办公室接他。奥蒂态度友好，而且风度翩翩。他的汽车各种功能运行正常，坐起来还算舒适，最重要的是，它非常轻巧，这样，如果这辆车万一出了点问题，推起来也会比较容易。

一开始，他们的合作很愉快。但是很快就出现了问题，而且很明显，这不仅仅是因为奥蒂车子的性能出现了问题。好几个晚上，杰克都不得不在潮热而黏糊糊的黑暗中等上很久。双方的关系开始恶化了。不过，杰克觉得，与其马上解雇奥蒂，不如先了解一下情况，看看奥蒂之所以不能准时出现，是不是因为他也跟他的车子一样，工作太累了。

杰克认为事情并没有糟糕到无可挽救的地步，因为他们需要讨论的问题很简单。奥蒂为什么不能准时来到办公室？这让杰克觉得很奇怪。毕竟，从奥蒂的家到杰克的办公室只有四英里的路程。说起来，奥蒂怎么都不应该错过了约定时间长达两个小时啊。

奥蒂为什么会迟到两个小时？这到底是怎么回事呢？这真的很难下一个定论。如果不出意外，关于迟到的原因，奥蒂会找到各种各样的理由来搪塞。有些理由是很常见的，例如："因为我要和女朋友一起看电影，所以我是在过了约定时间一个小时后才出发的"；或者，"当我行车至全国彩票委员会（the National Lottery Board）附近时，那里的交通非常堵塞，简直到了可怕的地步"，等等。其他的理由则有些复杂，常人几乎很难想象，比如，当他去办公室接杰克时，他不知道车子的油箱已经快空了，然后开车走到半路时，车子却没油了，这时又发现没带油桶，只得步行回家拿油桶，这段路程超过一英里，然后又得步行去加油站灌油，因为刚好是上下班的乘车高峰期，所以，等他提着油桶步行回来时，发现他的车子已经被别的愤怒的司机推到人行道上了（让人恼火的是，他的车子边上还围着很多人，都在等着指责他呢），最终，他终于为他的车子加上了油，然后终于可以来接杰克了。是的，这就是奥蒂迟到两个小时的神秘理由，而且奥蒂有很多这种理由。

这种意外事故是如此之多。不过，其实更神奇的是奥蒂在讲述这些事故时（或者说在杜撰这些故事时）表现出来的一副完全无动于衷的镇定样子。那天晚上，就像是无数个其他晚上一样，奥蒂到达的时候，依然一脸的微笑。他轻轻松松地跟杰克打招呼："嗨，杰克，你还好吗？"这时，杰克是真被搞糊涂了，他感到很是不解。杰克想，如果这件事真的是奥蒂的错，那么奥蒂就真的是冥顽不灵、无可救药了;但是如果真的是命运弄人,让他因为交通状况恶劣等外在原因而老是不得不迟到两个小时,那么,奥蒂还能够表现得如此镇定,也许他还算不上一个很坏的人。

无论如何,如果奥蒂没有意识到他是在浪费他的客户的时间,那倒真是一大问题。我们大多数人都会碰到这种人。让人感到奇怪的是,奥蒂似乎并没有意识到其实他也在浪费他自己的时间。这就是在回来的路上,当他们的车子行驶在加纳首都,穿梭于笨拙的大卡车与灵巧的出租车之间的时候,杰克与奥蒂进行的一次严肃交谈的主题。

在正确的时间、正确的地点上

也许你已经听到过一千次了,在商业活动与现实生活之间存在着一个基本的等价关系,用最简洁又恰当的一句格言来表述:时间就是金钱。光这样说或许有些抽象,如果将它应用到互联网鼎盛时期的比尔·盖茨身上,所得到的结果就会让你对这个格言留下深刻的印象了。如果比尔·盖茨一年的收入是用平均时薪去计算的,那么,可以断定,假设他经过人行道时,看见路上有100美元,他应该是不会去弯腰捡起来的。比尔·盖茨不会弯腰捡起这100美元的理由是,他不值得花时间去做这件事,如果他把捡钱所需的这两秒钟的时间花在工作上的话,那么,他可以赚得的钱远远超过100美元。

当然,这个例子并不完全符合现实(首先,比尔·盖茨实际上并不是按小时获得报酬的),但是,它背后所隐含的经济学原理却是毋庸置疑的。无论我们花时间去做任何一件特定的事情,我们都可以将它与同一时间可以做的其他事情作比较。当我们考虑完成这件特定的事情的总成本时,我们应该要把这个因素考虑进去,即,我们因为把时间花在了做这件特定的事情上,而使得我们同时错过了去做其他一些事情的机会。经济学家把这个错过的其他一些事情所能给人带来的价值称为"机会成本"。

　　机会成本不仅仅会出现在比尔·盖茨身上,其实,机会成本在每个人身上都会出现。这就是为什么说读研究生所花的成本其实比一般人所想的更昂贵的原因(成本远远不止所付出的学费)。因为在你读研究生的这些年,其实你是可以用来工作和赚钱的。你会在星期六选择不去工作,而是选择与你的家人一起去逛公园(虽然这样做,你可能会错过一些额外的经济收入),这是因为陪同你的家人一起逛公园所能给你带来的乐趣要比工作一整天给你带来的乐趣多得多。同理,在职业选择这个问题上也是一样的,人们之所以可能会选择更低收入的工作,是因为他们会在这个低收入工作中获得更多的乐趣,或者,干脆就选择不去工作,成为全职父母。

　　事实上,上述这些选择可能会让你失去一些收入,但是这并不意味着这就是一种浪费。它只是反映出了影响我们的生活的事情当中,哪些是需要优先考虑的。金钱并非是唯一的衡量尺度。从根本上说,机会成本几乎都与满意度有关:你总是会选择那些让你最快乐的选项,而有些事情你是不会去做的;同时,你也明白,哪些事情会给你带来愉快(或不愉快)感。

　　因此,即使奥蒂能因为准时地接送杰克上下班而赚到钱,也可能存在其他一些原因,使得这种做法成为一个较差的选项。假设,交通状况真的是如此的糟糕,以至于要走完这八英里的路程需要花去奥蒂三个小时的时间,那么,这种糟糕至极的交通状况给人带来的挫败感以及花在路上的时间所带来的机会成本已经远远高于奥蒂所赚得的收入了,奥蒂决定不再准时地按约定时间接送杰克也就显得合情合理了。

　　在很多情况下,即使我们在大方向上做出了正确的选择,还是很有可能会出一些小差错的,而且它们的代价也不可小视。假设奥蒂想在下午的某一时间内看一场电影。如果他不需要接送什么人的时候,那么他可以从中午一直看到下午两点钟,那么在这种情况下,机会成本接近于零（当然，他也可以尽可能地去招徕一些客户，那样还是会发生一些机会成本的）。当然，他也可以取消白天接送杰克的约定，从而把看电影的时间定在下午四点到六点，那么，在这种情况下，奥蒂看电影的机会成本就是把杰克从办公室送回家所赚得的收入。

在杰克看来，问题在于，奥蒂没有冷静而敏锐的经济头脑，他几乎从来不去计算机会成本。当交通状况非常糟糕时，他不会取消约定；或者，即使很容易做到准时，他也不会按时来接送。至于电影，他会这么说："哎，我在与我的女朋友一起看电影哟。我能有什么办法呢？难道要我把影碟机关掉，然后离开家吗？我当然知道，稍后我要来接你，或者至少明天早上我要来接你。"至于交通，他会说："哦，交通状况太糟糕了，车子行驶得太慢了，我能有什么办法呢？我的车子已经上路了，我说过我要来接你的，那么我是一定会来的，即使这要花费很长的时间，我也不在乎，甚至花上两三个小时我也不介意。"

好了。就是这些了。简明朴素如同禅道，圆润光滑胜过蛋壳。这是完整的一套理由，而且，就目前来说，也似乎是无可指责的。但是这也就意味着，有几天奥蒂会来接杰克，而另外几天杰克得自己乘车上下班。

或许你会问出这个显而易见的问题：杰克为什么不解雇奥蒂，然后雇佣其他人呢？那是，有时候我们会被感情所左右，杰克他也不是一个冷酷的经济人。他喜欢奥蒂。而且，奥蒂也很清楚这一点，或许问题就出在这里。

追求幸福

为了便于讨论，让我们假设奥蒂在工作（接送杰克）和休闲娱乐（跟女朋友一起看电影）之间没有找到一个理想的平衡点。再让我们假设（如果奥蒂已经彻底地想清楚了），在交通状况不那么糟糕的日子里,奥蒂是真的宁愿去接送杰克赚一些钱,而不是继续看电影。那好,即使如此,会犯奥蒂这种错误的人也不止他一个,他在纽约的同行们的表现也好不到哪里去。

由行为经济学家琳达·巴布科克(Linda Babcock)、科林·凯莫勒(Colin Camerer)、乔治·列文斯坦(George Loewenstein)以及理查德·萨勒(Richard Thaler)所组成的研究团队,分析了数以千计的纽约市的出租车司机的出行记录,以弄清楚在给定的日子里,这些出租车司机是如何选择工作时数的。具体而言,这些经济学家想知道,这些出租车司机是如何有效地分配他们的工作时间的。

对出租车司机来说,基本情况是这样的,他们有时候比较繁忙,有时候比较空闲。举个例子,如果天气比较恶劣,或者附近地区刚好要举行一个大型会议,那么,他们的生意会更好,尤其是短途生意(这样,每行驶一英里他们将会获得更丰厚的利润)。另一方面,在天气晴好的春天,人们叫出租车的可能性会减少。在忙碌的日子里,出租车司机每小时的收入明显高于在空闲的日子。虽然,出租车司机们无法控制哪些天是比较忙碌的,哪些天是比较空闲的,但是,他们可以选择他们的工作时间。每次出车,出租车司机都可以选择他的工作时长(通常,十二小时换一次班)。同时,我们也假设,这些出租车司机也喜欢休闲娱乐。

根据标准经济学,解决时间安排问题的方法很简单,即,这些出租车司机可以在忙碌的日子里选择加长工作时间——在行情好的时候可以早点开工;而在比较空闲的日子里,则可以多休息点——在行情不好的时候,可以早点下班。这种方法可以使他们每个星期,在相同的工作时数的情况下,赚取尽可能多的钱。这种分配时间的方法,同样也可以用机会成本来解释:与忙碌的日子相比,在空闲的日子里休闲娱乐的时间也更便宜,因为,在空闲的日子里,司机们没有什么生意,每个小时的收入也更少,出车与窝在家里的沙发上休息差不了多少。

像标准经济学所说的这种简单的安排时间的方法自有它的用武之地,但是,它的用武之地并不在纽约。(或者,这种方法可以用在新加坡的出租车的司机身上,澳大利亚墨尔本大学的周远(Yuan Chou)曾在新加坡做过一项研究,他也得出了类似的结果。)从巴布科克、凯莫勒、列文斯坦和萨勒他们的研究结果来看,纽约出租车司机们的行为并不遵循标准经济学的理论。实际上,他们刚好做出了相反的行为。

在忙碌的日子里,纽约的出租车司机们反而工作的更少,而在空闲的日子里,他们出车的时间更长。假设与沉闷乏味的下雨天(繁忙的日子)相比,出租车司机更喜欢在天气晴好的春天的日子(空闲的日子)里休闲娱乐,那么这种现象就更加显得违背常理了。关于这一点,研究者们提出了另外一种解释:也许司机们每天都为自己定了一个具体的收入目标,而不是试图努力做到每小时的平均收入最大化。如果事实确实是如此的,那么这个调查结果所显示的数据就显得合理了。在繁忙的日子里,司机们很快就达到了自己设定的目标,从而可以早些歇工;而在空闲的日子里,他们则需要出更长时间的车,为了实现他们自己设定的收入目标,他们一直到很晚还需要去招徕一些客户。

如果我们愿意承认"实现每日收入目标"这个理论,那么,我们还是要问:这有什么区别呢?在这里或那里多做几小时,难道真的对收入会有很大的影响吗?通过分析出租车司机们的日常出车记录,巴布科克团队推算,每个司机如果重新安排自己的工作时间,他的收入会发生多大的变化。他们发现,平均而言,对于这些司机来说,如果保持每天工作的小时数固定,那么加班就可以多赚百分之五;如果保持每周工作的小时数固定,那么只需要在繁忙的日子里多加班,而在空闲的日子里少上一些班,就可以多赚百分之十。试想一下,工作时间不变,而薪金增加百分之十,这是何等美事!

现在,你听到了,由于你在工作时机的选择上的不同,实际上你可能错过了可以提高10%的薪资的机会,这应该可以足够刺激你的耳膜了吧。尤其对于精打细算的穷人来说,这个机会尤其重要,因为这个被他们忽视掉的10%完全可以极大地改善他们的日常生活。他们是这样一群人,他们的经济决策出现任何一点细微的、零星的变化,都有可能让他们获得很大受益,这恰恰是因为他们就生活在改善自身状况的边际上。

奥蒂与小额贷款

在纽约的出租车司机们那里,一个决策错误对他们的收入的影响为10%左右,但是,如果你是负债经营的,而且利率比10%还要高出六到七倍,那么又会怎样?小额贷款的利率通常就是这么高。

世界上大多数穷人——以及几乎全世界的小额贷款客户——不管是个体经营户,还是临时工,每天都要做出大量的、复杂的经济上的选择。尤其是对小微企业主来说,他们不仅仅要选择,在特定的日子里他们将要工作多少个小时,而且,关于产品的库存量和销售量、在哪里开展他的业务、是否需要雇佣其他的工人、该为雇佣工人支付多少工资,等等,他们也都要做出选择。

在美国,处理这类问题很可能是一个经理或者战略顾问的工作。但是,在发展中国家,工商管理硕士还很罕见。无论如何,你不可能从铺着地毯在人行道上卖塑料玩具或者蔬菜的人当中找到任何一个工商管理硕士。

实际上,大多数小额贷款的目标客户都设定为小微企业家,并非是蓄意为之,而是不得不然。大多数发展中国家都缺乏像失业补助金、食品救济券之类的社会保障。如果你要生存下去,那么你就必须去工作。在这些国家中,由于足以让个人维持生活的有薪金的工作岗位非常缺乏,人们不得不依靠自己创业来获得收入。

这与美国的企业家的概念相距甚远,在美国,企业家是这样一群人,他们充满活力、有独立精神、极具创造力;他们积极进取,鹤立鸡群,在人群中很容易脱颖而出。我的意思并不是说,发展中国家的企业家缺乏这些特质。恰恰相反,在发展中国家,如果没有极大的决心以及丰富的创造力,他们当中的很多人根本无法生存下去。但是,如果你问他们,那么他们中的大部分人会承认,创立并且经营小企业并不是他们的首要的职业选择。恰恰相反,他们的经验证明,我们经常会想到的各行各业的企业家所表现出来的那种非凡的活力和积极进取的精神,绝不是每一个人都能够拥有的。

但是,小额贷款的目标顾客为什么还要锁定在这些发展中国家的小微企业家身上呢?成功创办了格莱珉乡村银行的诺贝尔经济学奖得主穆罕默德·尤努斯是这样解释这个问题的:

> 我坚决认为,所有的人都拥有某种天赋,我把它称之为生存技能。事实上,穷人能够活下去就是他们拥有这种技能的明证。他们不需要我们去教会他们如何生存。他们早就已经掌握了这种技能。因此,与其浪费时间去教他们新的技能,还不如让我们努力帮助他们,让他们充分利用已掌握的技能,使这种技能达到效用最大化。我们给穷人提供贷款,只是让他们尽快地把已经掌握的技能付诸行动……

尤努斯是一个杰出人物,但他的这种极富浪漫主义色彩的观点却是错误的。生存是一回事,但是,白手起家创立一个企业——尤其是在承担小额贷款的高额借款利息的基础上还要保持足够多的利润——又是另外一回事。在上一章,我们从斯里兰卡的项目中看到一些证据,证明确实存在一些良好的商业机会,但是,并不是每个人都能够充分利用这些商业机会的。

对于这一点,你真的不应该感到很震惊。举个例子,难道会有人说,在美国或者欧洲的街上随机地找一个人,他就有能力建立并且经营好一个蓬勃发展的小企业吗?更一针见血的是,难道会有人建议我们，让我们随机地把钱借给在街上碰到并被想当然地认为具有这种企业家精神的某个人吗？最近的金融危机表明，即使生活在世界上最富裕的国家，同时又受过高等教育的人，在借贷问题上，也可能会做出非常不理智的、可能损害每个人的利益（也包括他们自身利益）的行为。债务可能是打开财富之门的钥匙，也可能成为一副镣铐。

不妨让我们姑且承认，小额贷款是一个有价值的工具，或者至少在某些时候是。但是，如果我们在提供小额贷款时，同时附带一些使用说明，是否可以让它发挥更大的作用呢？如果不是每个穷人都是天生的企业家，那么，或许给他们一点小小的指导是会有帮助的。这就是一些小额贷款的放贷者为借款人举办的经营技巧培训项目背后所隐含的想法。

现在，如果穆罕默德·尤努斯是对的，穷人已经具备了所有他们所必需的生存技能，然后假设，他们能够有效地运用这些技能，并且可以最大化他们的收益，那么在尤努斯所断言的不存在任何不确定性的情况下，为穷人提供任何种类的技能培训（包括业务技能）仅仅只是在浪费时间。另一方面，如果这种经营技巧培训被证明是有用的呢？那么，这似乎表明，至少某些人不是天生就能取得成功的企业家；而且，这或许也可以证明他们并非天生就会是小额贷款的客户。

在我去萨尔瓦多的国际社区援助基金会工作两年后，这个问题一直萦绕在我的脑海里。它一直困扰着我，直到在我读研究生院的最后一年，在一次在秘鲁举行的会议上碰到了马丁·瓦尔迪维亚（Martín Valdivia）为止。马丁是 GRADE 的一名研究人员，GRADE 是一个全部由从事贫困问题研究的社会科学家所组成的秘鲁智库。（马丁是一个热情的东道主，他在利马最好的餐馆招待我们，毫无疑问，这也是保持我们的友谊和合作的必不可少的因素。）我和马丁都发现，我们两个有同样的困惑，因此，我们与爱丽丝·拉瑙（Iris Lanao）合作，为一个有关经营技巧培训的随机对照实验寻求资助，爱丽丝·拉瑙是秘鲁国际社区援助基金会（FINCA Peru）设立的小额贷款机构的执行董事。

不久之后，我接着邀请，参加最近成立的亨利·E.奈尔斯基金会（Henry E. Niles Foundation）所组织的一次非正式的讨论会，讨论的主题正是我们所熟知的小额贷款。在会上，我告诉他们，其实我对小额贷款知之甚少，甚至连小额贷款的最基础的工作我都没有完全弄明白。事实上，他们也被曾经困扰我很久的相同的问题所迷惑了：小微企业主在没有进行任何有关经营技巧培训的情况下，他们是如何（成功地）以这么高的利率借得款项的？他们的兴趣也有助于秘鲁国际社区援助基金会项目的启动。

秘鲁国际社区援助基金会的借款者每周或每月都实现一定的储蓄，存入的款项多少与他们的贷款规模相对应的，同时鼓励他们在自愿的基础上持有计息账户。因此，在这种情况下，借款者是接受过一些培训的，至少在有关还款行为方面，即，客户们都知道，因秘鲁国际社区援助基金会的要求，他们必须及时地还款和存款。但是，这些培训丝毫不涉及他们经营企业、管理资金的技能，也根本算不上什么金融素质教育。

扩大培训项目能帮助借款者做得更好吗？为了回答这个问题，我和马丁决定在秘鲁进行随机对照实验。我们首先确定了我们的研究对象，那是秘鲁国际社区援助基金会设在利马以及阿亚库乔（Ayacucho）的两百多家乡村银行。（阿亚库乔是坐落在安第斯山脉上的一个大学城。）我们随机地挑选出了其中一半的银行，让它们在每周举行的例会上，对它们的客户进行三十分钟的经营技巧培训。每组持续一到两年的时间。客户们学习基础业务课程，这些课程包括如何按先后顺序记账、怎样去了解市场、如何实现产品的多样化，以及如何使个人资金与业务资金相分离。另外一半的银行的周会则仍然与往常一样，只限于关注与贷款有关的规定。然后我们跟踪监视所有这些银行的客户的表现。

虽然我们并没有得到太多激动人心的结果，但是也有一些亮点可述。处理组的客户确实采用了一些他们在培训中学到的策略。这提高了他们的营业收入。尤其是在通常业务比较糟糕的月份（淡季），虽然收入增加的不是很多。小微企业主的营业收入时刻都面临着季节性的波动的影响，因为不管是供给还是需求都会发生变化。有时候，在销售比较好的月份，幸运之星一整个月都会跟随着他们，这时候，库存比较便宜，而且顾客总是会排成长队抢着购买。但是，事情总会有变坏的时候。有些月份，没有人来购买任何东西，而孩子的学费和租金都还欠着，供应商又要提高价格，周围则流感肆虐漫延。结果是，在这些月份里，这些客户们的孩子们不得不逃学来店里帮忙。或者因为收入的减少而不得不紧衣缩食。

但是，如果客户接受了一些业务技能培训，并且改进了经营策略，那么他们就有可能设法避免这些不良后果。在实验中，确实有些客户们在接受了培训后，成功地采取了应对季节性波动的策略。在处理组和控制组之间为数不多的差异中，这是最明显的一个差异，它表明，经营技巧培训的影响，虽然从总体上看并不显著，但是在帮助客户避免业务剧烈波动这方面，确实发挥了一些作用，而这恰恰是小微企业主们最需要的。

秘鲁国际社区援助基金会很高兴看到它的客户们做得更好了，单就为了这个原因，对客户进行了经营技巧培训这项工作将会坚持继续开展下去。显然，对它来说，看清楚自己的底线后，将更容易做出决定。甚至在考虑到了所有与培训课程的有关费用支出后，这个项目对银行来说还是一个净收益项目，这是因为，接受了经营技巧培训的客户更有可能准时地还款，而且退出借贷项目的可能性将下降很多。秘鲁国际社区援助基金会听到了这个好消息，决定趁热打铁，迅速行动。我们这项研究一结束，它们马上就对客户开展了强制性的经营技巧培训。

不过，对客户们进行经营技巧培训真的能使他们的生活变得更美好吗？扶贫行动创新研究会组织了无数次研究,在不同的环境下,针对不同的人进行实验,来不断完善、检验有关的想法。到底是什么因素发挥了作用？从特定的研究结果推广到一般的结论,这是一个重大的突破,要实现这一突破,这类检验工作是至关重要的。因此,扶贫行动创新研究会组织了第二个研究。这项研究是由麻省理工学院斯隆管理学院的安托瓦内特·舍布尔(Antoinette Schoar)(她目前是扶贫行动创新研究会中小微企业创业项目总经理)、伦敦经济学院的葛雷格·费舍尔(Greg Fischer)(他是扶贫行动创新研究会董事会成员)以及德克萨斯大学奥斯汀分校的亚历杭德罗·德雷克斯勒(Alejandro Drexler)牵头,围绕多米尼加共和国的一个小额贷款项目而展开的,它的目的是,关于为客户提供经营技巧培训到底会带来什么样的影响,给出一个更明确的说法。

不过,与前一个研究不同的是,他们共检验了两组培训模块的效果(而不是只有一组),并且将它们逐一与控制组进行了对比。他们发现,标准的账户培训并没有起到很好的效果。但是,特殊的"拇指法则"培训却收到了很好的效果。"拇指法则"培训使用的是一种启发式教学方法,能够使小微企业主学会一些简单的资金分配与运用的方法。从根本上看,这个"拇指法则"培训课程的影响与我们在秘鲁看到的其实是一样的:这些客户找到了如何使他们的收入变得更平稳的解决方法,这样在比较糟糕的月份,也不至于让情况变得太坏。他们不必因为季节性波动的原因而遭受苦难。

但是,在这两项研究中都没有发现,接受培训之后的客户们的业务获得了一个质的飞跃,即都没有从微型企业发展为中小型企业。事情没有发生很大的变化,也没有发生像在小额贷款的宣传册里所宣扬的那样的十全十美的故事。因此我与来自世界银行的米里亚姆·布鲁恩(Miriam Bruhn)以及安托瓦内特·舍布尔(Antoinette Schoar)通力合作,在墨西哥实施了一个项目,主要专注于对个人进行量身定做式的培训,这种培训更像管理咨询业所提供的中小企业业务咨询。这里,指派到具体的中小型企业的个人培训导师并不是教给他们一些基本的技能,而是要让他们明白,企业家与企业活动是紧密联系在一起的,并就如何改善业务提出具体建议。这个项目是由州政府资助的,政府的主要目的是设法提高就业率。这个项目虽然并没有达到政府的预期目标,但是,却使这些公司的利润增加了两倍多,增长率达到了110%!

那么,我们可以从中得到什么经验教训呢?秘鲁、多米尼加共和国以及墨西哥的例子表明,与一般化的技能培训相比,那些可以直接付诸实施的、很具体的培训课程,以及更密集的、量身定制的、咨询式的指导更能起到良好的作用。当然,培训安排的越密集,所花的费用也越昂贵,但是,在墨西哥的研究表明,增加的利润远远超出了培训的成本。总的来说,与国际社区援助基金会在秘鲁的项目相比,在墨西哥的这个项目更划算。

这些研究都表明,通过培训,这些小微企业的业务量都得到了一定的提高。但是,最大的收获是,我们获得了一些证据,说明这些企业主都需要学习。就像我在前面说过的,事实上,不可能所有的穷人都是与生俱来的、顶级的企业家,关于这一点应该不会感到意外——但是,从穆罕默德·尤努斯的话语中可以判断出,这却是许多小额贷款的拥护者想听到的东西。

并不是每个人最终都会关停生意或倒闭——或者,背负一身的债务(关于这一点,在发展中国家,或者其他任何地方,都一样)。对有些人来说,这只是因为他们能力不够或缺乏专业知识,但是,对大多数人来说,答案可能更简单。他们没有成为伟大的企业家,只是因为成为一个伟大的企业家并不是他们生活的主要目标。人们还有其他很多种追求幸福的方法:做他们更喜欢做的工作、与他们的家人待在一起、与他们的女朋友看一场午后的电影。

人们的能力参差不齐、优先考虑的事情也各不相同,这是一个常识性的事实,但是它显然与世界各地人们都热衷的、为小微企业提供小额贷款的意愿相悖。在这种情况下,又会发生什么呢?如果你借钱给那些注定不会成功的人,那么这不过是在缘木求鱼,注定是竹篮打水一场空。你发放贷款,然后满怀希望地期待着,业务会像新长出来的小草一样,不断地萌生出新的叶子,最后变得郁郁葱葱的一大片,但是这些小草不可能每棵都长得非常青翠茂盛,均匀得就像铺了地毯一样。草地上总会出现一些裸露的斑点,露出难看的泥土。

还是电饭煲好

当你蹲下身子,用手指拨弄光秃秃的泥土时,你会注意到,你以前散播在那里的一些种子可能永远无法钻到泥底,生根发芽。一些小额贷款的客户甚至从来没有想过要用借得的款项来创办企业。当看到他们所捐出去的钱完全被用在了其他方面时,放款人(和捐赠者)常常会感到很愤怒。

杰克的个人经历也证实了这点。当他还在加纳时,他经常帮助一个叫菲利普的人,这个人经常会使自己陷入困境。

有一天,当他们一起步行去吃午饭的时候,菲利普对杰克说,他需要帮助。菲利普租了一间房子,但他付不起房租,他原来的目的是,在找到更便宜的房子之前,先在那里待上几个星期。但在那段时间里,他所积欠的房租已经超出了他的储蓄,而房东因为怕他会凭空消失,再也找不到他,所以也不让他结账离开。这也就意味着,每多过一个晚上,菲利普就会更进一步地让自己深深地陷入债务当中。

"杰克,"菲利普说道:"事情已经发生了,我不得不请求你的帮助。如果你愿意帮我,我一定会结清余额,当我拿到工资时,我会尽早地还给你的。"杰克很怀疑,以前他也曾借过钱给菲利普,但菲利普从来没有归还过。这一次,杰克并不想再次引火上身。

到了下午,气氛变得有些紧张了,两个穿制服的警察出现在了杰克和菲利普的办公室里。他们径直走向菲利普,并且站在了他的办公桌前面,要求菲利普出去一下。菲利普一声不吭地跟他们走了出去,但是大约二十分钟后,他又回来了。他直接来到了杰克的桌子旁。"你看到了吗,杰克?"他说,"事情已经变得比较严重了。"到了第二天早上,杰克还是把钱借给了菲利普。

大概两个星期之后,又到了发工资的时候了,杰克问菲利普事情怎么样了。菲利普看起来似乎很乐观。"我已经离开那家宾馆了,我不会再让他们抓住我了。"他边说边摇着头,而且还模仿哑剧中的动作,做出抓住了某个动物的后脑勺的姿势。

"你把事情都解决了吗?你不会又欠了更多债务吧?"

"哦,还有一点点余款未结清,但是才那么一丁点儿,他们已经不再来催我了。"

"还有一点余款?"杰克借给菲利普的钱已经足够还清全部债务了。但是,如果菲利普不是拿这些钱去还清宾馆的欠债,那么它们被用到哪里去了呢?

"哦,是这样的,"菲利普说,他把目光转向了别处,"我买了一个电饭煲,现在我可以自己做饭吃了。"

像这样的故事情景是会激怒捐赠者的。我们从口袋里把钱掏出来帮助像菲利普那样的人支付他的房租,而他却把钱挪为他用,转而去购买炊具。杰克把菲利普狠狠地训斥了一顿。

菲利普却镇定自若,坚持自己的观点。他疲倦地笑了笑,深深地叹了一口气,说道:"我知道你会感到失望的,但是,你不知道这个宾馆的人是怎样一些人。只要我给了他们一些钱,他们就会好几个星期都不再来找我的麻烦。我会用我的工资把余款付清的。"

菲利普真的曾经说过,他会用从杰克那里借得的这笔钱来支付他的租金的。但是,他食言了。

这就是菲利普处理问题的方式。以后,就再没有看见过或者听到过警察和宾馆的老板了,而菲利普本人则在他自己的新住处享受着一大堆美味的白米饭。

没脚的钱走得快

正如经济学家所说的那样:钱可以换成任何东西。它具有很高的流动性。它会像放在桌面上的水银一样,轻轻松松地就可以从一个地方滑向另一个地方,而且不留任何痕迹。如果杰克直接开支票给宾馆老板,那么,事情可能就会不一样。但是,现金(与其他东西不同,比如说,票据)不会跟任何特定的人、产品或者商店相捆绑。它可以花在任何事情上面,菲利普的所作所为就是一个绝佳的例子。由于缺乏追踪纸币上的序列号的手段——或者说,尤其是我们不可能派人跟踪,看别人把钱花到什么地方去,就像我们在上一章中所看到的,研究人员在斯里兰卡所做的研究一样——因此,当那些钱不断地转手时,实际上是不可能随时记录其踪迹的。(此外,在本章中,我们稍后将会看到,即使我们真的去追踪那些我们所借出去的某些现金,它的轨迹也不一定能把我们真的想知道的那些东西告诉我们。)因此,当我们制订规则或提出一些条件来限制借出的款项或捐赠的物品的用途的时候,很典型地,我们根本不会去考虑这些规定或条件的可接受性以及借款者会不会去遵照执行等问题。

规定钱物的用途是对还是错,这个问题我们很难说得清楚。一些组织,像杰克那样,规定了所援助的钱的用途和使用方式,他们这种做法常常是出于一片好意。举个例子,我看到有些小额贷款机构要求客户把与他们的业务相对应的投资票据带来。不过,对于什么才是他们最迫切需要的东西,借款者比任何其他人都要知道的更多,而且,他们的需要很快会发生改变。菲利普是这样的。正如我们在上一章中所看到的,信用补偿公司的研究项目中的那些借款者也是这样的,无任何限制条件的借款让他们的生活变得更富裕。

说到这里,其实还有比弄清楚谁对谁错还要重要的问题。实际上,这里涉及两个问题(第二个问题,我们稍后再讨论)。第一个问题是这样的,在我们坚持要求小额贷款只能用于小微企业的情况下,问他们,是如何使用最近一笔贷款、计划怎样使用下一笔贷款的时候,如果我们发现了很多谎言,千万不要对此感到惊讶。如果人们直截了当地告诉你,他们借钱的意图,那么很多人便没有资格获得帮助。如果我们知道他们借钱的真正目的,或者他们将要做出的决定,那么,许多潜在的捐赠者(包括杰克)对于借钱给菲利普这样的人会感到犹豫不决。在这些情况下,一个人有没有资格申请贷款,完全取决于他们愿意做出什么样的行为承诺,至于他们的实际行为究竟怎样,我们很难去强制他们,也很难对他们实施监管。那么,难道我们仅仅是为了得到他人虚假的行为承诺吗?

如果是的,那么最终伤害的只能是我们自己。当人们不能诚实地(或选择不)说出他们是如何使用这些资源的时候,那么,关于这些项目是否真的有效,我们就会形成一些错误的想法。正如我们在上一章中提到过的,这恰好就是之所以要进行那些以评估小额贷款的实际影响为目标的研究的根本原因。现有的研究成果表明,我们现在掌握的东西是不全面的。如果我们真的想让小额贷款为穷人做点什么,那么,我们就不能自欺欺人地认为,小额贷款只能用于企业投资。当一台机器的内在运行方式看起来完全不同于我们的意图时,我们又怎么能指望可以用原先设想的方法修理好它呢?

获得真相

这正是我们用来处理全球贫困问题的方法的关键所在。如果我们想取得更好的实际效果,而不仅仅只流于美好愿望,那么我们就必须对发展过程有一个准确的描述,并且要有改善生活的具体方法,或者,即使不能改善生活,我们也要搞清楚为什么!多亏有了这些将行为经济学与精确评估方法结合起来的组合工具,这些方法并非遥不可及。

如果想知道借出的钱被派了什么用场,这里有一个更巧妙的方法,可以不必强迫这些借款者"坦白"承认就可以知道他们把钱花在何处了。诀窍就是,我们要意识到如下这点:人们可能会把一些敏感问题的真相隐藏于大量寻常的问题当中。因此,与其直截了当地询问一个敏感的问题,还不如把这个问题隐藏在一张看上去无伤大雅的调查表当中。

这个方法的工作原理如下:假设你想弄清楚是不是有人曾经从街角那个商店偷过"银河"巧克力棒(Milky Way candy bar)。你当然可以直接问你见到的每位顾客:"请问,你是否曾经从街角的商店里偷过'银河'巧克力棒?"如果你真的这样去问的话,很可能每个人的回答都是否定的,对此你不应该感到惊讶。当然,你一定会怀疑他们的答案的真实性。因此,你可以这样做,你可以给出如下的两个调查表,让一半顾客回答第一个调查表,另一半顾客回答第二个调查表。具体方法是,随机地把其中一个调查表交给一位顾客,问他:"在下列各选项中,你认为有多少项是正确的?你不用说出具体是哪一项,只需说出多少项是正确的就可以了。"

第一个调查表包括如下三个问题:

1. 我至少一星期光顾一次街角的商店。
2. "银河"巧克力棒是我最喜欢的巧克力棒。
3. 我每星期至少吃一颗巧克力棒。

第二个调查表包括如下四个问题:

1. 我至少一星期光顾一次街角的商店。
2. "银河"巧克力棒是我最喜欢的巧克力棒。
3. 我每星期至少吃一颗巧克力棒。
4. 我曾经从这个商店里偷过一块巧克力棒。

第二张列表给出的问题可以让这些曾经偷过"银河"巧克力棒的窃贼们大胆地承认有过偷窃行为,而不必担心被别人知道。假设某一位顾客(他清楚地知道他自己曾经偷过巧克力棒)只回答了第二张列表的问题。他说在这四项问题中,有两项是正确的。你不能板上钉钉地认为他有过偷窃行为,因为他可能会撒谎,举个例子,他可能会说他其实只是同意了表中第二个以及第三个选项。但是只要他们做出了回答,信息就已经在那儿了,我们要做的,只是恰当地提取这些信息就可以了。

随机化恰好就是完成这项信息提取工作最适合的工具。因为,顾客是被随机地分配去回答两个调查表中的问题的,回答第一个调查表中的问题的顾客与回答第二个调查表中的问题的顾客并没有系统化的差异。具体地说,在回答两个调查表中第(1)至(3)这三个问题时,他们的答案从平均来看,不应该有任何不同,因为这三个问题在两个调查表中都是一样的。这也就是说,顾客在回答第二个调查表的第(1)至(3)这三个问题时的答案,从平均来看,与回答第一个调查表的顾客的答案应该是一样的。因此,我们只需要对回答两个调查表时的顾客的答案进行比较,把在第二个调查表中选了三项的顾客的人数减去第一个调查表中选择了三项的顾客的人数,就可以得到我们需要的答案了。我们所关心的数字——选择第(4)选项的顾客的人数,或者说偷窃"银河"巧克力棒的顾客所占的比例——恰好就是在回答第二个调查表时选择了三个选项的顾客中,把(1)至(3)三个选项都选的顾客的人数减去后所留下来的那些人的人数。

利用这种方法,我们可以在不需要暴露任何个人行为的前提下,很清楚地揭示出群体的行为。这种方法其实可以用在许多领域或方面,而不仅仅是用于帮忙解决找出谁是偷窃"银河"巧克力棒的窃贼。我与扶贫行动创新研究会在乌干达的前项目主管皮亚·拉斐勒(Pia Raffler)、波士顿联邦储备银行的经济学家朱利安·贾米森(Julian Jamison)——现在是耶鲁大学的政治科学的在读博士生,这家伙甚至把马拉松称为一次小小的"跑步训练"——在乌干达评估格莱珉基金会与谷歌联合资助的一个项目时就使用了这种方法,这个项目涉及用手机短信来回答有关健康状况问题。我们想了解一些与人们的性行为有关的东西——特别是关于性不忠这个非常敏感的问题的有关信息。当然,我们知道,如果我们直截了当地问,人们可能不会告诉我们真实的情况。果不其然,当我们直接询问调查对象时,只有13.3%的人承认,在过去的三个月中他们曾经有过性不忠行为。当我们把这个性不忠的问题嵌入一个调查列表中再来询问时,我们发现在回答调查表的人当中,有17.4%的人有过这种偷偷摸摸的行为(这一比例比前一个比例大约多出了三分之一)。

在我和乔纳森·辛曼与秘鲁的一个名为"阿拉利哇"(Arariwa)的小额贷款组织合作的一个项目中,我们也使用了这种分析技术。我们想知道的是,小额贷款的客户们把借到手的钱用到什么地方去了。

根据"阿拉利哇"(Arariwa)的规则,借款只能用于商业投资。如果某个借款者承认,他把钱花在了诸如食品、医药、孩子的学费或者任何其他方面的消费(与商业投资截然相反的方面),他很可能在将来会被禁止从"阿拉利哇"再次借款。由此,银行想知道,所有这些贷款到底被用在了什么地方。因此,我们就开始调查了。

如果只听借款者一面之词,那么可以预见,他们会说几乎所有的款项都用在了"正途"上。实际结果表明,当我们直接询问他们,所借款项用在了哪些他们需要的地方时,有8%的人说,他们把部分借款花在了购买家庭用品上;另外有7%的人承认他们把部分款项用在了孩子的教育上;只有少得可怜的2%的人声称,他们把部分钱花在了卫生保健上面。而其他的人全都表示,他们都严格地遵照银行的指示行事,完全没有把款项用于消费方面的支出。

如果事实真是如此,那么这是非常好的一个结果,只可惜它并不是事实。

当我们使用随机化的调查表方法再一次进行询问时,就得到了截然不同的结果。一旦把一些敏感性很高的问题(比如说,"你有没有把部分借款用于购买家庭用品?")嵌入到其他一些简单的问题中时(比如说,"你是不是把借款花在了商业物资方面?"),我们就看到了真实的情况。现在看来,差不多有32%的借款者把所借得的钱用于购买家庭用品;有33%的借款者把所借得的钱花在了孩子的教育上;23%的借款者把所借得的钱用于卫生保健方面的开支。

这些都是我们已经发现的巨大的差异。关于"阿拉利哇"(Arariwa)的贷款是怎样帮助秘鲁的穷人改善他们的生活的,这些结果意味着一个完全不同的故事。事实上,结果证明,并不是每个人都能白手起家建立起一个小微企业的。很大一部分客户只是在嘴上说说,他们会去创办企业的,以实现"阿拉利哇"(Arariwa)的美好愿望,但是,一转身,他们就随心所欲地把钱花在了其他方面。这种情况并不少见。唐·约翰斯顿(Don Johnston)和纽约大学的乔纳森·默多克(Jonathan Morduch)说:据报导,有超过50%的小额贷款客户把所借得的款项用于消费方面的支出。

在评估涉及资金分配或其他有价值的资源的配置问题的项目时,我们应该具有对那些不可能会被遵照执行的规则提出质疑的智慧。如果你所制定的政策是无法执行下去的,那么只能显示你的无能。此外,所有那些违反规定者(想起了菲利普的白米饭了吗?)实际上也可能是把钱花在另外一些有意义的事情上了。

但是,这里仍然会出现另外一个问题。

"没脚的钱走得快"还会带来一个更大的问题

人们原本可以利用项目以及项目资源来改善自己的生活,但是却受到了诸多限制,对于隐藏在这些限制背后的各种因素,我们必须搞清楚。为什么要这样做?在上文中我曾经说过,有两个非常重要的原因,接下来我要谈到的就是第二个原因,同时也是更有力的一个原因：即使他们丝毫不打折扣地依照所有规则行事，参与这些项目的真正后果也往往会极大地出乎有关各方的意料。（这就是为什么，即使出借者有机会跟踪借出的资金的流向，这样做也不合算的原因。）水往低处流，钱也一样。当钱在崎岖不平的地方流动时，肯定会先去填最深的那个窟窿。不管你怎么"要求"钱，也不管你怎么要求拿到钱的那个人，都将如此。这是天性使然。

有时候人们是按照某种深思熟虑的想法去平衡支出的。就像菲利普买那个电饭煲的过程一样。一旦菲利普付清了宾馆的债务，不再受到宾馆老板的追债时，那么，债务不再是他最深的那个窟窿了，他可以把钱用在任何其他方面了。

但是，即使你不做任何有意识的努力，同样的事情也会发生。想象一下，水像一个具有意大利风格的喷泉那样层层倾泻而下。汩汩的水柱从顶端喷射而出，潺潺地流向顶层的大碗。水流不断地注入顶层的大碗后，又从大碗中溢出，涌入第二层的碗里，然后又从第二层的碗里溢出，涌入第三层的碗里，依次类推。这些水起初是被注入到第一个碗里的，但是它最终却流向了最后一个碗里。因此，一些发展项目也是如此：一些有用的东西——比如，一头会产奶的山羊、一件为孩子准备的校服或者为启动一个小微企业而准备的资金——都可以被用于满足某种特定的需要。但是，最终，这些东西所发挥的作用可能会在很久之后才会被接收者感受到。

在这里，我们举个例子。假设某一位妇女在一个热闹的街边市场卖西红柿。她每天早上从批发商那里购进价值50美元的西红柿，她花了一整天的时间卖掉了它们，共获得了55美元。等到一天结束的时候，她自己取走了5美元，而把剩下的50美元放进衣服口袋里准备第二天早上再次购进西红柿。某一天，她被批准可以获得价值100美元的小额贷款以扩展她的西红柿生意。那天早上，她第一件要做的事就是去银行申请小额贷款，她在那里得到了一个装有100美元现金的信封，然后她就径直去了批发商那里，用这100美元买进了比平时多两倍的西红柿。一天结束的时候,她共获得了110美元的收入。这样,她的生意扩大了!

当她到了晚上收摊的时候,她记起来了,在前一天的下午她曾经留了50美元,而这50美元刚好还在她的衣服口袋里。那天,她感觉异常兴奋,然后她决定庆祝一下。因此那天,她在回家的路上买了一个DVD。

在这里,你看到钱从上一层碗流到了下一层碗了吗?当银行问她,你是如何使用这笔借款时,相信她会(很诚实)说她把所有的借款都用于投资西红柿生意了。但是,让我们来重新回顾一下整个事情的经过吧,我们会发现,其实小额贷款的真正影响是这样的:小额贷款允许她花50美元购买了更多的西红柿,以及花50美元买了一台DVD。因此,油滑的人其实并不一定是问题,更大的问题出在滑溜的钱身上。

对于我们看到的事情,我们可以对症下药,开出特定的处方有针对性地解决这些问题。但是,我们的处方一般不具有约束力。有时候人们(就像菲利普)会故意违反规定;其他时候人们(就像这个卖西红柿的妇女)很真诚地试图遵守约定,但是,阴错阳差,最终这些人却都得到了殊途同归的结果。

在上一章中我们从实地研究中看到的一些证据表明:只能用于小微企业的严格的贷款并不适合每个人。现在,我们又看到:即使人们真的想遵照规定来操作,但是由于人们优先考虑的事情不同,而且金钱天生具有的滑溜性这个特点使然,即使大家都把劲往一块使,最终结果依然可能是白费力气。

但是,无论如何都不能阻止放贷者试图限制小额贷款的用途。他们为了约束客户的行为,其中最广泛使用的一个策略是,建立借款者内部彼此监督的激励机制。理由是:如果人们不想遵守外部强加给他们的约束条件,或许一个内部人员——或许更好的是,大部分甚至全部内部人员——可以让人们遵守规定。

在下一章中，我们将分析，放贷者所运用的、用来施加这种来自于同伴的压力的主要手段及其效果。我们将会看到，这种手段——有连带责任性质的群体负债贷款——是怎样运作的。

第六章
群体合作：大众的弱点是什么？

如果你看到罗克西剧院（Roxy Theater）大门上方那具有强烈装饰艺术风格的突向天空的三角形大遮檐时，你可能会想起一个殖民文化全盛时期的热情四射的城市。那里到处都可看到穿着亚麻布西装的人；阵阵轻柔的微风搅拌着夜晚潮湿的空气；棕榈叶懒洋洋地发出咔嗒、咔嗒的声音；路边的小摊油煎大蕉时散发着甜甜的香味；一首名叫"科帕卡巴纳"的歌曲从夜总会的门缝里飘了出来，在这个夜总会里，放着一些小小的圆桌，还有一个演奏台，当然还有上好的进口杜松子酒。

但是，你不能只是盯着罗克西剧院的门口那块装饰用的大遮檐。映入你眼帘的还有摇摇欲坠的门面；优雅的弧形玻璃售票窗横穿过一条斜斜的裂纹，上面落满了灰尘；空空的海报张贴区横七竖八地躺着许多臭虫的尸体。如果你在停车场吸进像石灰以及具有腐蚀性的水泥粉那样的白色灰尘时，你无法对此视而不见。当空空的半挂式卡车行驶在你身后嗡嗡作响，或者摩托车从你身边擦肩而过时发出的刺耳的尖叫声时，你无法对此充耳不闻。这时，你才会记起，此时此刻，殖民地时期的令人沉醉的潮湿夜晚已经不复存在了。这是2008年2月5日，一个令人头昏眼花的白热的早晨。

这是在加纳的首都阿克拉，这个城市已经不复拥有殖民全盛时期的景象了。

但是，它或许在某种意义上仍然保留了殖民全盛时期的某些东西，其中最突出的一个象征物，就是罗克西剧院。尽管放映机、大屏幕、座椅都不见了，甚至屋顶都不翼而飞了，这个被废弃的地方每个星期仍然有几天是人声鼎沸的。不过，在这些天里，这里的顾客不是为了看电影而来的，他们全都是小额贷款的客户。

在那个特别白热的早晨，杰克在罗克西剧院与"群体领袖"们进行了访谈，这些群体领袖是一些杰出的女性，多年来她们成功地从国际机会组织（Opportunity International）获得了贷款。（国际机会组织是加纳的一个主要的小额贷款机构。）她们都是小额贷款项目的台柱子。她们当中的许多人获得了一打，甚至更多次的贷款，她们中的大多数人担任着自己所在的这个借贷群体的主管。她们这些人都有一个共同点，那就是，她们从来没有错过哪怕一次还款。她们全都是最好的客户。

在到达剧院之前，杰克已经简单地了解过这些妇女的一些情况了，但他仍然不知道将会发生些什么。当他踏上通往剧院大厅的高低不平的水泥石阶时，他想知道这些妇女是否已经全部都坐在那里了。杰克边走边想：她们看起来是怎么样的呢？杰克想象着，这些妇女也许组成了一个"军团"，全部都穿着裤装，个个是生意上的能手；她们脚穿橡胶底浅口帆布鞋，身着细条纹带垫肩的上衣，看起来应该是严肃而又精明的样子。因为，毕竟她们是一群最优秀的人。

可以让杰克这样天马行空地想象的时间很短暂，因为，他很快就走到了石阶的尽头，在那里他看到了一个扁平的大厅，里面整整齐齐地摆着一排排的金属折叠椅。杰出一眼就看出，这些椅子从来不曾被任何人坐过。这些妇女显然早就已经在这儿了，她们来来回回不停地走动着，相互交谈着，看起来跟其他女人没有任何区别。她们有些人穿着色彩鲜艳的印花布长裙以及陈旧的丝网印刷T恤，有些人趿拉着橡胶人字拖鞋，裹着头巾。她们个个笑容满面，露出洁白的牙齿。整个大厅里到处都充满着欢声笑语。

那天早上,杰克在这些妇女身上发现了另外一个共同的特征:轻松。这个意思并不是说她们不够严肃——恰恰相反。她们把借贷看成是一件非常严肃的事。如果没有很强的自律能力以及自我推动力,她们是无法在上百个月里,贷出数以千计的美元,并且每次都按时还款的。其他借款者老是显得忧心忡忡,而她们的风趣幽默却让自己备感轻松,这使得她们远离了焦虑,不必总是在为债务而担心。

这些妇女所申请到的是群体负债贷款,因此她们对银行的债务是相互捆绑在一起的,跟群体中的每个成员都有关系。而聚集在罗克西剧院的这些妇女就是因为她们以往良好的借贷记录而被指定为群体领袖的,群体中的其他人没有她们做得好。群体领袖们都有着丰富的经验,她们都看清了这样一个事实:并不是每个人都能按时还款,也不是每个人都能全部付清款项的,如果有一些难以管束的借款者决定不再履行还款义务时,他们的做法很简单,即,直接退出群体,干脆就从此消失。一旦发生了这种事,那么就轮到群体中的其他成员来收拾残局了。他们必须拿出自己口袋里的钱为这些出逃的借款者还款。年复一年,这样的付款不断地多起来。

对于这样的事情很难给出一个准确的统计数字,但是,梅茜(Mercy)的幽默感本身的价值就很可能超过1000美元了——你要知道,1000美元是加纳人均年收入的1.5倍。梅茜告诉我,她作为贷款客户已长达八年之久了,在这八年里,她为群体里其他因亏损而无法还贷的成员支付了很多款项。

梅茜在阿克拉最大的露天市场之一的马克拉市场(Makola)销售干货以及罐头食品。她主要是进一些像意大利面条、纸板火柴、速溶咖啡、番茄酱以及罐装鲱鱼这样的货。当她第一次申请贷款时,她只是一个卑微的"桌面"小贩:她像无数个起早摸黑的妇女一样,每天早上,手上拿着可折叠的轻便小桌子,头上顶着装满货物的纸箱穿过市场的通道,在人行道上摆开她的小摊子,开始她一天的生意,而到了傍晚,则又把当天没有卖完的货物装进纸箱里,顶在头上,把桌子折叠好,拿在手上,再次穿过市场的通道步行回家。现在,已经是她第十二次申请贷款了,并且正处于还款中期。如今她的生意获得了巨大的进展,她拥有了一个渣砖砌成的摊位,她在摊位上装了一扇带一把沉重的挂锁的金属门,因此她不必每天来回搬运她的货物了。她进货的数量也不必再受限于她的头部承重能力了。与以前相比,她可以进更多的货物,也可以使进货品种更多样化了。而且,她现在还可以从供应商那里以更低的价格购进更多的存货。

毫无疑问,作为一个小额贷款的客户,梅茜可谓是事业有成。当然,这很可能只是一个巧合:恰恰在她申请获得贷款的时候,她的生意蓬勃地发展起来了。我们不能据此断定,这意味着她获得成功的原因就是因为申请了小额贷款。但是,不管小额贷款是否真的帮到了她,也不管小额贷款到底帮了她多少忙,我们都必须追问这样一个问题,那就是,她难道真的要为那些借款者支付罚款吗?(她代违约者支付了数千美元的罚款。)有没有比这种方式更好的办法呢?

罗克西剧院大厅里的气氛安静了下来,梅茜告诉杰克,这将是她最后一次借款了。"如果只是我自己的个人贷款,我根本不在乎,我能承担。我的生意一直不错。但是,我不想再为别人还款了,"——说到这里,她的嘴角往下弯了弯,看上去有点愁眉不展的样子,她闭上了双眼,摇了摇头,或许此时她想起了她为别人支付的那数千美元了——"再也不想了。"

被过度吹捧的群体负债贷款模式

如果梅茜真的退出小额贷款项目,那也不足为奇。如果真的有什么疑问的话,我们也只能问:既然她做得那么好,为什么还要退出呢?总而言之,最大的问题并不在于梅茜本人,而在于群体负债贷款这个一般模式本身。在上一章中,我们看到穷人与其他人是一样的,都有自己特定的需要，有自己优先考虑的事情，有一种追求幸福的本能。这就是奥蒂之所以放弃赚钱的机会而宁愿与女朋友一起看一场电影、菲利普用借来的钱去购买电饭煲的原因。难道把所有这些做各种各样的不同行当的相互独立的人拉扯到一起真的有什么意义吗？难道非得要让一些人（尤其是像梅茜这样的好人）因为这种连带还款方式而引火烧身，最后不得不以退出群体负债贷款而告终吗？对最好的客户实施严厉的惩罚，迫使她们代替那些违约者还款，这种群体负债贷款的方式真正的意义在哪里呢？

从表面上看来，这确实是一件很奇怪的事情。自从发起小额贷款运动的教父级人物穆罕默德·尤努斯在20世纪70年代末成功地把第一笔款项贷给孟加拉国的女篾匠合作社之后，这种群体负债贷款的方式就已经成了现代小额贷款的一大特色。在过去的三十年里，全世界各地的小额贷款组织如雨后春笋般地涌现出来，它们中的大多数都模仿尤努斯所创建的格莱珉乡村银行的模式。它们主要是以群体负债的形式发放贷款，而不是针对个人放贷。

在群体负债的小额贷款的标准合约中，群体作为一个整体，要对每个成员负责。举个例子，如果组成一个群体的十个客户各自分别借了100美元，那么，小额贷款的放贷者会把这看作是一次一千美元的贷款。群体内每个成员必须"同生共死"。如果这个群体的成员都按时全额还款了，那么群体内的每个成员都有资格获得下一次的贷款。如果还款额不足，那么该群体的所有成员都将被阻挡在小额贷款的门外，无法再次获得小额贷款——真可谓"一粒老鼠屎，毁了一锅粥"。（当然，在一定意义上，这只是说说而已。许多放贷者威胁，只要有一两个借款者违约，就会禁止全部成员继续借款，但是实际上，几乎没有放贷者会真的这样做。现实世界中，通常的做法是，把表现良好的借款者从违约的群体中抽离出来，继续向他们提供贷款。）

这种做法对于像梅茜这样的优质客户来说，似乎是不公平的，但是它也不过是一个妥协的产物。从理论上看,小额贷款的放贷者要想经营下去,就不得不采取连带责任的群体负债贷款这种模式。银行要为穷人服务,一直面临着很难根除的三大历史性难题,都能够通过群体负债贷款在一定程度上予以化解。现在,就来考虑一下银行要向穷人提供贷款必须先回答的如下三个问题。

第一,想从银行获得贷款的那个人到底是什么样的人?第二,谁能保证那个人会准时地还贷?第三,如果出了问题,银行怎样要回自己的钱?

在大多数发达国家,庞大的信息网络以及强有力的法律机制可以帮助解决这些问题。但是,在世界上其他地方,潜在放贷者可以利用的这类资源极其缺乏,以至于他们经常就简单地拒绝向穷人贷款。群体负债贷款这种模式的最大的创新之处就在于,它巧妙地利用了借款者本身的知识和能力填补了上述这些漏洞。

要想弄明白群体负债贷款这种模式到底是怎么运作的,一个方法是:以信贷员的名义,看一看美国人申请贷款时的审查程序,然后与发展中国家的人申请贷款的程序进行比较——在这里,不妨让我们来看看加纳这个贷款给梅茜的银行的审查程序吧。

谁是借款人?

对一个美国的银行来说,回答第一个问题显得很简单。举个例子,一个社会保险号码或者纳税人识别号就可以把申请贷款者的所有真实信息都汇集到一起:从家庭地址到拥有的车辆情况、再到选民登记信息等全都一应俱全。除此之外,像益佰利(Experian)、艾可飞(Equifax)以及交易联盟(Trans Union)这些信用报告机构会对我们的日常消费情况进行详细的汇编,然后把有关信息提炼成一个非常简单的、以三个数字表示的信用评分。信用评分可以让银行清楚地了解到某个贷款对象在过去对待金融债务的态度是否认真负责,因而能够帮助银行相当准确地预测这个贷款对象将来可能会做出的行为。当然,一旦银行信贷人员把申请贷款者的姓名输入到电脑中,这些信息就马上会出现在电脑屏幕上。

现在,让我们来看看加纳的情况。银行总是从询问申请贷款者的名字开始的,但是,一个加纳名字并不能代表什么。如果一个人名字并不是独一无二的,也不是始终如一的,甚至是无法验证的,那么它并没有什么用。实际上,大多数加纳人的名字都由四个部分组成,即,家族的名字(姓)、教名、本人出生地或者居住地地名,以及依他们出生的日子是那个星期的哪一天所取的昵称。甚至在官方的文件中,他们名字的拼写以及排列的顺序都会出现很多种变体(当然首先须假设官方文件确实存在)。至于加纳人的地址,理解起来则更是难上加难,它不是由门牌号、街名以及邮政编号所组成的。相反,一个加纳人的地址往往是这样的:"当你走到阿戈纳(Agona)岔路口时,你要向特马(Tema)方向走大约四百米,然后向右转,走向对面的埃比尼泽教堂(Ebenezer Church),然后继续沿着足球场附近的(Quincy Chop Bar)后面的那条脏兮兮的小路行走,如果你看到了一所白墙绿门的房子,那就是他的家了。"如果你真的能找到这个地址,那真是要祝你好运了。

在不发达国家和地区,仅仅知道一个名字或者一个地址不会给你太多的信息,因为毕竟它不会链接到一个能够提供相关信息的网页上去。这些国家和地区最大的一个缺陷是:信用报告机构极为罕见。至于加纳,就像许多其他发展中国家一样,则根本没有对消费者进行信用评分的信用报告机构。因此,实际上我们无从知道一个人过往的经济行为。如果一个银行不了解它的潜在客户过往的情况,那么,这个银行就无法对一些信用不佳的贷款者进行筛选了。这就意味着,银行有可能会冒风险把款项借给一些信用不佳的借款者。

群体负债贷款模式解决了这个难题,它把筛选借款者的负担转嫁给了借款者本身,让借款者来承担责任。因此,当群体中的某些成员出了问题时，由这个群体（而不是银行）来支付罚款，这样，这个群体中的成员就会有动机去了解谁才是真正值得信赖的客户。从某种意义上讲，群体成员比银行更适合做这份工作，因为银行缺乏得到可靠信息的途径。与放贷者相比，作为街坊邻居、亲戚、教友以及贷款群体中的朋友，他们相互之间更了解。

谁能保证借款者会按时还款？

假设我们成功地说服自己相信某个潜在的借款者是个诚实的人。但是，我们又怎能确信，一旦借了款后他一定会按时还款呢？

在美国，申请借款者必须说清楚钱的用处以及拿什么来还款。人们申请贷款时必须要有一些诸如房子、汽车以及珠宝之类的抵押品作为安全保证。或者，借款者至少需要提供非实物形态的诸如工资单、纳税申报单等能够证明他们有足够还款能力的凭证，虽然申请贷款者如果提供的是这类非实物形态的凭证，银行是要冒一些风险的。无论如何，起码有一点是可以确定的，如果要申请与商业有关的贷款时，则常常需要提交一份详细的商业计划，在这份商业计划中必须说明所借得的资金将用在什么地方，以及这项经营业务是如何赚得足够的钱以支付还款的。

与此相反，在加纳，抵押贷款这种方式是行不通的。首先，大多数加纳人都没有什么值得一提的财产，即使某些人拥有一些财产，加纳糟糕的产权保护也会使抵押贷款寸步难行。一种常见的情景是这样的，某个人会把某一块继承得来的土地作为申请贷款的抵押品。当银行对此进行调查时，发现，至少有半打人声称这一小块土地他们也有份，也就是说，至少有半打人相信这块土地是属于他们自己的——如果真的要用这块土地作抵押时，可能会有超过半打的人站在那里要求收回这块土地。很显然，银行不会让自己陷入这种纠纷当中，这是可以理解的。

另一方面，核实收入情况并不比求证实物的所有权来得更容易。因为在加纳，大多数工作都是非正式的，人们获得的都是现金收入。小额贷款的客户尤其如此，他们基本上都是个体户。因此大多数小额贷款的申请者无法提供能证明他们收入水平的工资单。能够对他们平时的购销情况保持详细记录的人更是凤毛麟角。因此即使存在这样的人，他们制订的商业计划以及对盈利能力的预测也是非常的不成熟的。

上述所有这些情况加剧了放贷者们的担忧。他们真正乐意做的事情是，盯牢客户们的一举一动——这样放贷者们就可以确保借款者把款项用于正途，并且能够尽他们最大的努力按时地还款——但是放贷者们做不到这一点。他们没有足够的人手密切关注每个借款者的动向。所以，有些借款者最终做了放贷者不允许做的事。举个例子，比如说菲利普，他没有把从杰克那里借来的钱拿来付房租，而是买了个电饭煲。

群体负债贷款针对上述问题给出了一个有效的解决方法。事实上在这里，与筛选客户时发生的情况类似，关键的一点同样是，客户比银行更了解彼此。群体内部成员会进行相互监督，因为他们向相同的批发商批发商品，又在同一些露天市场上销售货物，同时他们又经常会在教堂里相互碰面。因此，如果某人把借款用于购买一台新的电视机（或者一个电饭煲），那么，这件事很快就会被群体内的其他成员知道。如果某人突然不工作了，开始休假了，也很快就会被群体内的其他成员获悉。因为他们所有的人都不愿失去某些东西（即将来再次借款的可能性），为了使其他成员能够与自己步调一致，按时还款，群体内的每个成员都有实实在在的物质激励去相互督促。

即使没有来自其他成员的敦促，群体负债贷款的客户们也会感觉到有按时足额还款的压力。因为如果他们错过了还款时机，就会危及到自己的社会地位。如果真的没有及时足额还款，那么，他们与供应商以及顾客的关系就会变得紧张起来；如果哪一天陷入了困境，社区也可能不再会伸出援助之手，而且这种紧张的关系将会变得不可逆转。从长远来看，落下了赖账不还的坏名声是要付出沉重的代价的，人们一般都会尽力避免这种情况的发生。

如上所述，因为有效地利用了社会资本来为正式的金融合约提供支持，所以群体负债贷款模式发挥了杠杆作用，使借款步入了正轨。

如果情况变得更糟糕了怎么办？

美国的银行是通过法律诉讼的形式来解决第三个问题的。（即如果借款者赖账不还，那么银行是如何收回他们的借款的？）美国州与州之间的法律法规各有不同，但是总的来说，在出现违约情况时，法律都是维护放贷者的利益的。如果真的有需要，银行有权处置抵押物、冻结工资以及收回其他的资产。

如果说在这个制度里，法律规范是牙齿，那么信用评级机构就是下颌。在发达国家，拖欠债务的借款者很难一走了之赖账不还。每个人的消费记录，不管是好的还坏的，都如影随形的跟着他们，与每个人的姓名、社会保险号码以及地址捆绑在了一起，永远都摆脱不了。

相对于发达国家，在加纳，借钱不还者很容易就可以消失不见。杰克有一次跟随一个信贷员去追踪一个两次赖账不还的客户。这并不是一次让人愉快的经历。他们来到了这个妇女所经营的市场摊位上，但是他们只看到了一张空空如也的胶合板桌子。然后他们几经曲折终于找到了她的家，结果是铁将军把门，家中空无一人。她的邻居告诉杰克他们，这个妇女已经有好几个星期不在家了。"她可能去海岸角（Cape Coast）参加一个葬礼了，"她的邻居说。但是，这就是杰克他们所能得到的有关她的所有的信息了，再无其他的了。

这个信贷员说，如果不怕周折的话，这个妇女应该还是找得到的。但是，真的值得如此大费周章吗？她最初的借款只有区区几百美元，而且大部分都已经归还了。前往海岸角，至少要乘坐三个小时的汽车，如果她不在那里，绕着阿克拉转一圈则要花费好多天，这样，留给他处理大约四百个其他客户的时间就更少了。让警察介入此事也不见得会有更好的结果，它可能花费的时间会更长，而且也不一定真能追回所有的欠债。归根结底，这事相当棘手。是因为这个信贷员生性比较慷慨呢，还是因为他感到厌烦了，最终他不置一词，放过了这个妇女。

全世界的小额贷款公司都面临着一个同样的问题。对于一些借钱不还者，不管他（她）们住在哪里，也不管他（她）们借了多少钱，都很难去追踪调查。因为，小额贷款本身规模就相当的小，相应地，一个小额贷款的客户即使欠债不还，也不会欠上很多。从花费的时间成本来看，信贷员锲而不舍去追踪某一位拖欠贷款的客户并不一定值得，即使最后这位客户被找到了，信贷员也没有那么多的精力去追回欠款。但是，如果采取群体负债贷款这种模式，情况就会有所不同。只要是银行的威胁还是可信的（如果有人没有合理原因就不按时还款，那么该群体所有成员都不准再次借款），那么他们就有可能让这个群体中的其他成员来负担那些欠款。

再一次，这是一种下放权力的做法——银行把追讨欠款的强制执行力下放给了借款者。具有良好信誉的那些客户像银行一样，都不希望遭受欠债不还者的打击。一旦他（她）们替群体其他成员还了一次欠款，那么，他（她）们就会想方设法地去收集这些欠债不还者的信息。这种方法最大的优点在于，与信贷员相比，群体中的成员反而是更好的信息员，他（她）们通常能够更有效地收集到相关信息。这并不是因为他们在行为处事上比信贷员更强，而是因为他们与那些欠债不还者一起生活、工作，他们更适合做这件事。

群体负债贷款的其他优点

除了能够为发展中国家的放贷者解决上述三大问题之外，群体负债贷款模式还可以降低放贷者的成本，从而使小额贷款成了一个相当有吸引力的商业项目。一次只约谈一个客户既耗时又昂贵，而一次约谈一个群体（或者成群结队地约谈），显然对银行更有利。信贷员经常每两周就召集客户举行一次还款会议，这些客户共分十组，每组分别由十二个人组成。整个过程可能要花费两个小时，也就是说平均每个客户只需要花费一分钟。

还款程序之所以能够得到如此显著的简化，其中的一个原因是，银行不必保留每个客户的详细的记录。因为银行主要关心的是整个群体还款水平，至于每个成员每个星期要还多少借款的准确数额，则让群体内的成员自己去确定。因此，在这种大型的或"成群结队的"还款会议上，很具代表性的一件事情是：这个群体中的财务主管会在她的笔记本上详细地记下每个成员的还款额，然后由她代表整个群体把还款额支付给信贷员。只有当整体还款额不足的时候，这个信贷员才会要求看看单笔记录数据，否则他就直接把注意力转向下一组成员了。总的来说，这种方法为信贷员节省了大量的时间，因此他们可以为更多的客户服务了。

小额贷款的拥护者们吹捧说，除了能够降低放贷者的成本之外，这种群体负债贷款模式（至少）还有两个好处：第一，它提供了一个机会，可以把对客户的辅助干预与贷款项目结合起来；第二，它有助于实现客户的自我赋权，实现自我。首先，每两周举行一次的由上百人参加的会议是很能俘获听众的，只要她们坚持坐在那里，为什么不对她们进行一些经营技巧培训——就像我在上一章中提到过的，国际社区援助基金会在秘鲁项目中所做的那样——或者给她们讲授一些有关营养方面的课程呢？一些银行在它们的信贷项目中已经成功地推广实施了这种辅助性的项目。

其次,客户赋权基于如下这个简单的事实:这些客户会经常定期地聚在一起。她们彼此会谈论各自的工作、家庭生活,分享所见所闻,以及相互帮助解决一些问题。她们相互鼓励。一些小额贷款公司(其中最著名的是尤努斯自己创办的格莱珉乡村银行)充分利用了群体的社会动力学机制,明确地把赋权列入了工作议程。格莱珉乡村银行是这样做的:作为一个整体,申请贷款的客户们必须提交一份承诺书,承诺践行"十六种积极的行为",这些承诺包括了从自给自足的农场经营,到孩子的教育等各个方面。要求客户做出承诺的理由是这样的:当这些群体成员集体签订了承诺书后,为了信守诺言,她们会更加积极努力地工作;同时因为利益与共、"风雨同舟",她们不仅仅会对她们自己的行为本身负责,相互之间也会团结一致。

群体负债贷款模式的问题所在

因此,总而言之,群体负债贷款背后所隐藏的理论给我们带来了好消息。它解决了放贷者所面临的三大基本问题(在三十年前,即尤努斯在孟加拉国大胆地进行尝试之前,这些问题已经被证明在发展中国家是相当难处理的),为银行提供了一个简化操作的方法,并且作为一种工具,也可以服务于其他对社会有益的活动。

现在,让我们来讨论一下群体负债贷款的缺点吧。在群体负债贷款模式的所有的优点里面,起决定作用的那个特征就是妥协,即减轻放贷者的负担,使小额贷款这种业务可以进行下去。银行的负担虽然减轻了,但是这种负担并没有消失。实际情况是,当银行卸下了这个包袱时,却额外增加了客户们的负担。

说群体负债贷款模式加重了客户的负担,最明显的一个表现是,一旦某一个成员不能按时还款时,那么就由群体中的其他成员替她

第六章 群体合作:大众的弱点是什么? 121

收拾残局——就像梅茜那样,替别人还款的数额达到了数千美元之巨。而且,除此之外,这一模式还有其他一些盘剥客户的巧妙手法。在一定意义上,这些显然也可以算作群体负债贷款模式的缺点。

第一个缺点很简单,只是一个时间问题。就像我们所看到的,举行一场大型的还款会议使银行受惠极多,因为它允许一个信贷员在几个小时内处理大量的还款问题。但是,从客户角度来看,它显然并不一定会受到热捧。如果是到银行的某个窗口去还款,那么客户只要花费五到十分钟就够了,但是,现在你得来参加这样的一个还款会议,如果信贷员正好在处理其他客户的事情,那么你就得等上两个小时了。如果再把去参加会议的路上的时间也算进去,那么每一到两个星期,你就得浪费半天的时间了。也就是说,对客户们来说,在整个借款期内,会浪费掉许多时间。

群体负债贷款模式的另外一个缺点是:事实上,它在不经意间悄悄地鼓励客户承担了"适度的"过度负债。这样说的理由如下。先假设每个客户都按照她自己心目中的数额申请借款,再来考虑一下借款额最少的那个成员,因为每个人都比她借的多,又由于借款时的承诺,她经常要冒风险承担比她自己的份额更多的负债。我们来假设一种极端的情况,这个群体只有两名成员,一名成员只借 10 美元,而另外一名成员则需要借 100 美元。如果这个只借 10 美元的客户与这个借 100 美元的客户具有连带还款责任,那么,对只借 10 美元的这个客户来说,是非常不划算的。为了平衡负债,某些借款者承担了比她们实际需要更多的借款,这样就直接导致了她们的过度负债。从长期来看,这是很麻烦的。(一个可能的解决方法是,在整个群体的全部债务当中,让每个借款者各自承担相应份额的债务。有些小额贷款公司事实上就是这么做的。但是,我所见过的其他绝大多数小额贷款公司都不是这么做的。)

一旦出现了问题,连接这个借款群体的链条就会变得相当地不稳定,可能会发生多米诺骨牌效应。如果越来越多的群体成员拖欠债务,甚至退出群体消失不见,那么,剩下的那些成员便会深深地陷入债务当中,而且越陷越深。没有人(甚至连那最优秀的客户都不)想成为最后那根稻草。最终,由于欠款太多,连那个最优秀的借款人都支撑不住了,最终每个人都停止还款了。结果银行遭受了损失,因为如果不是这种连带负债方式,至少还有可能收回部分借款;同时对那些优秀的客户来说也是一大损失,因为她们自己并没有犯错,却落得了一个名声受损的下场。

当然,有的客户采取了一些积极主动的做法。与其坐视群体内的其他成员让她们陷入更糟糕的局面,不如付清最后一次借款,然后退出群体。就像是梅茜将要做的那样。有些人更进一步,甚至声称他们根本不会去碰小额贷款。

颇具讽刺意味的是,这些人(因为害怕被某些"害群之马"拖下水而不借款的人)恰恰就是那些最应该申请小额贷款的人。他们通过拒绝签群体负债贷款合同这种方式,来证明他们是多么的有信心,而且比同伴更有能力,单凭自己的个人力量就可以还清债务。

更少即更多:简单的个人贷款模式可能就是问题的答案

这个版本的小额贷款(群体负债贷款)对客户实施的惩罚并不是银行所真正想做的,同时吓跑梅茜这样的客户也不是银行所希望看到的。更重要的一点是,这个版本的小额贷款(群体负债贷款)并不是帮助穷人的最好的方法。

饶具讥讽意味的是,修复小额贷款(群体负债贷款)的主要障碍是:在许多人眼里,它并没有什么缺点。全世界数以千计的小额贷款机构都单一地采用传统的模式,它们以这种方式操作业务,看起来并没有什么不对。全球最具影响力的援助者——从联合国到 U2 乐队——都赞成这种做法,来自各行各业、各个部门的资金源源不断地流入到小额贷款机构,从政府部门到各种慈善机构再到私人援助者。

如果你要求某些小额贷款公司做一些改变，它们可能会很自然地反问你：为什么要把这么好的一件事搅黄呢？

你觉得小额贷款（群体负债贷款）需要修补的理由是这样的，如果失去了梅茜这样的客户，那么这种模式就不见得是一种很好的方式了。小额贷款（群体负债贷款）正在用它自身的发展历程慢慢地诠释这个结论。在过去的十年里，出现了许多群体负债贷款模式的变种。很显然，设计群体负债贷款这种模式的最初的工程师（也是最伟大的倡导者）穆罕默德·尤努斯本人，也着手开始修补它的漏洞了。

穆罕默德·尤努斯想建立的是这样一种新版本的小额贷款模式，它保留了群体负债贷款的一些优点——仍然充分发挥借款者群体内部的社会力量进行彼此监督，同时仍然采用举办大型的还款会议这种方式来节约成本——却不会导致一些优秀的客户过度负债。2002年，尤努斯对外公布了他的创新成果，把它称之为第二格莱珉乡村银行。从表面上看，它看起来很像它的前身（格莱珉乡村银行）：客户组成一个群体组织，经营的业务主要也是发放贷款，举行每周一次的客户还款会议。但是，实际上，它背后所隐藏的运行机制却有着很大的差异。第二格莱珉乡村银行仅发放个人贷款。客户不再被强制性地替别人负债。

有人担心，整个事情可能会再一次导致失败。毕竟，从理论上讲，群体连带责任是群体负债贷款模式的胶合剂，它为客户提供了一种物质激励，使得群体内的成员自觉地进行筛选、鼓励、监督、敦促，最终为了准时还款，彼此之间会相互帮忙。如果没有这个群体连带负债责任，那么将会发生什么呢？

结果证明，根本无须担心。第二格莱珉乡村银行大受欢迎。借款者很喜欢这种新型的小额贷款模式，记录在案的签约人数就是一个极好的证明。格莱珉乡村银行运行了二十五年，到2002年它的客户人数才发展到了210万，但是，在成立了第二格莱珉乡村银行后，到了 2004 年,它的客户一下子蹿到了 370 万。

显然,格莱珉乡村银行的大转变跨出了重要的一大步,但是,它并非只改变了小额贷款领域的面貌。它引起了全球性的变革,数以千计的银行正在跟进。虽然,世界各地的小额贷款机构受到了格莱珉乡村银行成功案例的启发和鼓舞,但是,它们仍然心存疑虑。因为,世界上其他地区的小额贷款机构的运行方式五花八门、各不相同,而且各自面对的挑战也不一样。那么,它们为什么不会这样去假设呢:第二格莱珉乡村银行或许只是为孟加拉国量身定做的一种解决方法,这种模式是不是一定会适合其他国家和地区的小额贷款机构呢?

证据

幸运的是,它们不必再靠假设来开展业务。第二格莱珉乡村银行的成功证明个人负债贷款这种模式是有效的。这已经足够让人们激动不已了。很快,小额贷款的放贷者们就开始与经济学家合作,共同敲定了解决这个重要的课题的议程,并且进行了实地研究。

个人负债贷款真的能吸引到更多的客户吗?它真的比群体负债贷款更好吗?这种个人负债贷款在违约率方面真的会有所不同的吗?在这种不同的运行机制下,真的会导致客户行为产生显著的差异吗?

当任何人问及,这两种贷款模式哪种更好时,上述这些问题是必须得到回答的。因此,2004 年,我与来自世界银行的泽维尔·吉内(Xavier Giné)准备寻找一个合作机构来验证这种个人负债形式的小额贷款模式的有效性。事实上,我们已经物色了相当长的一段时间了,但是一直没有找到愿意承担这个研究的机构。这让我们很惊讶,世界上的人与人之间的意见分歧怎么会如此之大。放贷者们只知道操作,要么这样做,要么那样做,但是,他们当中很少有人会对此感兴趣,即弄清楚到底哪种模式对他们比较好。

我们在菲律宾找到了一个潜在的合作伙伴,我想我们与他的合作可能有戏。他叫奥马尔·安达亚(Omar Andaya),是卡拉加绿色银行(Green Bank of Caraga)的总裁。卡拉加绿色银行是一家位于菲律宾南部岛屿棉兰老岛的家族银行,也是在菲律宾发展最快的乡村银行之一。奥马尔·安达亚是一位杰出的企业家,他拥有超乎寻常的能力,领导着这个家族银行不断地向前发展、扩张。他是一个顽强的学习者,具有无穷无尽的兴趣和激情,不断地学习、探索,以找出哪些对他的客户以及他所经营的事业有用,哪些无用。

有一点毫无疑问,奥马尔对我的研究计划非常感兴趣。很快,我们就开始着手做一个随机对照实验。在这个实验当中,我们对个人负债贷款与群体负债贷款进行了直接对比。我们把下述三大问题作为比较的切入点:(1)群体负债贷款模式能否吸引到更好的客户?(2)群体负债贷款模式能否确保它的客户以他们所承诺的方式运用资金,他们是否会全力以赴地经营他们的业务?(3)群体负债贷款是否在任何情况下都能帮助我们收回借款?

所有上述三个问题都是不可或缺的,但是它们不可能同时得到回答。为了得到每个问题的理想的答案,我们必须在放贷过程中的若干个不同的阶段对群体负债贷款模式和个人负债贷款模式进行比较。因此,我们在与卡拉加绿色银行一起设计的随机对照实验,实际上是两个实验,不过从执行过程来看两者是合而为一的了。

在第一个实验中,我们选择了菲律宾中部莱特岛上的169组现有的借款群体作为研究对象。我们随机挑选出了一半的群体让他们在将来把贷款模式改为个人负债贷款,而另外一半群体的贷款模式仍然继续采用以前的那种群体负债贷款模式。无论他们是否改变借款模式,对每个人来说,日常的借款程序是一样的。客户们还是每星期开一次会,还款方式还是以组群为单位,只是改为个人负债贷款的那些群体的成员不再被强迫替别人还债。

在第二个实验中,我们利用了绿色银行向菲律宾宿务岛上的潜在的新客户推广贷款项目的时机。宿务岛位于卡木特海上,在莱特岛以西五十公里处。这项研究开始于 2004 年,那时,绿色银行在宿务岛还没有贷款业务,但是它已经确定了六十八个社区,计划第二年在那些社区开展业务。以这一扩张计划为基础,我们提出了一个建议——在不同的地区宣传不同的贷款模式。我们在三分之一的社区只宣传普通的群体负债贷款模式,在另外三分之一社区宣传个人负债贷款模式,而在剩余的社区则宣传它们两者的结合模式——第一次贷款采用群体负债贷款模式,而之后的贷款则采用个人负债模式。至少从表面上看,在宿务岛推行的个人负债贷款模式与在莱特岛推行的那种个人负债贷款模式所提供的标准产品没有很大的差异。客户们还是组成一个个群体,而且也在开群体会议时支付还款。我们这样设置产品的动机与尤努斯创办的第二格莱珉乡村银行类似,都是希望能获得其他借款者这种社会力量的支持,都想借助于群体负债贷款模式中群体操作的效益,即使不采取群体负债贷款模式,这种规模操作方式对我们也是有益的。

经过几个月的跟踪调查,事情已经基本明朗化了,很简单:客户们卸下了群体负债的重担。客户们很喜欢个人负债贷款模式,她们对这种个人负债贷款模式的青睐就是最好的证明。在莱特岛很多人转而申请个人负债贷款,而且这种贷款模式还吸引到了很多新的客户,与继续推行群体负债贷款模式的地区相比,退出的客户也更少。

个人承担负债这一举措还加强了群体成员之间的社会联系,这主要体现在以下两个方面。第一,因为群体内的成员不再需要自掏腰包替那些欠款不还者偿还债务了,这样一来,群体内的成员也不必互相挑刺儿了,他们强迫别人脱离群体可能性也少了很多。第二,在群体负债贷款时,由于群体成员常常会陷入相互催逼、相互惩罚的窘境,所以彼此之间社会关系非常密切的人往往不愿意一起参加群体贷款,转而采取个人负债贷款模式后,这种可怕的前景也就不复存在了,因此人们开始纷纷邀请她们的亲朋好友加入到绿色银行的客户行列中来。

正如所预料的那样,与群体负债贷款相比,获得个人负债贷款的客户们彼此的相互监督更少了,也更少相互敦促,收集同伴的资料的积极性也低了很多,也更不自律了。有证据表明,这些获得个人负债贷款的客户们更有可能是被信贷员挑刺儿,很有可能一不小心就会被银行工作人员踢出借款群体。据宿务岛的信贷员报告,针对个人负债贷款的客户所举行的每周一次的还款会议要比原来多花大约九十分钟的时间。

站在他们的角度上看,绿色银行的信贷员对这种贷款模式的改变感到担忧是可以理解的。第一点,同时也是最重要的一点是,他们认为放弃群体负债这个约束条件等于是放弃了防御借款者欠款不还的第一道防线。第二点,个人负债贷款看起来似乎意味着借款者可以做出更多不正当的行为。因此他们不愿意放开个人负债贷款业务也许是有一定道理的。某个人原本把钱借给别人是为了让他支付租金的,结果发现那人却用借得的钱出去买了个电饭煲,这种事很让人同情。

然而,实验中也得到了一个令人大吃一惊的结果。事实证明,卡拉加绿色银行根本无须担忧,个人负债贷款的还款率与群体负债贷款的还款率完全一致。如果有人非要说,在还款率上两者完全一致这种结果纯属偶然,它们之间肯定会存在某种差异的话,那么这种差异也必定是微乎其微的。事实上,我们的结论更鼓舞人心(能得到这样的结论,则要归功于随机实验研究这种设计)。

即使从最保守的角度来看,结果也是相当乐观的。就算是在最糟糕的情况下(即就算个人负债贷款的客户们真的更有可能欠债不还),单就它吸引了更多的客户这一点上来讲,就意味着它给整个银行带来了更多的净收益。因某个客户欠债不还而导致的损失很容易被额外增加的客户所带来的收益抵消。

那么,小额贷款的放贷者们从绿色银行的经验中可以学到些什么呢?如果一个人想为解决全球的贫困问题做点什么的话,又能从中学到什么呢?

首先,我们已经不再习惯于把小额贷款形象定格于这样一种情景了:即一群穿着色彩斑斓、鲜艳亮丽的莎丽服的妇女,围坐在一起,谈论着她们的蔬菜摊。有关小额贷款的精确描述应该包括一系列各种各样的人物形象,从菲利普到梅茜,以及介于他们之间的任何一种类型的人。我们想为所有像他们一样的穷人服务。毫无疑问,如果我们要实现这个伟大的抱负、满足如此巨大的需求,那么,我们就不能囿于某一种单一的模式,我们需要各种各样的、灵活多变的帮助穷人的方法。在美国,我们的信用选择是多种多样的,简直是一个大杂烩,比如说,有抵押贷款、汽车贷款、助学贷款、商业信用额度、信用卡、现金透支信用卡以及发薪日贷款等等,简直不胜枚举。那么为什么要求我们只用一种单一的模式来满足全世界数以亿计的穷人的需要呢?

这也就带给了我们第二个启示:我们必须不断探索、百折不挠。我们需要不断地开发新项目,丰富现有的产品,找出最适合他们的那种方法。

对于小额贷款的放贷者们来说,这可能就意味着需要改变传统的群体负债贷款模式,为不同的客户提供各种不同的产品,或者尝试一些全新的东西。当他们试着这样做的时候,需要对尝试过程进行监测,对结果做出响应。他们必须弄清楚:当一种新的方式代替旧的方式时是否一定会做得更好?更重要的是,它是否更适合穷人?能不能给穷人带来更多的好处?如果我们想让反贫困事业真正得到长足进步,那么我们必须习惯于把那些已经被证实为可行的项目进行量化,并且不断地改善——然后仔细检查这些相同的改善过的步骤以使得这个项目不断地得到完善。这是一个持续不断的过程,而且将永无止境。

好消息是,我们不需要听天由命。我们可以对现有的小额贷款模式进行改进(甚至是大刀阔斧地进行改革),而不用先彻底地摧毁它,然后再从零开始。一部分群体负债贷款模式经受住了时间的考验,运行得很好。我们只需要把这些小额贷款模式找出来,并且继续支持它们就是了。对于这个部分来说,我们不需要去修补它们,也不必把它们晾在一边。

到底是什么使群体负债贷款模式发挥作用的? 一个信任博弈

现在,让我们来讨论一下问题的核心部分吧:群体负债贷款模式的真正动力是什么?在我们与卡拉加绿色银行合作的项目中,我们看到人们不断地借钱,不断地按时还款,甚至在没有签订群体连带负债合约的情况下依然如此。这一事实意味着,存在着某种比贷款合约更有效的来自群体的动力。我们在上一章中已经看到了,当外面强加的规则与人们优先考虑的事情相冲突时,人们多半会无视这个规则。因此,能否取得成功,很可能并不取决于我们制定了多少规则,而取决于人何以为人的本性,以及人们在社会中是如何交往互动的。

我突然产生了一种强烈的感觉,如果利用个人的诚信与天然的社会动力机制就能够把那些高风险的借款者预先筛选出来,那么,我们也就不再需要群体负债贷款模式了。即使不存在来自同伴的压力,真正值得信赖的那些客户也自然会尽力按时还款。难道不是吗?

我曾经想直接问借款者一个问题:你之所以会违约,是不是因为你根本就是一个不值得信任的人?当然,这个问题的价值如何,你完全可以想象得到。

有了随机对照实验技术,我就不必再问这类含沙射影的问题了。这一次,我设计了一个实验,让秘鲁国际社区援助基金会的一些贷款客户参加。这个实验是这样的:在每次群体会议期间,我请客户们参加如下这个博弈。首先，来到会议室的客户每人都会得到 3 索里（大约相当于 1 美元），然后借款者群体被随机地按两人一组配对（其中一些人也与别的借款者群体的成员配对），接下来，每个人都拿到一个字母（A 或 B），这是他们的身份的标识。当他们看清楚与自己配对的伙伴的身份后，所有身份为 B 的人都被带到了另一个房间。

然后我向这些客户对这个博弈做了如下解释："你可以自己留下这 3 索里，你也可以把其中的 1 索里传递给在另一个房间里的伙伴，也可以传递 2 索里给他，当然，也可以把全部 3 索里都传递给他。一旦你的伙伴得到你给的任何数额的索里，我都会给他双倍的数额。举个例子，如果你传递给你的伙伴 2 索里，那么，你的伙伴将会收到 4 索里。再然后，你的伙伴再返还给你一定数额的索里，他可以选择任何数额的索里返还给你（在他所收到的索里中）。"

因为合作伙伴之间没有相互交流的机会，所以，这个博弈要求参与者具有某种程度的信任（相信对方的倾向）和诚信（值得对方信任的品质）。身份为 A 的人会不会相信身份为 B 的人，把全部 3 索里都传递给对方呢？身份为 A 的人会不会期望身份为 B 的人至少会把他传递给身份为 B 的人的所有索里或者更多索里返还给自己呢？身份为 B 的人会不会完全无视于身份为 A 的人的慷慨大方，而连 1 索里都不传还给身份为 A 的人呢？或者，为了证明自己是值得信任的，从而返还更多的索里呢？

实际上，根据传统的经济学理论，我们应该这样预测：在信任博弈实验里，经济人的行为是这样的：无论身份为 B 的人到底收到多少钱，他都不会传递一个子儿回去，因为这才是"利益最大化"的行为。那么在知道了这一点后，身份为 A 的人将一分钱也不会传递给身份为 B 的人。然而，这只是经济人的行为，它符合所谓的理性预期，但是现实世界中的人一般不会这样做。有些人之所以把钱传递给她的伙伴，是因为受到了社会规范的约束，而其他人则可能是因为害怕在博弈结束后会受到惩罚。在这个实验中,大约有四分之三的身份为 A 的人至少传递了 1 索里钱给他的伙伴,多于四分之三的身份为 B 的人收到身份为 A 的人的钱后至少传递回了 1 索里钱。

我想知道的是,在博弈实验当中所表现出来的诚信行为在现实生活中是否会转换为真实的诚信。或者说,在国际社区援助基金会秘鲁项目中,那些把更多的钱传递回来的身份为 B 的人一年之后真的更有可能按时地归还借款吗?

总而言之,一句话,事情确实如此。一年之后,在国际社区援助基金会秘鲁项目中,那些为了答谢身份为 A 的伙伴的慷慨大方而选择归还更多的钱的身份为 B 的人偿还的借款也更多。事实上,我观察到的结果甚至比这还要有力一些。博弈实验中度量出来的诚信度(可信任性)似乎还超越了借款者群体的界限。无论身份为 A 的那些借款者是否属于同一个借款者群体,根据身份为 B 的那些借款者在博弈中的行为,都可以相当准确地预测现实生活中的贷款违约出现的可能性。这也就意味着,利用这个博弈实验,我们不仅能够刻画特定借款者群体的成员之间的动态关系,而且可以获取一些真实的、重要的个体人格特征数据。

但是,欠款不还是有很多原因的,不仅仅与借款者内在的诚信有关。虽然让群体内部成员进行客户筛查可以使借款群体远离那些赖账不还的人。实际上,即使是最优秀的客户也会有糟糕的时刻。每个人都容易受到意外事情的冲击。当个人的承受能力到达极限时,群体的力量就会体现出来。

因此,即使某个借款者与生俱来拥有的许多类似于诚信这样的优良品性,能够使他一直都尽可能地表现出最好的行为,但是,他仍然会有那么几个星期不能按时还款,比如说,当他的生意陷入困境时,或者他的孩子生病了,又或者他刚好出了点差错。在他出问题的这几个星期里,群体就应该知道怎样去帮助他了。任何人都需要偶尔休息一下,这样才能在其他时时间里全力以赴地去完成任务。

像诚信一样,群体成员之间的独特的社会动态关系不可能直接源自于贷款合同中的责任条款。它是由于人们的交互作用而自然产生的。如果我们能够搞清楚是哪些社会因素使一些群体组织更强大、使另外一些群体可能更脆弱,那么我们或许就不需要群体负债这种黏合剂也能建立一个强有力的群体组织。记住这一点,然后让我们来看看几个探索群体行为的原因的研究。

帽子的重要性

1999年的春天,我一结束在麻省理工学院的考试,马上乘飞机去拜访拉瑙(Lanao)一家。爱丽丝·拉瑙(Iris Lanao)是秘鲁国际社区援助基金会的执行董事(秘鲁国际社区援助基金会就是刚刚我们看到的与我一起做信任博弈实验的那个组织,也是我们在第五章中讨论过的实施经营技巧培训项目的那个组织。)拉瑙的父母经营管理秘鲁国际社区援助基金会阿亚库乔分支机构,这个机构服务于秘鲁国际社区援助基金会的大多数客户。拉瑙一家非常关心他们的客户以及社区,同时他们自己也很善于思考,经常对他们的做事方式进行反思,不断地寻找改进的方法。他们的求知欲很强,绝对非同寻常。因此,我一到那儿,他们就给我下了最好的"行军命令":探究。

我以前曾经访问过阿亚库乔分支机构,那是在我去研究院之前担任国际社区援助基金会的顾问期间,但是后来,我都是趴在一台古老的计算机前面,用所有的时间来开发一款电脑软件。我之前已经注意到了群体还款会议,只是没有太在意。这一次,我准备潜心研究群体还款的整个过程:仔细观察并亲自参加群体还款会议,以弄明白它们是如何运作的;与客户交谈,搞清楚他们真实的想法。

那么我发现了什么呢,我能告诉你的是,一切都与帽子有关。

写到这里,整个会议过程又快速地闪现在我的脑海里了。我想到了一些戴帽子的妇女和不戴帽子的妇女。她们一群一群地分开坐着,相互交谈着。然后,我又想象着有这么一个会议:它只有戴帽子的妇女参加,所有这些妇女都围坐成一个圆圈开会。与一半妇女是戴帽子的,而另一半妇女是不戴帽子的那些群体相比,一个纯粹由戴帽子的妇女(或者纯粹由不戴帽子的妇女)所组成的群体成员之间的相处会不会更融洽?群体成员之间会不会更能互相帮助,或者对别人会更留意呢?如果真是这样的话,那么纯粹戴帽子的妇女(或者纯粹由不戴帽子的妇女)所组成的借款者群体会不会是更好的借款群体呢?

当然,帽子实际上只不过是我想要讨论的问题的一个表征物而已。帽子只不过是由毛毡和丝带所组成的一个物品而已,但是一旦被这些妇女戴上,那它就代表着她们的血统。戴帽子的妇女是当地人,安第斯山脉的土著居民(indígenas),她们穿着长长的、厚厚的裙子,黑黑的头发被编成一根根又长又粗的辫子,尽管她们的西班牙语还过得去,但是当她们围坐成一个圈子的时候,仍然会用盖丘亚语(Quechua)交谈。那些不戴帽子的妇女则是混血种人,或者是欧洲人与当地人的混血后代,或者有欧洲人的血统。她们只说西班牙语,穿着牛仔裤、化着妆、留着时髦的发型。

虽然这两种人各自围圈而坐,但是相互之间相处的很好。她们都很讲礼貌,相互之间总是客客气气。但是我想要知道比"礼貌"更多的东西——我想看看社会关系是如何维系群体的正常运作的。在我看来,群体成员之间这种亲密的关系(从某种程度上讲,这种亲密关系是某种"帽子关系")可能是一大优势。如果她们围成一个大圈坐在一起,没准儿能促使她们相互之间更加了解,而且也可能更有效地相互推动彼此按时还款。

秘鲁国际社区援助基金会在对借款者进行分组方面采取了一个与众不同的方法,从而为我们这个实验提供了理想的对照组。与大多数其他小额贷款机构不同,秘鲁国际社区援助基金会没有让客户自己来组建群体。秘鲁国际社区援助基金会的客户直接到它的某个分支机构申请贷款,她们的名字会加入到一张表格中,当这张表格中的人数达到一定数量时,秘鲁国际社区援助基金会就会把最前面的三十个人组建成一个新的贷款群体。这就意味着她们之所以被分到同一个组里,仅仅是因为她们名字碰巧登记在了一起——而不是因为她们彼此之间存在着某种社会联系。因此,群体内部成员之间的社会联系水平或多或少地实现了随机化。这就是经济学家们所说的"自然实验",或者说,不需要花多大力气去特意组织就可以实现的一个随机对照实验。

接下来,我们还面临着一个挑战,即应该怎样去收集客户社会关系与借款行为这两方面的信息,并进行定量分析。后者的信息容易得到,因为秘鲁国际社区援助基金会保留有客户的还款记录。但是,要获得客户社会关系的有关信息就没有那么容易了。说人与人之间存在着某种社会关系,这种说法在经验世界中的现实意义是什么?

我确定了两个度量社会关联度的指标。第一个指标是"文化得分",它是根据所谓的"文化指数"(cultural index)计算出来的。事实上,它完全是受到了帽子的启发的结果。文化指数刻画的是每个人身上所表现出来的"西方化"或"本地化"特征,确定文化指数的方法是,以几个简单的观察结果——语言、服饰,当然还有发型——为依据,在1分至8分范围内对每个客户打分。在此基础上,可以计算出某个客户的文化得分:文化指数与这位客户相同的群体成员在群体中所占的比例是多少。第二个指标是"地理得分"。计算某个客户的地理得分的方法是,先确定群体内有多少位成员的住处离这个客户的距离在步行十分钟的范围内,然后算出他们在群体中所占的比例是多少。

我们想回答的问题是,客户群体成员之间的社会关联度更高,是不是会导致更好的结果。对六百个客户进行了为期两年的追踪之后,答案清晰地浮现出来了。社会关联度确实很重要。在文化和地理两方面得分较高者更有可能准时地还款,而且很明显地,她们退出(或者被强迫退出)借款群体的可能性更低,尽管她们偶尔也可能会错过还款(即不能按时还款)。

很显然,情况之所以会有所改善,并不单单来自于"严厉的爱"。与社会关系较差的群体相比,那些社会关系良好的群体更有可能原谅那些违约者。该项目开展一年后,我发现,在对待欠款不还这个问题上,文化特征与欠款不还者相类似的群体成员对欠款不还者的境况更加了解。这也就意味着,成员之间社会关联度较高的那些群体能更有效地实现相互监督——尤其是,当某个拖欠债务的客户试图为错过还款寻找借口时,她们能够辨别这个借口是不是真的合情合理,并在认为确实有理时主动伸出援助之手。当然,过分的宽宏大量可能是不良行为的一个诱因。但是,具有良好的社会联系的客户群体拥有较高的还款率这个事实告诉我们,客户们拥有这个特质可能是一件好事。

就目前而言,社会关联度较高的群体成员倾向于具有更良好的还款行为,这个发现可能只是一个简单的事实,算不上什么惊天动地的大事,但是,如果能够切实搞清楚这种情况是怎么发生的,可能就非常有价值了。举个例子,如果某个放贷者知道,让文化背景相类似的客户们彼此监督,会取得特别好的效果,那么,他可能就会积极构建文化背景相类似的借款群体,以促进彼此更好地监督。

会议怎样举行也不可小视

即使像诚信或对帽子的偏好这些内在的、不会发生变化的个性特征确实在借款者群体的成功当中起到了重要的作用,这也不是某些人所关心的。全世界的人之所以都对小额贷款兴奋不已,一个很大的原因在于小额贷款项目承诺可以促进个人与群体的转变。这种观点认为,小额贷款的客户们,不管他们是戴着帽子来的,还是光着头来的,都能够在借款—还款的过程中共同学习、共同成长,因为在这个过程中,他们会相互交谈,实现知识共享,他们还会相互帮助还款,当然他们还会相互监督。据说,这些每周举行一次的,既频繁又非常耗费时间的定期还款会议能够在群体内部培养出某种密切关系,这就是一种很大的收益了。事实上,这也已经成了举行这种集体活动的最常用的辩护理由。

不管这个群体成员是些什么人,只要这些成员之间实现了频繁的甚至带有一定强制性的交流互动,就真的能够使借款群体走上成功之路吗?在小额贷款世界中,周还款计划占主导优势——但是,周还款计划有什么特别之处吗?为什么不是每两周还款一次呢?为什么不是一个月还款一次呢?这个问题的答案极大地影响到了群体负债贷款项目的设计。如果还款制度变得与过去不一样了之后,还款率依然维持在原有的较高水平,那么,使还款的间隔时间更长可能是一个相当吸引人的选择。因为,这样做既可以节省信贷员的宝贵时间,也可以节省客户的宝贵时间,而且也可以增加客户们的财务灵活性,可以使她们减少为还款而必须持有现金的时间。关键的问题是:还款会议的频率对于群体负债贷款的成功与否究竟有什么影响?

实地研究中应该检验,而且能够检验的正是上面这种关系。但是,正如必须在群体负债贷款模式还是个人负债贷款模式之间做出选择一样,在现实世界中,大多数小额贷款的放贷者都需要在不同的还款时间安排上做出选择,并且坚持下去(他们在进行决策时,可供利用的有价值的信息往往很少或者根本没有)。具有讽刺意味的是,即使放贷者们的这种选择是不太明智的,他们也不太可能意识到这一点。虽然大多数放贷者都选择了这种保守的劳动密集型的每周一次的还款时间安排,但是他们可能都犯了过分小心谨慎的错误。只是这个错误经常被忽视而已。

正是在这样的背景下,2006年,埃里卡·费尔德(Erica Field)与来自哈佛大学的罗西尼·潘德(Rohini Pande)这两位发展经济学家近距离地接触了印度加尔各答的主要的小额贷款公司乡村福利协会(Village Welfare Society,简称 VWS)。乡村福利协会的年终报告显示,它经营得很成功。在经营放贷业务的十一年间,它一直在不断地发展,如今它的客户大约有四万名,所有这些客户全都是妇女,而且这些客户单次借款金额可达三百美元。乡村福利协会的贷款利率只有22%,这在印度的小额贷款市场上是相当具有竞争力的。在它的年度报告中,最引人注目的数字是高达 99.1% 的还款率。不管以什么标准来衡量,这个数字都相当令人吃惊。相比较而言,同年在美国,小额贷款的还款率大约是 94%。(唯一的怀疑可能是,如果乡村福利协会的还款率真有这么高的话,那么就太高了,只能说明这个银行根本没有在从事有风险的贷款业务,一般说来,只有这类有风险的业务才是既有利可图,又有利于发展的。)

虽然还款率如此之高,费尔德和潘德仍然怀疑还有改进的空间。同时他们还看到了一个机会:可以弄明白频繁的群体还款会议能不能,如果能的话,又是如何有助于小额贷款取得成功的。如果一切进展顺利,那么从乡村福利协会获得的经验就能说服这些经济学家,让他们坚持在这个方向走下去。

在那个时候,乡村福利协会的信贷产品在很大程度上是仿照尤努斯创办的格莱珉乡村银行的模式而设计的。它采用群体借款模式,借款对象都是妇女,群体内的成员对其他成员具有连带负债责任,分四十四次平均偿还贷款,每周举行一次还款会议。费尔德和潘德携同本杰明·费根伯格(Benjamin Feigenberg)一起设计了一个随机对照实验,以研究还款会议频率、群体动态机制与客户违约状况之间的关系。(本杰明目前是麻省理工学院和阿卜杜勒·拉蒂夫·贾米尔反贫困行动实验室的一名研究生。)他们挑选出了一百组新的借款群体,并且为每一个群体都随机分配了一个还款会议时间表。其中三十组群体拿到手的是每星期一次的标准的还款会议时间安排表,而其余的群体拿到是一个月举行一次还款会议的时间安排表。在接下来的两年时间里,大多数客户都按时还清了最初的借款,并且至少再借了一次。他们追踪了实验对象的个人还款记录,同时也进行了调查问卷研究以捕捉群体动态情况。

两种会议频率类型的借款群体之间的差异虽然没有立即蹦出来,但是差异的的确确存在着。从贷款初期来看,每月举行一次的还款会议就好像是免费的午餐,对客户来说似乎无关痛痒。在这个阶段,从违约情况和退出率来看,每周举行一次的还款会议的客户与一月举行一次的还款会议的客户并没有什么差异。但是随着时间的推移,情况开始明朗化了,更频繁的还款会议可以稳扎稳打地建立起更强大的群体。在五个月后,与作为对照组的每月还款的那些群体相比,每周还款的群体的成员知道本群体其他成员的家庭成员的名字、去其他成员的家里去拜访的可能性要高出 90%。一年之后,每周还款的群体成员变得更有可能一起参加社交活动,而且在出现紧急健康状况时更有可能会相互帮助。

每周还款的群体成员之间亲密的社会关系还反映在她们做出的经济决策上。大约在最初的借款还清后的一年,这些经济学家使用真实的货币做了一个抽奖博弈实验,以弄明白群体成员相互之间的感觉到底是怎么样的。这个抽奖活动实验是经过精心设计的,而且有一个很好的"机关",能够帮助我们弄清楚客户在面对同组群体成员时是更具有利他主义倾向,还是更可能相信她们,与她们共同分担风险。

每个参加实验的客户都可以获得一张抽奖券,奖品的价值为 200 卢比(大约等于 5 美元)。她们被告知,这次抽奖活动共有十一张抽奖券,而其余的十张已经给了其他组的人。每个人都可以自己拿这张抽奖券,按要求去参与抽奖活动(这样一来,这个人有十一分之一的机会赢得抽奖)。另外,持有这张抽奖券的某个人也可以放弃参与抽奖活动,那么,她所在的这个组的其他成员就可以获得**额外**

追加的九张抽奖券（这样加上她自己所拥有的这一张，总共就会有二十张抽奖券，她自己赢取抽奖活动的机会减少到了二十分之一，但是组内某个人赢取抽奖活动的机会却增加了）。

接下来就是这个实验的"机关"了：其中一些客户被告知，这次抽奖活动的奖品是一张可以在某个商店使用的面额为200卢比的礼品卡；而其余的客户则被告知奖品为四张面额为50卢比的礼品卡，由于是四张礼品卡，所以很容易可以与别人分享。因此，得知奖品为四张面额为50卢比的礼品卡的那些客户更可能放弃抽奖，而让组内其他成员获得更多的抽奖券，以便在别人赢得奖品时，可以分得一张作为回报的礼品卡。而在另一方面，面额为200卢比的礼品卡只有一张（这是为了实验需要，故意设计成这样的，要求得到礼品卡的那个人自己去商店里兑换），这样与人分享的可能性就会少很多。

因此，如果在一般情况下，每周举行一次会议能导致人们更具利他主义倾向的话，那么，与每月还款的客户们相比，每周还款的客户应该会更频繁地放弃自己抽奖的机会，为同组的成员争取更多的追加的抽奖券，而与礼品卡的面额多少无关。另一方面，如果每周一次还款会议可以使人们更愿意在相互之间分担风险，更能导致彼此的信任，那么，从总体上看，每周还款的客户仍然应该比每月还款的客户分得更多的追加的抽奖券，但是，这些多出来的追加的抽奖券应该都会集中在面额为50卢比的礼品卡的抽奖活动上（因为如果这样的话，一旦某人赢得了抽奖活动，更容易回报给慷慨相赠的人）。

实际上，这正是这次抽奖实验所发现的东西。

在某种意义上，对于在风险分担和经济合作方面的群体倾向，经济学家们已经开始有所了解了。由于穷人没有什么经济基础，在面对冲击时，几乎没有什么能力来缓冲它，所以抵御风险的能力对穷人来说是至关重要的。这个抽奖实验的一个最重要的也是最基本的结果是：外部力量（放贷者）的介入，以及每个星期一次的还款会议（而不是每月一次的还款会议），在提高客户分担风险的能力方面起到了明显的作用。

毫无疑问，经济合作的效果离放贷者的最低要求又近了一步：首期借款还清之后，在以后的借款中，那些每周举行一次还款会议的群体比每月举行一次还款会议的群体出现违约的可能性明显地少很多。

费根伯格、费尔德和潘德的研究给出了一些确凿的证据，证明频繁的还款会议会促使群体成员更按时地还款。在此过程中，它还清楚地阐明了小额贷款的拥护者们所宣称的东西——借贷能促使客户群体发生真正意义上的社会转型（转型在这里是以风险分担的形式出现的）。我们不能据此就给出一个定论，说针对每个具体的放贷者应该如何制定贷款政策，但是，它确实在正确的方向上前进了一步。

后续的步骤

迄今为止，小额贷款已经引起了全世界的关注，这是它最成功的地方。首先，数以百万计的人们表示，他们有责任与贫困作战。这要感谢潘基文、博诺这些名人以及其他普通人的支持，还要感谢许许多生动而真实的故事——因为小额贷款使人们的生活发生了很大的变化的故事。起哇网的网页上的数之不尽的点击数，从全食超市的结账台上1美元1美元积聚起来的总计多达200万美元之巨的捐款，就是其中一些有力的证据。小额贷款使人们迸发出了高涨的热情与参与精神，这本身就是非常重要的一个大进步。这就是在背后推动我们不断地做出努力的强大的支撑力量。问题在于，我们所使用的工具真的是正确的吗？

我们有那么美好的愿望，也取得了一些成就，可是，如果我们本来能够取得的成就应该是现在的两倍，你会怎么想？就好像你用一把涂抹黄油的餐刀去锯监狱里的栅栏，其实你是可以用钢锯去锯的，这时候你又会怎么去想呢？

尤努斯所创造的群体负债贷款模式的成功，为小额贷款奠定了强大的基础。确实，这种模式在一些重要的、基本的方面都是有效的。但是，它远远没有达到完美的境地，甚至，我们还可以用一些简单的方法使它变得更为完善。在经营小额贷款的过程当中，如果我们发现了真正可以驱使人们做出良好的行为的方法，那么，我们就应该去使用它；如果我们发现了一些没有实用价值的繁文缛节，那么我们就应该摒弃它。当然，这一切不会自动发生。这需要我们付出努力，必须要我们去填空补缺，通过调整、修补与测试去"砍掉"一切繁琐而多余的东西。甚至，即使我们已经拥有了一种既适合于梅茜又适合于菲利普的贷款系统（即不必强迫某人为别人去偿还贷款），我们仍需努力改进小额贷款。

精炼操作程序、完善贷款方法只是小额贷款演变过程中的一部分而已。另一部分是要求放贷者为客户提供更大范围的服务。在发展领域里，大多数讨论都是围绕着微型金融（microfinance）而展开的——人们经常说，小额贷款只是巨大的拼图当中的一块。在美国，当我们思考银行在我们的生活中所扮演的角色时，我们不仅仅只会想到贷款这一个方面。我们也会想到自动取款机、储蓄与支票账户、邮票汇票、银行电汇，等等。虽然它们都不属于借贷业务，但是这些金融工具的价值丝毫没有任何逊色之处。它们使我们的生活更便利。

事实上，仅仅在不久之前，我们还不得不生活在一个没有上述金融工具的世界里，但是，到了今天，我们已经很难想象一个没有它们的世界了。在十几岁的时候，我参加了一个在杜克大学举行的暑期项目，学习数学和写作课程（在那里，我邂逅了我的妻子辛迪）。第二年，我仍然参加了这个项目，我选了为期三个星期的课程，但是，这一次，我决定在那里待上七个星期。那也就意味着，在那个夏季，我需要更多的钱来支付生活开支（例如购买披萨饼、苏打水）。我仍然清楚地记得,我是如何费尽心机,才千辛万苦地在北卡罗莱纳州取出我自己存在佛罗里达州的储蓄账户里的那些可怜的钱的。那件事对我来说简直是一个漫长而严峻的考验,它的难度丝毫不亚于做一项研究。我打了无数个电话,然后才请我的一个朋友的父亲开了一个小时的车,把我送到银行去会见那里的一个分行的经理,与他进行了一次面对面的交谈,然后才取出了我自己的储蓄。

当然,在今天的大多数发达国家中,自动取款机随处可见,再发生当时这种事是不可想象的。但是,对于穷人来说,并非如此。穷人基本上都不会拥有银行账户,即使有,在存钱和取钱的时候,他们仍然要花大量的时间排长队等候。如果需要进行资金划拨,他们大多数人还是采用面对面的方式,而且以现金的形式进行转账——这种方法既耗时又颇具风险。

微型金融最大的影响最终可能来自于它最平常的那一面:加速日常事务的处理;提高人们把钱安全而快速地从一个地方转移到另一个地方的能力;最明显的是,它可以提供一个安全而可靠的方法,可以让人们在某一个时间、某一个地方挣钱而在另外的时间、另外的地方花钱。当人们花钱在先,而挣钱在后时,信用就发生了。但是,当人们挣钱在先而花钱在后时——在绝大多数时候,大部分人在一般情况下都是这样做的——就是储蓄。是的,这就是我们的父母以及我们的爷爷奶奶教给我们的那种历史悠久但好处多多的储蓄。在下一章里,我们将会看到,微型金融是如何以一种创新的方式帮助穷人进行储蓄的。在讨论完储蓄问题之后,我们也将结束对小额贷款问题的讨论。

第七章
储蓄：看似无趣的选择

薇嘉雅（Vijaya）是一位美丽的女子,现在她又被一大堆美丽的鲜花淹没了。她坐在印度金奈（Chennai）市科雅迈都（Koyamedu）市场东边摇摇欲坠的正门所投射下来的阴影里。当杰克见到她的时候,她正坐在桌子边上编织花环。这是一个不断重复的工作。她的面前堆着一大堆各种各样的鲜花,简直有成千上万朵,她随手挑选出一朵白色的茉莉花蕾,把一条打好松结的白色尼龙线套在了它细小的花茎上,然后紧了紧绳结,让它滑下去,加入到了数百朵已经系好绳结的鲜花当中,成为了它们中的一员。这些被打了结、已被系好的花朵就像一条不断生长着的古老的 DNA 链,成对的花蕾沿着一条中心轴不断地盘旋上升。已经完成的那部分花环盘绕在桌子上,像一条美丽而温柔的蛇。

整个地方到处都可以闻到潮湿花瓣与焚香所散发出来的香甜味,似乎这里就是一个奢华的水疗会所。事实当然不是。这些鲜花并不会用于水疗,它们也不会被用来铺设通向酒店大堂的道路,它们更不会出现在富人或者名人的晚宴上。这些鲜花最终将会被普通的印度人买去用掉,城里随处可见的成千上万个印度教寺庙中的某个神像的脚边堆的、脖子上挂的,就是这些花环。你可能要花上一段时间才能适应以下这种情景,但它确实是一个千真万确的事实：一个男子,衣衫褴褛,满面烟灰,赤着双脚,但他身上却背着一个新鲜玫瑰花编织而成的花环,足有半米之长。这些玫瑰花很可能花光了他身上仅存的最后20卢比。

薇嘉雅和她的邻居们坐在同样的桌子边上,编织着同样的花环,她们是一群任劳任怨、辛勤劳作的妇女。编织花环能给她们带来一定的报酬。在她们落满灰尘的莎丽里,藏着一些皱巴巴的、汗渍渍的钱。有10卢比的,也有50卢比的。这些卢比虽然不多,但对她们来说每一张都显得非常重要。

每天早上,薇嘉雅都会到科雅迈都市场,从一个批发商那里购得价值为300卢比(大约为6.5美元)的鲜花。然后,她固定好桌子,拿出一个白色尼龙线轴,并把线轴固定在一个木箱的一端上,这个木箱是薇嘉雅的凳子。接着她把当天购得的鲜花倒在桌子上,就开始工作了,她把鲜花系到白色尼龙线上,动作熟练而迅速。在杰克看着她的这段时间里,她从来没有打错过一个结或者折断过一根花茎。只有在一位顾客来到她身边,向她购买花环时,薇嘉雅才停了一会。这位顾客指了指其中的一串花环,薇嘉雅马上会意了,她按照顾客的要求,用手臂量出了所需要的花环,然后用剃须刀片把它切断递给了顾客,用右手接了顾客所付的钱,把它藏到她的莎丽服里。

等一整天的工作结束的时候,她所编织的花环或许可以卖400或500卢比。杰克问她,编织花环赚得的利润用来做什么的。果然不出所料,大部分利润并未进入市场。每天晚上,当所有的花都卖掉之后,总会有一个男的来拜访薇嘉雅。但是这个男的对花环一点都不感兴趣,他只是来收取薇嘉雅为所借入的借款而偿还的"每日还款"的。实际上,她要支付好几次这样的"每日还款"。

薇嘉雅同时欠着三或四个未还清的借款。她把这些借款几乎用于任何事情上:早上批发鲜花所需的资金、房子的月租金、孩子的教育费以及医疗费用。各个借款的数额与期限各不相同,但是有一样东西是相同的,就是它们都必须支付利息。那也就意味着,薇嘉雅必须支付一些额外的费用——通常大约为每个月额外增加3%——这几乎是她的家庭数额最大的一项开支了。

当杰克问薇嘉雅,粗略地估计一下,她大概要为她所有的借款支付多少利息时,她似乎有些不同意利息这种说法,"利息?"她重复了一下。即使利息对她来说确实是一个相当大的负担,那么,此时的她也没有表露出什么来。"那个男的一来,我就给他大约100或50卢比。如果我手头上的钱比较多的话,或许我会多给他些。当然,如果我需要用更多的钱,那么,我会再向他借一些。这是一种循环。"她强调了一下这个单词"循环"。是的,就是这样,钱平稳而连续不断地循环着,就像季风一样,来了又去,去了又来。

为这种借款制度所支付的大部分费用,与其说它像季风,实际上倒不如说它更像一个会漏水的水龙头。它意味着卢比不断地从薇嘉雅的莎丽服下流出去(当然,最终是从她家的"小金库"里流出去的),然后以利息的形式流进了放贷者的口袋里。具有讽刺意味的是,对于像薇嘉雅这样的人来说,日复一日地以这样的方式把钱赔进去,其实可以说是一件相当"了不起"的事情。因为薇嘉雅一直维持着这一借款水平这个事实本身,就足以证明她能够赚到的钱,远远超过了她的家庭花销——多出来的数额,相当于她付出去的利息。

这正是奥妙所在。

为什么说储蓄是好的

从经济上讲,不断地申请小额的、短期的贷款几乎不可能是一种最好的经营手法,但是悖谬的是,数以百万计的人恰恰正在使用这种经营手法。美国南达科塔州苏福尔斯市,霓虹灯闪烁,表面上的景象与印度金奈的鲜花市场大不相同,但是在那里的发薪日贷款机构里所发生的事情,与薇嘉雅所借那种"滚动式"的贷款,其实并没有什么实质性区别。

无论何时何地,这种贷款情况一旦发生,借款者都会忙于为自己辩解:我现在就需要这件东西,但我没有足够的钱来购买它。因此,今天,我申请了贷款,但是最终,我必须为提前得到这件东西而支付额外的费用。

但是,这些额外的钱从何处来？对一些需要不断重复借款的借款者来说,这个问题尤其显得重要。如果说某个人在每个星期的星期一都会借50美元,那么他在每个星期的星期五都需要归还55美元。为了维持这个连续的定期借款,他必须找到一种方法,不断地从原先的50美元支出里挤出这额外的(至少)5美元。因此,他必须知道如何让他的钱生钱。不幸的是,如果只赚得了5美元,那么她所做的这一切努力全都是为了放贷者。但是,无论如何,在这个星期里,必须额外赚取5美元以便能够在星期五按时的归还55美元,这会构成一个强大的动力:或者事情会有转机,没准儿真能赚到不止5美元,那么,钱还真的是为他服务了,而不仅仅是为放贷者服务了。

假设他决定每星期省下一美元,并且将这一美元用于下星期的50美元的支出。(为了简单起见,我们假设,他的经营规模始终不变,每星期用来购买存货的投资一直保持在50美元。)有了第一个星期的储蓄后,他在接下来的那个星期就只需要向放贷者借49美元了,而不是50美元。那么,到了星期五,他只需要归还53.9美元就够了(49美元的借款,再加上10%的利息4.9美元,加起来共53.9美元),这样就节约了0.1美元的利息。到这个星期结束,他又把另外1美元存起来,那么,现在他总共储蓄了2.1美元了。下一次,他只需要借47.9美元就够了。这样依次类推。通过这种利滚利式的节约方法,他每个星期的储蓄额将不断地上升,最终将会达到整个借款的数额。事实上,这个结果的到来可能比你预料的还要快:二十个星期之后,他就完全不用再举债了。过去,为了按时还款,他每星期得努力赚取额外的5美元,然后将它作为利息付给放贷者;而如今,每个星期他都能自己拥有这5美元了。

上面所举的这个例子是很现实的,而且也有很深刻的寓意。这里面蕴含着某种道德准则:储蓄能使你的生活发生很大的变化——即使每次就只储蓄那么一点点。

为什么储蓄会那么艰难

像许多正确的或有益的事情一样,储蓄很难付诸于行动。关于这一点,我们大多数人都可以从自己的经历中找到大量的证据。不过,在这里,我只列出了少数几个理由,证明为什么世界上各个角落的人们都发现储蓄是很难的。

首先,对于想养成储蓄习惯的一般人来说,储蓄并不是一件很吸引人的事情。它既不能解渴、为你充饥果腹,也不能预防疾病,更不是一个有趣的玩伴,可以与它一起寻开心。相反,它宣扬的是节欲和自律,它总是劝你不要随心所欲。它要求你,只有在看到真正合适的鞋子时才购买,它甚至还可能让你参加当地的禁酒联盟。与其他能让我们随心所欲地花钱的事情相比,储蓄是一件平淡无奇,甚至令人厌烦的事。

第二,对于那些能够在一定程度上看到储蓄的实际好处的人来说,储蓄仍然要求他们有相当高的自制力。例如,在许多时候,即使有些东西看起来似乎是非买不可的,我们还是得节制一下,选择储蓄。很多人都会认为,现在的需要和机会比未来的需要和机会来得更迫切、更需要得到满足。在这种情况下,只要自律稍稍打一个盹儿,拖延储蓄的恶习便会潜入进来,成为你的心魔。储蓄就像是一个穿着一件灰色羊毛上衣的年老而严厉的女教师,反正总会在那儿,所以我们不妨等到明天再去见"她"吧。

当上述拖延储蓄的情况不断地出现时,不可知的未来就会变成一个空荡荡的仓库——因为它所储存的只是我们将来最终会去做那些美好的事情。相反,不储蓄的行为倾向将占据上风,它的势头甚至会变得一发不可收拾(或者,更确切地说,它将会变成一种惯性)。在心理学和行为经济学中,这已经被证明为是一种普遍的现象了。事实上,其实在其他方面的行为也是如此,而不仅仅我们对待储钱罐的方式——如果我们将这里的**储蓄**用**戒烟**、**更健康的饮食习惯**以及**有规律的锻炼**来代替,那么同样的故事也会发生。

第三,即使某个人天生具有自律能力以及远见卓识,储蓄这条道路仍然可能布满荆棘和障碍。有些障碍是显而易见的,而且是可以预测的,比如说,开户费、取款手续费以及存款限制条件,等等。但是,大多数障碍都隐伏在某个地方,我们无法一下子就感知到。这些阻碍就像是依附在我们双肩上的恶魔、在我们背后捣乱的猴子,以及我们有义务要去帮助的穷困潦倒的远亲近朋。你丈夫每个星期的牌局、对美酒的嗜好、来自堂兄弟的要求借点钱的持续不断的电话——所有这些都像是凶猛的野兽,即使已经吞噬掉比它们的体重还要重一百倍的食物,它们依然不会满足,仍然会感到饥肠辘辘。

薇嘉雅正在努力与这些"野兽"进行搏斗。当杰克问她,她家里是否有储蓄时,她也说到了这一点。她自然不情愿把所赚得的大部分钱都交给这个收款者,而更希望能把钱留下来供家里人使用。但是,在这两者之间,薇嘉雅看不到有任何选择的必要。她无可奈何地笑了笑,拍了拍坐在她附近的一个妇女的手臂,这个妇女也轻轻地笑了,摇了摇她的头,但仍然专注于编织花环,并未抬起头来。薇嘉雅又给一个茉莉花蕾打了结,然后说:"当然,我不可能为家里留下任何储蓄的,无论我赚了多少,我的丈夫都会把它喝光的。"

薇嘉雅模仿喝酒的动作,做了一个通行全球的手势,坐在薇嘉雅附近的这些编织花环的妇女偶尔听到了她的话,也一致表示赞同。她们都懂得这个手势。

几乎与藏在床垫底下一样好

一方面,在家里必须奋力抗争那些层出不穷的吞噬储蓄的"野兽";另一方面,接受正规银行服务的途径又极其有限,在种种因素的逼迫下,许多人不得不转而寻求其他替代性的储蓄方法。从某些方面看,这与薇嘉雅现在所采用的借款方法似乎并没有多少区别:有人每天都上门收款,而不是去银行开一个储蓄账户。

在世界各地,各种各样的特殊环境已经催生出了大量的、各种各样的非正式储蓄。在西非,有苏苏人协会(Susu Associations),收款者每天都会上门服务,收取客户的每日存款,作为回报,客户则必须支付月费。此外,还有滚动式储蓄与信贷协会(Rotating Savings and Credit Associations,简称 ROSCAs),参加这一组织的成员能够以滚动的方式运用大家通过每月储蓄途径集聚起来的资金。这种组织盛行于世界六大洲。

非正式储蓄的形式虽然多种多样,但是大多数非正式储蓄形式都至少有一个共同的特征:储蓄者都要花费成本。与此相反,在发达国家,计息储蓄账户已经非常普及,储蓄者不但无须花费任何成本,而且可以收到利息,因此,上面这类非正式储蓄根本无法大行其道。但是,世界上大约有一半的人(即超过 25 亿人),无论是储蓄还是借贷,都不得不使用非正式的金融服务。这种非正式的金融解决方法很昂贵,它们之所以能够存活下去,是因为它们填补了空缺,解决了人们的燃眉之急。

因此,如果我们能够用有效率的发展项目去填补这些缺口,那么就可能会产生巨大的效果。为此,我们应该认真研究人们在现实生活中所使用的那些昂贵的储蓄方法,我们或许可以从中了解到很多我们需要掌握的东西。

出于这个目的,在肯尼亚西部的农村,加州大学洛杉矶分校

(UCLA)的帕斯卡利娜·杜帕斯(Pascaline Dupas)与加州大学圣克鲁兹分校(UCSC)的乔纳森·罗宾逊(Jonathan Robinson)从2006年开始着手进行一项研究。他们设计了一个随机对照实验,试图弄明白:当地的"小型企业"的成长性一直很低,这种情况是不是可以归因于经营者无法获得银行储蓄服务。或者,更具体地说,获得一个基本储蓄账户是否会使人们生活变得更美好?

首先,杜帕斯和罗宾逊选定了一群"小型企业家"作为研究对象,并对他们进行了问卷调查。这些"小型企业家"包括市场里的小商小贩、人力出租车车主、理发师、木匠、沿街叫卖的小贩等等。杜帕斯和罗宾逊说服这些"小型企业家",让他们每天都写日志,详细记录自己的收入、支出以及健康状况。然后,杜帕斯和罗宾逊在这些"小型企业家"当中随机地选出了一半的人,为他们在当地的合作社申请开立免费的储蓄账户。

他们开设这个账户并不会给经营者带来多大的影响。因为,它不会给储蓄者带来任何利息,而且所有的提款也都是要付费的。(这样一来,它实际上是一个负利率的账户。)很显然,积极使用这个账户进行存款的人仍然必须面对很多各种各样的储蓄障碍。毕竟,与把钱存入账户相比,像过去那样把钱藏在床垫底下似乎反而更好,因为两者的利率是相同的(利率都为零),而且从自家床垫下取钱肯定不需要任何费用。那么,他们所面对的第一个问题就是:还有人会使用这个账户吗?

答案是很肯定的,当然要接受这个账户了。89%的人开立了账户,而且55%的人在六个月内至少去存了一次钱。这一显著的结果表明,对于许多人来说,在农村合作社开立一个昂贵的、只提供最基本的存款服务的账户,依然不失为一件非常好的事情。为了找出最符合这种行为特征的参与者,杜帕斯和罗宾逊仔细查看了他们在当初的问卷调查当中所得到的数据。有一点是很清楚的:妇女比男人更能充分利用账户(虽然,由于该问卷研究涉及的样本数太少,所以无法从统计的角度确切地说明,情况为什么会是这样的。)而且,像薇嘉雅这样的妇女,在家里要面对的储蓄障碍很可能更大。

但是,研究者还发现了另一个稍微不那么显著一点的动态机制。要预测账户使用情况,最强大的"预测器"是研究对象以往的这种经历:他们有没有参加过当地的某个储蓄计划(例如,我们前面提到过的滚动式储蓄与信贷协会)。这也就是说,研究者为他们开立账户时就已经在储蓄的那些人更有可能成为新账户的积极使用者——尽管他们并没有利用正式的银行储蓄。这个结果确实有点奇怪,那些已经参加了当地的储蓄计划的参与者既然已经找到了一种储蓄的方法,为什么还有那么多的人会火速赶往银行去申请注册新账户呢?一种解释是,在目前的这些选择当中,相对来说,这个新的账户算是比较好的一种了。要想搞清楚这个解释是不是正确,一个方法是,看看这种农村合作社的账户是如何改变人们的日常生活的。

为此,杜帕斯和罗宾逊决定去仔细分析那些详细的日常记录,这些记录都写在大开本的笔记本上,用的是圆珠笔和钝铅笔。这些笔记本虽然其貌不扬,但是,它们却是一个巨大的宝藏,里面储存了大量的信息,日常生活中的每件事都详细记录在内,从购买商业库存到医院账单的支付,一应俱全。综合起来,这些日志告诉了我们一个连贯的故事:正因为她们在农村合作社进行了储蓄,这些妇女投入经营的资金更多了,花在食品和其他商品上的钱也增加了。

还有一些证据表明,因为有了储蓄账户,不管是这些妇女本人,还是她们的家族成员,应付疾病的能力都提高了。在杜帕斯和罗宾逊所做的研究当中,那些没有开立银行账户的妇女是用以下的方法来应付重大疾病的:减少工作量、缩减营运资金、贱卖货物(这可能是预防存货变质的策略)。所以这些都会使疾病带来的负面影响更加严重,因为这中断了她们的经营业务——以及由经营所产生的收入——确切地说,这时候正是她们最需要获得收入的时候。

相反地,在同样的情况下,那些拥有储蓄账户的妇女却可以更从容地进行应对。她们可以马上利用储蓄去支付医疗费用,因此,甚至在患病的那几个星期里,她们也能保证工作小时数。因此,她们不必被迫动用她们的营运资金,或者贱卖货物。拥有储蓄账户,是在正确的方向上迈出的重要一步。但是,从杜帕斯和罗宾逊的研究结果中看,这些事情都发生在妇女身上,这是为什么呢?这是一个悬而未解的问题,值得做进一步的研究。杜帕斯和罗宾逊的这个发现可能纯属巧合,或者也可能揭露出了一个重要而深奥的事实,即有关男女之间的差异的事实——这个事实可以给我们提供许多启示,使我们知道如何去设计未来的项目。重做一次他们的实验,可能是找到原因的最好的方法。为此,杜帕斯和罗宾逊目前正在肯尼亚进行后续研究。由于比尔及梅林达·盖茨基金会的资助,我也与他们一起在乌干达、马拉维、智利以及菲律宾重做这个实验,并且对这些实验结果进行检验。

帕斯卡利娜·杜帕斯与乔纳森·罗宾逊在肯尼亚的研究告诉了我们两件事。第一,那些积极的储蓄者在一开始的时候要面对的情况其实都不怎么好。在面对那么多的储蓄障碍的时候,还有如此多的人申请开立了这个实际利率为负的账户,这个结果多少有些令人惊奇。第二,农村合作社的账户真的改善了人们的生活这个事实表明,可供他们选择的东西非常少。

我们还可以用一种更积极的方式来看待这些研究成果。从农村合作社的账户使用情况来看,肯尼亚西部农村的这些人既有决心,同时也渴望储蓄。如果这样一个最多只能算说得过去的储蓄解决方法都能取得如此之好的效果,那么我们是否可以提供更好的产品,为穷人做更多的事呢?杜帕斯和罗宾逊的研究结果表明,储蓄带来了良好的影响,这种情况是相当鼓舞人心的。现在,我们必须找到更好的方法,以便能得到更多人的支持。

莎妮存钱的故事

即使没有像薇嘉雅那样的醉鬼丈夫来掏空我们口袋里的钱,我们中的大多数人仍然能找到许多借口来逃避储蓄。最近,我自己就完成了一个不储蓄的"壮举",在其实根本没什么东西好庆祝的情况下,我带一个朋友去吃了一顿非常昂贵的晚餐。当然,人们一般都能认同,这种消费是"无聊"的或无节制的,因此容易避免。但是,在通常情况下,我们为各种花销找到的理由却都显得相当合情合理——修补或者改造房子、为开学返校而尽情购物、把钱寄回家以支持大家庭的开支。这些可不能称之为挥霍了。

不幸的是,只有我们从储蓄罐里面往外看,才能真正把事情看清楚:要么是从储蓄罐顶端的投币口投入了钱,要么没有,就这么简单。存在储蓄罐里面的钱是不会骗人的,它也没任何理由和原因来骗你。我们只要摇一摇储蓄罐,听听它里面的钱币发出来的声音就可以了。如果你听到"叮当、叮当"的声音,那就知道钱币很少,因为这个声音令人伤感,而且比较轻。如果我们准备拿储蓄罐里的钱去购买东西的话,那么我们或许还可以从中听出购买者的懊悔呢。我们不知道最近的哪一次购买是不必要的,我们也不知道哪一次购买其实是可以等一等的。

莎妮(Sunny)就是这样一个人。

我是在菲律宾棉兰老岛北部的武端市(Butuan)遇见莎妮的。莎妮有一些改善家居环境的想法:她想重新粉刷一下墙壁;她想造一个好一点的露台;她想翻修一下她家的浴室。但是每一项都得花费两百美元左右。

在她那个街区,莎妮算不上是最贫穷的人,也算不上是最富裕的人。当然,她现在连两百美元都没有。莎妮在卡拉加绿色银行已经拥有了一个储蓄账户了。为了实现自己的目标,她已经开始往里面存钱了。她一次往里存5美元。慢慢地,她账户的余额稳稳地往上升了。但是,每当她存够五十美元的时候,各种各样需要花钱的事情总会冒出来。这些都不是什么了不起的事:有一次是她的孩子需要添置新衣服了;另外一次是她的丈夫鼓动她购买一台昂贵的电视机。结果发生什么了呢?莎妮把钱全都取了出来,存款余额又变为了零。

直到有一天,事情终于出现了转机。

绿色银行为莎妮提供了一种名为"节省开支、快乐存钱"(Save Earn Enjoy Deposit,简称SEED)的新产品,"节省开支、快乐存钱"服务与她现在拥有的这个账户在其他方面都是一样的,只不过有一个不同点:它有一个特点,即,存款人要做出承诺,让银行锁住她的账户,直到账户上的存款数额达到了客户自己所确定的储蓄目标为止。

莎妮开立了一个"节省开支、快乐存钱"账户,她把目标定为两百美元。莎妮存够了两百美元,然后把它取了出来,马上又注册了一个账户。当我在一个后续的问卷调查中再一次遇见她的时候,她已经这样反复存取了三次了。有生以来,她从来没有成功地储存过这么多的钱。

对绿色银行与莎妮来说,"节省开支、快乐存钱"是一个全新的服务,但是,承诺储蓄其实只是一个传统的惯用策略。在美国,很久以来,圣诞储蓄账户(Christmas Club account)就一直在以这种方式帮助人们——让我们一点一滴地把钱存起来,最后实现一个巨大的目标。如果我们一定要给承诺储蓄下一个定义的话,那就是,存款的账户被锁定住,直到某个特定的日期,或者存款余额达到了某个特定的数额为止。

从标准的经济学理论的角度来看,这种事情是很让人惊讶的,居然有人会以这样的方式存钱。标准经济学的观点是,人们选择越多越好——例如,以储蓄来说,最好是你想什么时候取钱就可以什么时候取钱。毕竟,如果你选择这种自由存取的储蓄方式的话,你就不必**被迫**从定期账户中提款;你既可以为实现某个目标而存款,也可以随便存多少。无论是否达到你的目标,你随时都可以把钱提取出来,存钱取钱的主动权掌握在你手中,你很自由。你能做任何适合于你做的事。相反地,一个持有承诺储蓄账户的客户则必须放弃自由取款的权利。那么承诺储蓄的好处到底在哪里呢?

很简单。最重要的一个好处是,它可以帮我们消去诱惑的声音;它可以把人们的购买欲望抵挡在心门之外;它也可以扼住所有伸向我们钱包的欲望之手。当我们的钱被锁在银行的金库里的时候,我们就不会那么容易产生冲动购买的行为了。单就这个事实,已经足以解决莎妮面临的问题了。那么,这种储蓄方式对其他人也同样适用吗?"节省开支、快乐存钱",或者其他承诺储蓄项目,真的能帮助穷人改善生活吗?

让穷人储蓄

实际情况是,大多数穷人根本没有储蓄账户,不管是基于承诺储蓄的账户,还是其他的账户,都没有。对于这种现象,传统的经济学理论是这样解释的:他们之所以没有储蓄,是因为他们把最后一分钱都花在了最基本的必要的生活开支上了。(你难道不记得他们是穷人了吗?)

我承认,这个理由确实有些吸引人。它很简洁,而且包含着某种直觉。但是,这种观点最终会走进死胡同。如果不储蓄对穷人来说是一件不可避免的事实,那么,即使我们找到方法帮助穷人控制住购买冲动,抵制住消费的诱惑,我们仍然不能根治贫困的问题,因为穷人们在满足了他们的直接需要后,不会再留下什么了。如果真是这样的话,我们也就不必再浪费无谓的时间和金钱去寻找更好的方法帮他们储蓄了。

幸运的是,我们不需要被动地接受这个观点,我们可以在现实世界中进行检验。

我在麻省理工学院学习的时候,遇见了玛丽·凯·古格蒂(Mary Kay Gugerty),当时她是哈佛大学肯尼迪政府学院的一个哲学博士生。在那个时期,玛丽·凯·古格蒂正在撰写她的博士论文,它的主题是,肯尼亚的妇女是如何利用非正式的储蓄俱乐部来克服自我控制方面的问题的。我自己也一直在思考"诱惑"这个问题——不仅仅有关储蓄方面,还考虑到了生活的其他方面。我和玛丽·凯·古格蒂与大卫·莱布森(David Laibson)一起来讨论这个问题,大卫·莱布森是哈佛大学的一位行为经济学家,他在自我控制方面做过一些比较前沿的研究。

我们见面讨论的目的是希望能够找到一种方法,可以来检验大卫·莱布森的理论,但是当讨论结束时,我们却对一个更实际的问题产生了兴趣:我们将怎样运用这些理论来改善人们的生活?特别是,我们能否设计出一种产品来帮助人们解决诱惑这个问题?

一个星期之后,我与玛丽·凯会同纳瓦·阿什拉夫(Nava Ashraf)开始着手设计可以检验这个问题的方案,并开始寻找适合检验这个问题的场所。(纳瓦·阿什拉夫也是一个研究生。)我们写了一个简短的提议,然后用电子邮件把它群发了出去。结果发现,有很多人都对诱惑和自我控制方面的问题感兴趣。我们获得了许多回应。

在2002年的8月,我与纳瓦去菲律宾参加一个会议,与一些对抵御诱惑和自我控制问题感兴趣的人会面。这次会议是由约翰·欧文斯(John Owens)与十几个潜在的合作伙伴一起主办的。约翰·欧文斯是美国国际开发署(U.S. Agency for International Development,简称USAID)援助农村银行项目的经理,他同时也是小额贷款领域的领军人物。直到今日,我对那次行程一直念念不忘,这完全出于如下原因:我与纳瓦的大脑都几乎无法抗御诱惑。我每天早上都会想到"诱惑"这个问题,因为在早餐的时候,我得竭尽全力才能抵挡得住法式吐司与香蕉面包的诱惑,而纳瓦却可以轻轻松松就选定了一碗健康的水果以及一杯酸奶。纳瓦是在我们谈到服装的时候想到"诱惑"这个问题的。自有记忆以来,我从来没有花钱买过一件超过10美元的衬衫(我经常穿从非洲西部买来的扎染和蜡染的衬衫,以及从印度买来的无领长袖衬衫);至于纳瓦,每次看到漂亮服装的时候,都不得不把信用卡藏起来,不然就无法阻止她自己无节制的购买行为。

因此,当我们在与那个可能会成为我们的合作伙伴的银行的有关人士会谈时,我们都谈了很多。事实上,就在第二天,卡拉加绿色银行就成了我们的强大的合作伙伴。也就是这个卡拉加绿色银行,我后来还与它合作研究过群体负债贷款与个人负债贷款问题。卡拉加绿色银行渴望找到能够把人们的储蓄积极性调动起来的方法,并希望我们对这些方法进行检验。

我、纳瓦以及韦斯利·殷(Wesley Yin,普林斯顿大学的一名研究生)一起与卡拉加绿色银行合作,共同开发出了"节省开支、快乐存钱"计划。"节省开支、快乐存钱"是一种储蓄账户,它后来帮助莎妮完成了她的家居环境改善计划。在此过程当中,我们设计了一个随机对照实验,以搞清楚这个自我控制型储蓄产品是否真的有效。我们想知道,哪种类型的人会开立这种账户;我们还想知道,"节省开支、快乐存钱"计划是如何影响整体储蓄的。

我们的实验研究是从对银行当前的和以前的大约一千八百名客户进行问卷调查开始的。完成问卷调查后,我们随机地把这些调查对象分成了三个组。对于其中的第一组,我们让绿色银行的一名员工去拜访每个成员,他会把储蓄的重要性告诉这些客户,并且邀请这些客户开立一个"节省开支、快乐存钱"账户。第二组客户也有一个绿色银行的员工去拜访他们,他同样也巧舌如簧,大肆宣扬储蓄的重要性,但是,所不同的是,他并没有介绍"节省开支、快乐存钱"这个产品。第三组客户既没有员工去拜访他们,也没有为他们提供任何产品。但我们把他们当作控制组进行跟踪监视。

我们的初始调查所捕捉到的信息远远不止一般的人口统计学信息以及通常的家庭信息。在我们设计的调查问卷中，还包括了一些用来测量"时间偏好"的问题。所谓"时间偏好"，是指一个人为了在将来获得更大的收益而放弃现在的收益的意愿。问卷中包括的问题类似于如下这种问题："今天你就能得到5美元，但如果你放弃在今天得到5美元，那么，从今天开始算起一个月之后，你就能得到6美元。你会做出何种选择？"或者，"一个月之后你能获得5美元，而两个月之后你能获得6美元，你又会怎么选择？"针对各种各样的时间期限和金钱数量进行了大量研究之后，我们就能够相当准确地刻画出某人是更偏好即期的满足，还是更偏好延迟后的满足了。或者，用更直白的话来说就是，我们可以区分出哪些人是有耐心的，哪些人是缺乏耐心的，例如，缺乏耐心的人会选择现在就得到5美元，而不愿选择一个月后得到5美元。

当人们对于不同时间期限的"时间偏好"发生改变或者逆转时，事情就变得有趣起来了。例如，不妨考虑这样一些人，他们现在表现得没有什么耐心（比如说，他们宁愿现在得到5美元，也不愿等到一个月之后得到6美元），却声称他们以后会更有耐心（比如说，他们更愿意等到两个月之后获得6美元，而不是一个月之后得到5美元）。你要知道，人们往往就是这样的。他们是这样一种人：虽然在本星期他们永远不会有时间开始实施一项新的锻炼身体的计划，但是，他们却非常确信下个星期他们一定会开始锻炼的；或者是这样的：有些人总是说，从下个月开始我要把更多的工资用于退休储蓄，记住，是下个月，而且永远是下个月。这些人有明确的目标，而且也有了实现目标的方法，但是，等到实践的时候一到，他们总能找到推脱的借口。假设你知道你就是这样的一个人，那么如果你能把自己"锁定"在某项承诺计划中，你就可能会抓住机会实现你的目标。正是因为这样，我们才有了开发"节省开支、快乐存钱"这种产品的想法。

总的来说,这个产品很受欢迎。超过四分之一的受邀人员都开立了账户。如果这个数字乍看起来似乎还显得不是十分突出的话,那主要是因为绿色银行所提供的这个产品存在着如下的特点:它虽然看起来与普通的储蓄无异(任何人都可以自由开立),但是,它**没有取款的自由**。从这个角度上看,这个数字是十分抢眼的,因为它意味着有28%的人同意,在存款数额没有达到预定目标之前,一直把钱锁定在银行里。

这个实验还证实了我们之前关于什么类型的人会选择开立账户的猜想。那些具有"现在没有耐心而将来会有耐心"的偏好的妇女比那些不具有这种偏好的妇女选择开立账户的可能性高出了50%。因此,总体上来说,"节省开支、快乐存钱"这个计划真的是找对人了。

看到这么多人开立账户,我们觉得很高兴,但是这里还有一个更大的问题,那就是它的效果究竟如何,我们还不知道。"节省开支、快乐存钱"计划真的能帮助人们完成储蓄的目标吗?一句话,是的,它确实能帮助人们实现储蓄目标。我们发现,仅仅通过**提供**一个"节省开支、快乐存钱"账户,六个月之后,就能使一位代表性客户的存款余额增加47%;而在十二个月后,这个数字则进一步提高到了82%。记住,这个存款数额的变化是一个平均数,是所有曾被提议开立"节省开支、快乐存钱"账户的客户的平均存款余额,而与他们是否真的开立了"节省开支、快乐存钱"账户无关。实际上,"节省开支、快乐存钱"账户的真正的影响是,它使真正开立了"节省开支、快乐存钱"账户的实际客户的存款余额提高了318%,这个数字确实非比寻常。换句话说,我们发现"节省开支、快乐存钱"账户对客户的影响是,它使拥有这种账户的人的储蓄余额达到了原来的四倍多。

基于以下两个原因,我们认为"节省开支、快乐存钱"账户的研究成果很重要。第一个原因是,这些结果再次证明,莎妮的经历并非是一个特殊的个案,相反地,"节省开支、快乐存钱"账户成功地帮助许多绿色银行的客户提高了他们的储蓄额;第二个原因,也是更具根本意义的一个原因,它们表明,只要给人们提供正确的工具,即使在整体收入水平没有提高的情况下,也能大幅度地增加他们的储蓄。这样就极大地颠覆了传统的观点。这是一个强有力的,也是相当鼓舞人心的结果,它表明,在现有的资源情况下,人们可以做得更好。

或许,人们所需要的只是一个行为上的推动力——或者,不妨借用理查德·萨勒(Richard Thaler)和卡斯·桑斯坦(Cass Sunstein)的一个术语:"轻推一把",它也就是他们合著的那本用来解决日常生活问题的行为学著作的书名。

来自于美国本土的启示

我们已经看到,在南印度市场、在肯尼亚的灌木丛里以及在菲律宾的广阔的、潮湿的、纵横交错的水稻田里发生了一些什么样的事情了。但是,在美国的伊利诺斯州的迪凯特市(Decatur)会发生什么呢?在美国纽约市皇后区的阿斯托里亚大道(Astoria Boulevard)上又会发生什么呢?相对于标准经济学来说,行为经济学在实践当中的应用,即使在发达国家也仍然处于起步阶段。慢慢流行起来的"轻推一把"的各种方法(包括"承诺储蓄"等方式)值得我们去探究一下,因为美国这个地方的实践能够激发出我们的新想法,而且在别的地方也可能值得一试。而且,我们还发现,行为经济学的方法既适用于贫困国度,也适用于富裕世界,这个发现进一步支持了以下这个结论,他们确实共享着某种根本性的东西,而且这种东西是超越了贫困线的(即不管这些人是在贫困线以下还是以上,都有这种东西)。

来自于美国本土的一些证据也支持这种观点。事实证明,当涉及储蓄问题时,即使连金融界专业人士和经济学教授都未能免俗(这不能不让你倒吸一口冷气吧!),他们也无法不受思维中的偏见与短视倾向的影响。行为经济学家理查德·萨勒与什洛莫·贝纳茨

（Shlomo Benartzi）注意到，大多数人——包括他们的学术界同行——对待退休储蓄计划的缴款方式的态度，就像对待自家的烤肉架一样：装好后，就把它遗忘了，再也没有去理过它。当某个人初次加盟某个公司的时候，他也总是会选定某个缴款比例和投资计划，然后他就再也不想去改变它了，永远都不想。

从经典的经济学理论的角度来看，上述情况是相当让人迷惑不解的。在一个人的一生当中，他的需要和可用资源状况是会不断地发生变化的，单靠某一个计划贯穿始终是极不可能的。因此，这些人，虽然他们是如此的精明，但是，他们也不能做出最佳经济决策。而且，他们对自己的评估也不准确。当我们对这个问题进行调查时，许多人都说，他们对每月的缴款比例和缴款数额不满意。这就很让人奇怪了，毕竟，最初的缴款比例和缴款数额是由他们自己选择的，而且，他们随时都有做出改变的自由。

那么，什么东西应该对这些错误负责呢？萨勒与贝纳茨发现，是拖延与惰性。我们在本章前面部分论述影响储蓄的行为障碍时，所指的也就是这两个东西。于是，萨勒与贝纳茨制订了一个名为"明天储蓄更多（Save More Tomorrow，简称SMarT）"的计划，希望能够把盘踞在人们头脑中的这些障碍铲除掉。

参与这个"明天储蓄更多"计划的人必须承诺，如果将来工资提高了，那么他们就要相应地增加储蓄。当然，储蓄的增加，绝不会使他们的实得工资减少。同时，如果工资没有提高，那么储蓄也就不会增加，所以，现在报名参加"明天储蓄更多"这个计划根本不会给参与者带来任何不利影响——这对那些有着"拖延"的不良习惯的客户来说无疑是一个好消息。另外，这个计划完全是自愿性质的，参与者们可以在任何时间决定退出这个增加储蓄计划。当然，这个计划要求客户有主动的、积极的参与行为，这样一来，在养成习惯后，惯性就将变成储蓄的推动力，而不是障碍了。

萨勒与贝纳茨相信，他们确实发现了一些新东西。为了验证自己的猜想，他们找到了一间公司，请它作为他们的合作伙伴。这个公司愿意实施"明天储蓄更多"这个计划，并且同意跟踪它的员工的储蓄进展情况。这个计划的实施步骤如下：首先，请所有够资格参与公司退休储蓄计划的员工参加一个免费会议，在这个会议上，将会有一个财务顾问为他们提供相关的咨询。对于那些接受"明天储蓄更多"这个储蓄计划的人，财务顾问会帮他们计算出心目中期望的储蓄率，并且当场向他们建议：为了实现这个目标，适当的储蓄增长率是什么。有28%的与会人员采纳了这个顾问推荐的方案。然后，对于其余的人，则建议他们参加"明天储蓄更多"计划。在这些人当中，有78%的人接受了这个建议。经过四次加薪之后，最后的结果相当惊人。有80%参与"明天储蓄更多"计划的人仍然在执行这个计划，而且他们的储蓄比那些采纳了财务顾问推荐的方案的员工多出了55%。

"明天储蓄更多"计划初战告捷，于是它开始变得流行起来了。美国最大的两家退休储蓄计划的运营商富达投资集团（Fidelity Investments）和先锋集团（Vanguard），都开始建议它们的企业客户实施这个"明天储蓄更多"计划。结果，成千上万的企业员工都参加了"明天储蓄更多"计划。

为什么"明天储蓄更多"计划能够成为一个强有力的储蓄工具？一个原因是，它允许人们把自己"绑定"在一件正确的事情上（这里所说的"绑定"并不会把你紧紧捆住，无法动弹，参与者随时可以选择离开）。从经济学的角度来看，这意味着参与者的好行为与坏行为之间的相对价格发生了变化。如果没有参加"明天储蓄更多"计划，好行为（例如，增加退休储蓄额）比坏行为所花费的成本更高：因为如果要改变储蓄计划，至少得去公司的人力资源部门填表格（或者还会有其他麻烦事发生）。但是，如果你参加了"明天储蓄更多"计划，那么情况就发生了改变。好行为变得免费了，而坏行为（例如，冻结退休储蓄账户，或者降低退休储蓄的缴款比例）则反而变得耗时费力了。

那么,对于现实世界中的其他事物,如果我们都能找到某种方法,可以改变其相对价格,那又会怎么样呢?

为了释去我的心中之疑,我创办了一个名为 stickK.com 的网站。任何一个人都可以在这个网站上写下自己期望实现某个目标的承诺书。具体地说,stickK.com 网站的用户们可以在那里写下如下这类东西:他(她)们期望达到什么样的目标;这个承诺涉及什么利益(或者说,赌注是什么);谁来见证他(她)们的成功(或失败)。有了适当的金钱激励之后,这种方法就可以直接改变参与者的好行为和坏行为之间的相对价格。(当然,你也可以拿你自己的信誉作为赌注,承诺会自动通知你的朋友和家人你可能取得的成功或失败。)举个例子,假设你想一个星期去一次健身房,那么你可以在 stickK.com 网站写下你的承诺,如果你没有做到每个星期都去一次健身房,那么你将罚自己 100 美元。

不过,还有一个问题:在 stickK.com 网站做出承诺时,你得考虑好,谁是作为罚金或赌注的这 100 美元的接受者,这样一来,事情可能会变得有些复杂。当你在写下承诺书时,你就得决定这 100 美元到底该给谁:是给某个特定的人呢,还是捐给某个慈善机构,或者捐给某个"反慈善机构"?——在这里,"反慈善机构"是指某个你不喜欢的慈善机构。举一个例子:你可以决定捐给联合国儿童基金会(UNICEF),也可以决定捐给像比尔·克林顿总统图书馆(Bill Clinton)或者乔治·W.布什(George W. Bush)总统图书馆这类机构,那么你在选择了后者时,会不会更加努力,做到每星期都去健身房,以避免真的需要寄出支票呢?我相信,你很可能真的会这么做!相互之间有某种类似的"反对"意味的慈善机构还有很多,例如全国步枪协会(National Rifle Association)和制止枪支暴力教育基金会(Educational Fund to Stop Gun Violence);大自然保护协会(Nature Conservancy)和美国国家公共政策研究中心(the National Center for Public

Policy Research）；美国生命学会（Americans United for Life）和美国支持堕胎权组织（NARAL Pro‐Choice America），等等。这些机构都在 stickK.com 网站为你提供的机构列表内。如果你是一位英国人，stickK.com 还为你提供了如下一些可以捐助的团体机构：阿森纳（Arsenal）球迷俱乐部和切尔西（Chelsea）球迷俱乐部、利物浦（Liverpool）球迷俱乐部和曼联（Manchester United）球迷俱乐部。你知道，这些都是英国最重要的、相互竞争的足球俱乐部，它们的支持者之间的争议永无停息之日。

我本人很喜欢看 stickK.com 网站的用户如何做出承诺、如何履行承诺，这是一个非常有趣的过程。我们看到了许许多多有关减肥、锻炼以及戒烟的承诺书。互联网在激发人们的创造力方面可真有一套。"指尖"虽小，但是它的力量却似乎无比强大。许多人都利用 stickK.com 网站，以一种意想不到的方式，在一些稀奇古怪的事情上获得了成功。下面列出了其中一些值得一提的承诺目标：

- 两个星期内一定不再打电话给他；
- 再也不跟失败者约会了；
- 再也不看色情电影了；
- 下午再也不喝五美元一杯的拿铁咖啡了；
- 我不再理发了；
- 我要把口香糖吐到垃圾桶里，而不再往窗外吐了。

下面这些承诺书则比较长和完整，而且附带了一些解释：

- 在每个工作日，我都要在早上六点半之前醒来并从床上起来，这样我就可以在八点之前就开始工作了（最终目标是七点半）。我将在每天早上都给我的主管发一封电子邮件，以便让她知道我八点钟就已经在上班了。同时我承诺，每次洗澡时间不超过五分钟；
- 我要买一辆新车以代替现在的这辆旧车。我要买的新车必须是手动的，而且在今年年底之前一定要买到手；

·如果凯蒂在我旁边，即使费城队在场上表现得一塌糊涂，也不要破口大骂；

·色情片是极具破坏性的、有害身心健康的东西，它会扭曲我的性观念，并破坏我的人际关系。它会让人变成一个强迫性神经官能症患者。观看色情片虽然可能有助于释放压力，但是它是一种不健康的行为。看色情片也会使你对女人的真实类型，以及通常所称的生理上的亲密接触（肉体关系）产生错误的观念，而不再能正确地评价她们身为女人的天性。因此，我承诺，我以后每个星期最多只看一次色情片（注：基于开头部分所说的这些强烈的理由，我真的希望这份承诺书能够让我彻底地远离色情片，以后再也不观看了）。

轻推一把

就像"节省开支、快乐存钱"计划一样，stickK.com网站确实有一些值得我们认真考虑的东西。它涉及到了真正的金钱，而金钱是一种强有力的激励工具，它可以让我们在面对各种各样的诱惑时，坚持我们所做出的正确选择。在stickK.com网站上进行承诺的意义在于：当你对要不要去健身房感到犹豫不决时，只要一想到你如果不去，就会失去100美元（或者，必须告知你的朋友说你没有履行承诺）时，那么，它就有可能会坚定你去健身房的决心，这样，这个承诺就成了推动你朝正确的方向前进的动力。可是，这里还有一个问题：如果没有什么东西能刺痛我们的神经，那么我们又能走多远？如果问题在于我们的健忘，而不在于其他的弱点，那事情又会变成怎么样呢？或者说，如果这个问题的解决方法在于，只是想到有可能会失去100美元，而实际上并不会真的失去那100美元，那又会如何呢？在那种情况下，只要你的注意力发生了改变，就有可能会导致你的行为发生变化。或许你最终不会失去那一百美元。

对于这个想法,我们可以直接在发展中国家进行检验。我们猜想,在没有某种强烈的刺激的情况下,穷人的行为也可能会变得更好;这就是说,他们并不一定非得开设一个有约束力的承诺储蓄账户(就像"节省开支、快乐存钱"那样)不可,也能储蓄得更多。或许,如果他们能在一个适当的时间想到储蓄的话,那么,他们就可能会储蓄得更多——而且可能会多很多。

我与玛吉·麦康奈尔(Maggie McConnell)、森德希尔·穆莱纳桑、乔纳森·辛曼在玻利维亚、秘鲁以及菲律宾这三个国家就以上这个课题开展了随机对照实验研究。(玛吉·麦康奈尔是哈佛大学的博士后、扶贫行动创新研究会秘鲁分会的前研究助理。)我们之所以要在不同的环境下重复做实验,是因为这样做可以帮助我们解决"外溢效应"这个始终存在的问题。所谓"外溢效应"是指在某一个国家或实验地点所产生的结果能否应用于其他地方。如果你真的想知道结果,那么你只需在几个不同的环境下对我们的这个想法进行检验就可以了!这样就可以搞清楚,哪些是可以应用于其他地方的,哪些是不能应用于其他地方的,而且,我们也可以从中得知,成功背后的驱动力到底是什么。这也正是我们创办扶贫行动创新研究会的主要动机之一。同样地,也正是基于这个原则,我们在许多地方对许多干预措施的效果进行了检验。

在所有上述三个国家里,我们的工作对象都是这样一些客户:他们在最近开立了"目标"储蓄账户,并且制订出了本年度的每月存款计划。我们随机地挑选出了一些客户,并准备在他们实现自己的目标过程中轻轻地推他们一把。我们所能想到的最简单的小小推他们一把的方法是:每个月都在适当的时候以适当的方式给他们适当的提醒——提醒他们可以储蓄了。在菲律宾和玻利维亚,我们是用发送手机短信的方式提醒他们的。在秘鲁,由于手机的使用没有那么广泛,我们是采用邮寄信件的方式提醒他们的。

在秘鲁,我们还尝试运用了我们想到的一个"好主意":当某位客户每次完成存款时,我们便把某个拼图玩具中的一小块拼图送给他,这样一来,当他存了十二次的款,完成了他的储蓄目标时,他便可以得到一幅完整的拼图了。这些拼图的内容所反映的就是这些客户想用自己的储蓄实现的目标,例如一辆新汽车、一所漂亮的房子或者一个正在参加毕业典礼的学生。

我们担心,单纯的存钱行为也许太过于抽象了,而一幅小小的拼图就可以使他们的储蓄目标显得更加突出——这个就是促使人们存钱的外部刺激。每次,当我把这个想法告诉人们时,都得到了人们积极的反响。早期的一些研究结果也给了我们一些提示和希望,让我们对这种方法的有效性颇具信心。

但是,这些拼图玩具并没有发挥我们预想中的作用。它们既没有使人们增加储蓄,也没有推动储蓄者更努力地去实现他们的目标。这些拼图玩具究竟为什么会失败呢?我们想,可能是我们送出拼图的时机不对:我们是在客户完成一次储蓄之后再送出一块拼图的(以此来突出储蓄的目标)。因此,如果关键真的在于客户是否关注到了这个问题(有没有想到将来的目标),那么这个作为目标强化物的拼图应该在他们实施储蓄行为之前就送给他们,因为它是他们应该进行储蓄的一个提醒,而不是他们完成储蓄的一个奖励。

幸运的是,这个小小的提醒真的起作用了。因为有了这些小小的提醒,使得总储蓄额增加了6%,同时,实现储蓄目标的人数也增加了6%。而且,那些被随机地安排为接受有特定储蓄目标的提醒语的储蓄者(相对于只被含糊地提醒的储蓄者来说)受到的影响更大。

这些提醒信息花不了银行几个钱,它实际上相当于一顿"免费的午餐"。

"实际上相当于免费的午餐"已经相当不错了,但是,如果绝对真实的、完全零成本的"免费午餐"真的存在,那岂不是会更好吗?

让我们再来看看另外一个"小小地推一把"的方法吧!——这是一个比发送短信更简单(也更便宜)的方法,但是它仍然会使人们的行为产生巨大的差异。这个方法就诞生在我们的"后院"内,即在圣路易斯市的布洛克税务税收筹划办公室(H & R Block tax preparation offices)。

2005年,埃斯特·迪弗洛、威廉·盖尔(William Gale)、杰弗里·利布曼(Jeffrey Liebman)、彼得·欧尔萨格(Peter Orszag)以及伊曼纽尔·赛斯(Emmanuel Saez)与布洛克公司进行了一个合作研究。他们的目标是想弄清楚,一次性匹配缴款的个人退休储蓄账户(IRA)的不同提供方式将会给退休储蓄带来什么样的影响。果然不出所料,他们发现,匹配缴款比例越高(例如50%对20%),储蓄者所交纳的退休储蓄缴款额也越多。但是除此之外,研究者们也注意到了一些奇怪的现象。

在美国目前的税收制度中,已经存在着一个名为"联邦储蓄者税收抵免"的计划,从经济学的角度来看,它与迪弗洛等人所研究的匹配缴款的个人退休储蓄账户是等价的。只不过,"联邦储蓄者税收抵免"计划是以退税的形式实现的,而不是用匹配缴款的形式实现的。虽然按美元来计算,两者最终是一样的。但是,迪弗洛等人却惊奇地发现,人们对这两种制度安排的反应却相去甚远。尤其是,与等价地增加退税相比,提高匹配缴款比例能够导致多得多的储蓄。

为了弄明白这到底是怎么回事,2006年,伊曼纽尔·赛斯再一次回到了圣路易斯,进行后续研究。他与布洛克公司合作设计了一个个人退休储蓄的随机对照实验,但是这个实验与以往的实验不一样。上述的第一个实验主要关注的是对一系列不同的经济刺激的反应情况(即不同的缴款比例),而这个实验则只集中关注其中一个因素:在这个实验中,研究者们保证,只有一个因素会发生变动,那就是经济刺激呈现给实验对象的方式。

在实验中,他们给一些纳税人提供了交纳比例为50%的个人退休储蓄计划,而给另外一些纳税人提供了与之等价的税收抵免方案。在2005年的那个研究中,"联邦储蓄者税收抵免"计划是被深深地淹没在复杂的税收制度中的——因此,如果客户没有意识到这一点,我们是应该原谅他们的。但是,这一次,伊曼纽尔·赛斯让税收减免彻底浮出了水面——所有的方案都直接、明确地摆了出来。但是,得到的结果仍然与2005年的研究相类似:被告知相应的匹配缴款比例的客户的储蓄率为10%,而采用税收抵免方案的客户则为6%,没有获得任何特定方案的客户则为3%。

伊曼纽尔·赛斯2006年的研究结果其实只是大量证据中的其中一个。现在,已经有越来越多的证据表明:匹配缴款制度比与之相等价的税收抵免计划更有效——无论是增加个人的退休储蓄额,还是促进对慈善机构捐助。知道了这一点,我们就有机会据此设计出适当的产品、制定出相应的政策。试想想吧!我们只需要把抵免重新描述为等价的匹配缴款,就可以使储蓄额或捐献额增加三分之二,而且这样做没有任何成本!

这简直称得上"(不)拔一毛而利天下"了!这样的事情总是特别激动人心,这是因为,它们为我们指明了一条正确的道路,而且不需要我们多花力气去做重复的工作;这还因为,它们表明,我们可以利用——而且我们已经确实正在利用——我们人性中的某些"非理性"因素,去改善我们的生活。

第八章
农业：从无到有

农业是这样一种行业，它跟作物的生长有关，它意味着某些东西可以从无到有（或者从少到多）。但是，现在的农业经济却呈现出了一个令人感到悲哀的现状，那就是，许多农民反而使某些东西变得从有到无了。在这里，我先给你们讲一个或许有点老套的笑话：一个农民在堪萨斯州赢得了一次抽奖，当地报社的一名记者去采访他。这个记者想知道他会怎么用这笔钱，于是就问他："你会去买一辆高级轿车回来吗？你会造一幢大房子住吗？你会辞去你现在的工作，搬到迈阿密去居住吗？"这个农夫想了一会儿，然后回答道："不，我会继续经营我的农场，直到变得一无所有为止。"

像许多优秀的笑话一样，这个笑话也为人们揭示出了一个残酷的事实真相——许多农民都在赔钱。在美国，受益于高产杂交种子、肥料、管道型灌溉系统、完善的道路设施、现代化的机器设备、期货合约以及出口的便利性等诸多好处，农民们还能勉强支撑下去。但是，在发展中国家的农民们的生活又是另外一个样子了。发展中国家农民们使用的劳动工具都很老旧，他们现在所赖以生存的土地，与他们的祖父母赖以生存的土地是一样的，而且，他们通常也用与他们的祖父母一样的方式在这块土地上劳作着。他们跟美国的农民一样，也是日出而作。所不同的是，美国农民施肥时用的是肥料撒施机，而发展中国家的农民则是推着装满牛粪的手推车去施肥的;美国农民锄地用的是拖拉机,而发展中国家的农民用的是木柄锄头。在这种情形下,要是发展中国家农民的生存境况突然出现了大幅改善,那才真的是咄咄怪事呢!

在贫困地区,农业所占的地位非常高,我们不可能对它视而不见。在全世界的穷人中,农民占了10亿多。在许多时候,我们关注的焦点之所以会转向农业之外的其他问题,原因很可能是:发展中国家的农业所面临的挑战是如此之多、如此变幻莫测,而且它们又是如此紧密地缠绕在了一起,以至于整个事情就像是一个错综复杂的绳结,让人觉得完全无从下手。

现在,让我们来尝试着开始解开这个绳结吧。首先,发展中国家的农民们要面对来自于自然环境的各种灾害,这一点不管是对穷人,还是对富人都是一样的,这些环境灾害包括:干旱、洪水、害虫、枯萎病等等。第二,发展中国家农业在技术方面非常落后,不管是在农用设备方面,还是在栽培技术方面都与发达国家存在着很大的差距。这些国家的农民没有既能抗旱又能抗病的种子,也没有充足的肥料;他们无法测试土壤的化学成分(以便选择适合他们种植的农作物),也不拥有完善的灌溉和排水系统。恰恰相反,更有可能发生的是,他们会因为糟糕的天气或病虫害而失去收成。最后,他们还面临严峻的结构性挑战(问题)。由于缺乏信息,发展中国家的农民们无法进入有利可图的市场,再加上农业商品价格的急剧波动、高额的运输和储存成本,他们即使获得了丰收,生活也往往难以为继。

综上所述,所有的障碍加在一起,造成了一个众所周知的事实,那就是我们所确信的:在发展中国家,农民的生活非常艰难。

"鼓网"项目(DrumNet)与简单易用的方法

事实已经证明,从总体上看,在解贫济困方面,各种援助组织、政府中的政策制定者并不比农民高明多少。但是无论怎么说,也已经出现了一些成功的案例。

一个思路是,为农民提供一个完整的服务包,利用它,就可以一次性地把农民所面临的诸多挑战全都解决掉。这也就意味着,我们还应该为农民做得更多,而不仅仅只是为他们提供培训课程,或者为农业投入提供一些贷款。在某种意义上,这还意味着,我们可以推动他们采用新的种植、栽培技术,或者引入全新的农作物品种。

在肯尼亚中部地区实施的一个农业综合开发项目——"鼓网"(DrumNet)就是这么做的。"鼓网"是由一个名为"骄傲非洲"(PRIDE AFRICA)的组织实施的。"骄傲非洲"是一个以小额贷款以及非营利性的农业项目为基础的美国组织,它服务的客户遍布非洲东部,大约有二十万之多。"骄傲非洲"根据它在这些地区获得的经验,充分利用它在当地培养的专家为肯尼亚农民传播一些有用的信息。然而,出乎意料的是,"骄傲非洲"所提供的最有价值的信息居然是,欧洲人喜欢四季豆,还有小玉米。

当 2003 年"鼓网"问世时,许多拥有小型农场的肯尼亚农民所种植的农作物正在茁壮成长,这些农作物包括玉米、土豆、甘蓝菜以及香蕉等。这些农作物产品收割后,要么供农民自己食用,要么在市场上出售。那时候,已经有一些肯尼亚农民知道可以把农产品出口到富裕的欧洲市场,但是如果他们真的想把农作物出口到海外市场,那么就得克服所面临的许多重大障碍。

首先,是信息问题。生活在肯尼亚山脚下吉楚古地区(Gichugu Constituency)以及基里尼亚加地区(Kirinyaga District)乡村里的农民,信息非常闭塞。他们无法获知世界市场上许多农作物品种的当前价格。第二,是信任问题。出口商与农民互相猜忌,互相不信任。(出口商在那里很稀少,不过这一点可以暂且先不论。)农民们担心,出口商会随意降低他们商品的等级,或者会用其他方法来欺骗他们。

反过来,出口商却害怕农民们会反悔,拒绝按协议确定的价格把商品销售给他们,或者担心农民无法提供足够的商品。第三,信贷限制也在这里扮演了一个重要的"不光彩的"角色。要将农产品出口到受到严格管制的欧洲市场销售意味着,除了一般的农业生产投入之外,还需要支付额外认证和分级费用。没有贷款,大多数农民根本没有钱来追加投入。出口的最后一个障碍是运输——要安排卡车把农产品从农场运往港口,需要支付高额费用。

"骄傲非洲"明白,所有这些障碍就像是由许多错综复杂的绳子缠绕成的一个绳结,紧紧地束缚住了农民的双手,于是,他们设计出了一个可以一揽子地砍断这些绳子的项目,即"鼓网"。这个项目的宗旨是,帮助参与这个项目的农民实现农产品的出口,它具体到了与出口有关的每一个步骤:对农民进行一系列培训(涉及农业生产、欧洲农产品标准等方面的相关知识)、帮助农民联系出口商、为农民开立储蓄账户,以及为农民增加农业投入提供实物贷款。虽然"鼓网"是一个非营利的项目,但它必须做到能够"自己养活自己"——即足以收支相抵。

要想搞清楚这样一个内容丰富、涉及多个层面的项目的影响是一个相当困难(但也相当令人兴奋)的任务。它有如此多的灵活多变的环节,我们很难搞清楚每一个环节的具体影响。但是,有时候如果我们直接从简单的方法着手,反而可能会收到比较好的效果。因此,我们不妨先来看看整个项目是不是真的有效,然后再放大观察它的每一个组成部分,仔细考量其价值。在2004年的春天,我与纳瓦·阿什拉夫(他就是我们在上一章"节省开支、快乐存钱"这个承诺储蓄项目中看到过的那个纳瓦·阿什拉夫)、泽维尔·吉内(他就是我们在第六章所讨论的菲律宾的群体负债贷款项目中看到过的那个泽维尔·吉内)就利用了上述方法,与"骄傲非洲"合作设计了一个随机对照实验来评估"鼓网"项目的影响。

自从"鼓网"项目开始实施以来,各种各样的农作物的嫩芽便在吉楚古地区(Gichugu Constituency)大片被犁过的农田里破土而出了。在种植玉米以及甘蓝菜的季节到来之前,农民们见缝插针地种植了一些小玉米以及四季豆。农民们对有机会享受"鼓网"提供给他们的一整套服务感到很高兴,同时他们的反响也很热烈。这些应邀加入"鼓网"的服务项目的农民栽培出口农作物的可能性比控制组的农民高 50%。

有趣的是,那些一开始就已经在种植出口农产品的人,虽然也加入了"鼓网"项目,但是,他们仍然倾向于继续保持他们以前的种植规模,似乎他们根本不愿意再把更多的耕地用于种植出口农产品了。大部分四季豆以及小玉米的增长主要来自于那些"转换生"——因为加入了这个项目,而决定立即改变种植的作物,即不再种植原来那些供自己食用的农产品(或者当地的经济作物),而转而种植出口农产品的人。这正好应了一句古老的谚语:财富总是青睐勇敢的人。到了年末,这些"转换生"的家庭总收入比那些控制组的人整整多了三分之一。

仔细测量好土壤的化学成分更有利于耕作

"鼓网"一路高歌猛进,帮助肯尼亚农民不断地把钱装进他们的口袋,而且把他们田里的蔬菜变成欧洲人的盘中餐,它成了一列无法停下来的奔驰的火车,直到有一天,它终于迎面撞上了一堵巨大的墙。整个翻车场面相当混乱,而且也相当令人沮丧,稍后我们会对它作一个全面的分析。不过,在我们细致察看这列失事火车,分析它的失事原因之前,先让我们来看看它的成功之处吧。它是针对肯尼亚农民所面临的具体问题而设想出来的一个可行的(至少最初是可行的)解决方法。它早期所获得的成功并不是一个意外,它是深思熟虑的计划与丰富的地方知识相结合的结晶。根据它以前在这个地区获得的经验,"骄傲非洲"知道,这些农民面临着信息缺乏、与出口商的关系极其脆弱、贷款面临重重限制等诸多难题;"骄傲非洲"还知道,在所有环节上,它都必须亲力亲为。当然,它还很了解吉楚古地区的土壤状况——在那里是可以让四季豆以及小玉米茁壮成长的。

现在,"鼓网"这个项目已经推广到这个国家的其他地方了——在低洼酷热地海岸平原、在北部的干旱地区,甚至在肯尼亚山的另一侧。然而,这些地方的环境可能需要人们设计出一个完全不同的项目。虽然这些地方的农民所面临的经济障碍可能是类似的,但是,也许这些地方的土壤不适合种植四季豆和小玉米;也许"骄傲非洲"应该鼓励他们种植其他可替代的农作物。

关键在于,农业这个行业跟环境的关系非常密切,因此,单一的技术处方——关于应该种什么,如何耕种方面的——是不可能适用于所有地区的所有农民的。

但是,即使这样也无法阻止人们去尝试推广类似于"鼓网"的各种项目。如果吉楚古地区的农民们已经见过了肯尼亚农业部(Kenya's Ministry of Agriculture)派出的推广官员,那么,他们就有可能直接从他那里了解到一些情况。肯尼亚农业部已经为这个国家的所有农民制订了一个计划。根据各地的实际情况,肯尼亚农业部共设计了二十四个方案,供农民选择,每个方案都对如何使用肥料、选择什么种子进行了规定。

从吉楚古往西,沿着肯尼亚—乌干达的边界地带走大约四百公里,就是布希亚地区(Busia District)。布希亚地区的农民种植玉米,肯尼亚官方推荐他们使用杂交玉米种子,还建议他们使用两种肥料——其中一种肥料是在农物刚种下去的时候用的,另外一种肥料则是在作物生长到及膝高时用的。农业部对于他们的建议很有信心,因为他们的建议是根据对当地的土地状况进行检测的结果提出来的。不幸的是,农民真正种植作物时的土地状况,并不总是与农业部检测时的一样。土地的化学成分、含水量、日光暴晒情况等时刻都在发生变化。这些土地状况的差异使得各位农民的土地上的农作物的收成绝对不可能与农业部实验田一样高产。

这或许可以解释以下这种现象：为什么接受政府指导的农民是如此之少。埃斯特·迪弗洛、迈克尔·克雷默以及乔纳森·罗宾逊调查了2000个布希亚种植玉米的农民，他们发现，只有不到四分之一的农民在前一年使用过任何一种肥料，而且只有极少数的农民还在种植政府推荐的杂交玉米。为什么会有那么多的农民对农业部的建议视而不见呢？难道他们从来都没有听说过政策指导这件事吗？还是他们根本就是一些过于愚笨的人呢？研究人员假定，在没有获得充分的证据之前，农民们对政府的建议心存疑虑是有道理的。或许农民们知道一些农业部所不知道的东西，又或许，布西亚的农民如果真的听从政府的建议本身就是一个错误。

为了弄明白问题的症结所在，埃斯特·迪弗洛、迈克尔·克雷默以及乔纳森·罗宾逊开始着手设计了一个简单的随机对照实验。他们随机选出了数百位种植玉米的农民，在他们的土地上挑选出了相邻的三小块土地，与农民们一起耕种，每块土地大约有十七平方英尺。在接下来的六个生长期内，研究人员对种子和肥料的不同数量的组合进行了测试——其中也包括政府推荐使用的情况——他们在两小块土地上进行实验，留下一块作为对照。每个生长期一结束，他们就测量出每块土地的收成。当所有的数据都收集好了之后，关于种子、肥料以及收成之间到底存在着什么样的关系，就相当地清楚了。

就像农业部所声称的那样——事实上，农民们也都知道这一点——高质量的种子以及更多的肥料会带来更高的产量。但是，研究者们并没有停留在这里，他们还进行了更进一步的研究：针对种子和肥料的每一种组合方式，他们都算出了净利润——具体的计算方法是，在农产品的最终销售额中减去总投入成本。在这里，令人感触最深的是有关农民对肥料的选择这件事。确实，在所有这些组合当中，农业部推荐使用的组合方式的产量是所有组合方式中最高的，但是，对农民来说，这种组合方式的投入成本实在是太高了，以至于肥料的投入反而导致了净亏损——具体地说,亏损额等于每年的肥料成本的50%。虽然在现在这个时代,对于农民来说,肥料并不是他们的最大支出,因此在肥料上损失50%并不会导致灾难性的后果,但是无论如何,这也决计不是什么好事。

因此,农业部推荐的做法是不正确的。当然,农民的做法可能也不怎么好。大多数人要么施肥过度了(当听从政府的建议时),要么就是施肥不足。

研究者们的测试结果显示,确实存在着一个有利可图的折中的办法。研究发现,如果每棵农作物只使用半勺肥料(农业部建议的用量为满满的一勺,种植时先施肥,然后再撒上杂交种子),它的产量就可以比对照组提高近一半。更重要的一点是,这样做,能够产生良好的收益。如果一个农民在种植时只施半勺肥料的话,那么,他每年在肥料上的投入就可以给他带来52%到85%的回报。当然,我们还应该注意到,在肥料上的花费只占到了农民在经营农场时所要投入的总成本中的一小部分,这一点不应忘记,但是,对于单项投资来说,52%到85%应该算是很高的年回报率了。(作个参考,这个数据,比过去八十年里美国股票市场回报最好的年份还要稍微好一点。)

农民也是人

虽然类似的潜在获利机会是显而易见的,但是许多农民好像根本没有注意到,他们仍然以世代相传的方式耕种着他们的土地——不用任何肥料,或者很少使用肥料。研究者们指出,如此多的人这样做,绝不会仅仅因为他们想节省一点投入,这需要我们给出一个合理的解释。为什么肥料的使用无法得到全面的推广呢?研究者们构建了一些标准的经济学模型,利用风险厌恶概念与可变回报理论提出了一些解释,但是,这些并不符合他们收集到的数据。在这篇研究农业生产盈利能力的论文的最后一段,研究者们给出的结论是这样的:"在解释生产决策时(例如,决定使用多少肥料等),或许应该考虑非完全理性行为(non-fully-rational behavior)的作用。"

或许这些农民在做出决策时确实是"非完全理性"的,但是,他们终究还是人。研究者们所指出的无非是,肯尼亚农民,跟我们大多数人是一样的,他们不可能像经济人那样做出行为决策。这些农民的思维过程跟我们自己是一样的,容易受到短视、偏差、偏见、先入为主等因素的影响。

行为经济学可以告诉我们的正是上述这些因素是如何发挥作用的,这也正是我们可以利用来帮助发展中国家的农民的东西。虽然你可能不是一个布希亚地区的种植玉米的农民,但是你应该能够赞同这种看法,我们将要讨论这些因素的影响是具有普遍性的,无论穷人还是富人,都概莫能外。它们对肯尼亚农民的生活的影响之所以会如此严重,仅仅是因为允许穷人犯错误的空间比富人还要小得多。

大量的信息:惰性与现状

如果走进一间泥墙垒成的房子里,在低矮的木头凳子上坐下来,然后让你的眼睛稍微适应一下,你就会注意到,房间里面是如此的昏暗,但是,房子外面正午的阳光却是如此的强烈,以至于墙上洞开的窗户看起来像是一块闪着耀眼的白光的方块。感觉仍然还是热,只有热。此时,我们或许会想到:播种的时间快要到了吧。这个季节你要准备种些什么东西呢?是玉米、高粱、小米、大豆,还是木薯?每种农作物种多少?应该把它们种在哪里?你应该买多少肥料?买哪种肥料?要去哪个商店购买?

太多的选择可能反而会让人们无所适从。它们都在同一时间出现,每一种选择都"声称"自己是最好的,因此,有可能你会被这么多的选择项所淹没,结果一个也没选上。同时,获取信息的渠道也是多种多样的。例如,你可以看看你的邻居们都种了些什么,你也可以问问你的邻居们是如何做出选择的。或者,你也可以想想你自己在过去几个季节都种了些什么、你所种植的那些农作物的收成情况如何。又或者,你也可以去拜访一下农业部的推广官员。

当你面对着如此巨大的信息洪流时,哪些信息能够浮现在这个洪流的最上面呢?

具有讽刺意味的是,有时候太多的可选项和政策指导反而会导致我们干脆什么都不选择,这就像我们在第三章中所讨论过的那些杂货店的顾客一样:当面对着太多口味的进口果酱时,他们干脆就什么果酱都不买,直接走了过去。

美国的杂货店的这些顾客可以什么都不买就直接回家,但是肯尼亚的农民则必须做出决定。即使信息量十分巨大,多到让人无所适从的地步,他们也非得要种点什么才行。对于肯尼亚农民来说,什么都不选择也是一种决定,它就相当于决定什么都不去改变,即,继续重复一直以来都在做的事情。

这种情况可以用行为经济学所观察到的最广泛的一种现象来解释,即惰性,或者安于现状的倾向。我们看到,因为惰性使然,或者基于安于现状的心态,人们一次又一次地与新的机会失之交臂。这也可以用来解释以下这种现象:那些身居昏暗的泥瓦房的肯尼亚的农民们,即使已经熟记了各种农作物种植组合,但是,他们仍然会按过去的方法种植,不做任何的改变——或者,换句话说,他们更有可能还是按照他们父母或者祖父母的方式经营农场。

我们更偏好惯常行为,这种现象是普遍存在的,它也是人的一种本性。这种偏好来自于我们理性思维之外的某个地方。以下这个案例充分说明了这一点。一个位于加利福尼亚的电力公司对它的用户做了一项调查,以确定到底应该为用户提供什么样的服务。当地的具体情况是这样:电力基础设施比较好的地区实际上几乎不存在任何电力故障；而基础设施不怎么好的地区则经常会出现断电的情况，但是生活在这些电力基础设施不怎么好的地区的用户则可以少交30%的电费。电力公司想对这些基础设施不怎么好的地方的电力设施进行升级。他们想知道，用户们是否会为了享受改善后的电力服务而支付更多的费用。

加利福尼亚的这家电力公司在调查问卷上列出了六种服务与价格的组合，然后把这张调查表寄给它的用户，请它的用户按自己的偏好对这六种组合进行排序。（实际上，在所有这六种组合当中，既包含了电力基础设施比较好的地区的用户原先正在使用的服务与价格的组合，也包含了电力基础设施不怎么好的地区的用户原先正在使用的服务与价格的组合。）对调查结果进行了统计分析之后，加利福尼亚的这家电力公司发现，虽然关于这六种服务与价格的组合哪种是最好的，人们没有一个一致的看法，但是，有一个结果却是非常突出的，那就是，人们都表现出了对现状的偏好。不管是生活在电力基础设施比较好的地区的用户，还是生活在电力基础设施不怎么好的地区的用户，大约都有60%的用户还是最优先考虑他们原先正在使用的服务与价格的组合。

就像我们在上一章中所看到的一样，就连那些从这种现象中归纳总结出了一般性的理论的经济学家（我们得感谢他们）也表现出了这种偏好倾向。例如，什洛莫·贝纳茨与理查德·萨勒——这两位经济学家是"明天储蓄更多"退休金计划的制订者——对数百名教授的退休金账户进行了跟踪调查。在调查中他们发现，这些教授都表现出了相当强烈的维持现状的倾向。可以预期，如果某位教授能够随时调整自己的投资组合以适应不断变化的需要，那么，他肯定是一位经济学家。但是，这些教授都倾向于选择一个初始缴款比例，然后便一直坚持下去，不再做任何更改了，他们认为如果随时间的推移而不断调整缴款比例太过于繁琐，同时，不断改变缴款比例这件事本身也相当令人厌烦。实际上，在他们调查的样本中，大部分教授在他们的一生中,对退休储蓄的投资组合没有做过哪怕是一次的改变!难道这些都是惰性使然吗?

什么将脱颖而出:近因与可获得性

这种推动着我们去重复地做一些已经做过的事的行为倾向,似乎非常不利于我们做任何改变。但是,我们当中的任何一个人,至少在有的时候确实是会这样去想并这样去做的:冲破固有惰性束缚,义无反顾地去冒险,无拘无束地畅游于一个全新的世界当中。然而,即便在真的这样去做的时候,我们仍然无法完全摆脱原有的行为倾向。现在,让我们回过头想一想那个生活在昏暗的泥瓦房里的肯尼亚的农民吧。假设在这一季,他决定改变一下他一直以来的种植习惯,想种植一些更好的东西,那么他会做出什么样的决定呢?他又将会怎样来做决定呢?

如果他像我们大多数人一样的话,那么,他是不会使用计算器去计算农作物的收成的,或者,他也不会竭尽全力地去搜寻有关农作物产量的最新统计报表。相反,他会去看看他的邻居的田里都种了些什么;或者,他会想起去年他的堂兄弟家的成功种植高粱的经验。虽然经典经济学模型一直强调,决策是系统性的,即必须不带丝毫感情地对每个可选项都进行冷静权衡,但是在现实生活,我们在思考时经常依赖于先例。我们不一定总能认清大局,我们不可能把空间、时间与经验等各个维度上的因素都整合进来通盘考虑,相反,我们往往只能看到一些具体的例子。最近才发生在当地的那些非同寻常的事件,在我们的脑海中会显得特别鲜活,因而能够脱颖而出。在我们进行决策时,这些事件所占的权重远远高于它们本应占的权重。

关于这种现象的一个经典的例子是,如果我们在发生了大地震之后的那些天里推销地震灾害保险,那么它的销售量会猛增。虽然在现实世界中,地震毁坏你的家园的可能性绝不会因为某个特殊事件而增加。但是,地震这个事件很容易让人们联想到保险公司。当你在早上六点钟的新闻里看到一些逼真的地震灾难图像,或者,甚至更直接有力地,当你亲眼目睹倒塌的立交桥和大量的被毁坏的建筑物时,你根本就不会想到,其实发生地震的概率是很小的。突然之间,你会觉得投保地震灾害险是一个不错的主意。

行为经济学的两位先驱,丹尼尔·卡尼曼(Daniel Kahneman)与阿莫斯·特沃斯基(Amos Tversky),为了说明特定的、显而易见的例子是如何强有力地改变我们对事件发生的整体可能性的感知的,精心设计了一个巧妙绝伦的实验室实验。在这个实验中,被试被随机地分成两个组,每个组只需回答一个简单的问题。以下这个是 A 组被试所要回答的问题:

"在一本小说的四页内容当中(大概有两千个单词),你预计能找到多少个由七个字母所组成并以 - ing 结尾的单词?"

以下这个是 B 组被试所要回答的问题:

"在一本小说的四页内容当中(大概有两千个单词),你预计能找到多少个由七个字母所组成并且其中第六个字母是 n 的单词?"

在 A 组被试给出的所有答案中,预计能找到这样的单词的平均数为 13.4 个;而在 B 组被试的所有答案中,预计能找到这样的单词的平均数为 4.7 个。B 组被试猜想的数字如此之低,这很令人惊异,因为只要运用简单的逻辑推理就可以知道:在这两种情况下,其实是由七个字母所组成的单词中第六个字母为 n 的单词应该更多。因为第六个字母为 n 的单词包括了所有以 - ing 结尾的单词,所以由七个字母所组成并且其中第六个字母是 n 的单词应该比由七个字母所组成并以 - ing 结尾的单词更多。出现这种结果的原因,有可能是因为人们在分析这个问题时,还是囿于先例了。因为四个字母所组成的动词再加上一个 - ing 后缀,那就变成了一个以 - ing 结尾的由七个字母所组成的单词了,所以人们很容易就能构造出许多这样的词。但是,当他们听到"由七个字母所组成并且其中第六个字母是 n 的单词"这个问题时,却可能不会立即想到以上这种方法;相反地,他们可能只会想到那些倒数第二个字母恰好就是 n 的单词,就像 harmony 和 lasagna 这样的单词(无论如何,我本人只能想到这两个词了)。正因为类似这样的单词是很难一下子就想到的,因此,人们估计它们出现的频率就变低了。

克服"行为上的抽搐症候",一劳永逸地解决问题

当我们不再局限于对人们的选择行为做出某种解释,而且还试着对这些选择做出某种改进时,行为经济学就变得更加有意思了。这也正是我们在上一章中所看到的"明天储蓄更多""stickK.com 网站""节省开支、快乐存钱"这些具有创新性的项目背后所隐藏的动机。尽管我们所做的还远远没有达到完美的境界,但是,只要我们能够辨别出哪些地方是经常会被我们所疏忽的,那么我们就可以设计出相应的工具,以保证我们更进一步,或者至少能够做到未雨绸缪。

现在,让我们回到布希亚,再来思考一下埃斯特·迪弗洛、迈克尔·克雷默和纳森·罗宾逊的困惑。对于肯尼亚的农民的某些行为,他们百思不得其解,因为这些农民仿佛疏忽了方方面面的情况。毫无疑问地,研究者们的实验结果已经证明了如下这一点,即,如果农民能够在他们种植的土地上施用更多的肥料,那么他们将会从中赚取更多的钱。运用标准经济学的方法甚至连问题出在哪里都无法确定,更不用说找到解决方法了。第一,其实这些肯尼亚的农民们已经知道了肥料是怎么一回事,同时也知道在哪儿可以买到所需要的肥料——因此,存在于肯尼亚农民身上的问题,并不是一个教育或信息的问题。第二,关于购买肥料这件事,你既可以大量地购买,也可以一次只购买一点点,而且,一年四季任何时间都可以买到肥料——因此,储存也不是问题。最后,农民们自己也经常谈到,他们在将来

种植农作物时准备施更多的肥料——因此,意愿与偏好也不是问题。

但是,不可否认地,确实存在着一个问题。而且这个问题非常明显:就整体而言,农民们施肥的数量不足够。

埃斯特·迪弗洛、迈克尔·克雷默和纳森·罗宾逊指出,如果农民已经对肥料有了相当地了解,而且在种植农作物时也想使用肥料,那么农民们所需要的,或许只是在正确方向上轻轻地推他们一把。为此,埃斯特·迪弗洛、迈克尔·克雷默、纳森·罗宾逊与非洲促进儿童生活环境改善投资计划组织(ICS Africa)合作创设了一个名为"促进储蓄与施肥优惠券"(the Savings and Fertilizer Initiative coupon)项目。非洲促进儿童生活环境改善投资计划组织是活跃在这个地区的一个非营利性组织。(稍后,在对这个计划进行评估后,扶贫行动创新研究会(IPA)将会接手非洲促进儿童生活环境改善投资计划组织包括这个项目在内的一些项目的管理和运营。)

农作物刚收割完,"促进储蓄与施肥优惠券"项目的代表们就会到农民家里拜访他们,并且给他们带去一个购买肥料优惠券的机会。有了这张优惠券之后,农民们就可以提前预订肥料,并且在接下来的这个季节保证肥料及时(而且是免费地)送货到家。在收获季节,农民们因为刚刚卖掉了他们的农作物,口袋里有充足的余钱,同时,在他们头脑当中,多少还会想着与农业生产率有关的一些问题。研究者们指出,如果农民们也会偶尔地想到,最好花点钱在肥料上,那么,也就只能是这个时候了。

研究者们说得很对。那些有机会获得优惠券的农民购买的肥料增加了50%以上。最终结果是,这些农民终于实现了购买肥料以使他们的农作物得以更好地生长的宿愿;而且,销售商则在没有降低一分价格的基础上,使肥料的销售量增加了超过50%。

在行为经济学的思想的启发下,我们能够制定出一些多赢的解决方法,使有关参与者都能得到好处。上述这个优惠券计划就是其中的一个典型例子。这个计划设计精巧,它的成本非常低廉,但是却取得了令人难以置信的效果。

在这里,我们需要抓住两个要点。第一,要使农民养成使用肥料的习惯,并不是一蹴而就的事情。由于农民们具有拖延的习惯,而且存在着行为上的短视倾向,这个计划试图解决的问题(即农民施肥不足)每一季都有可能重新出现。所以,要解决这个问题,我们必须长期地坚持下去。这就涉及到了我们"行为上的抽搐症候"——有些时候,要通过治疗减轻它的症状似乎并不困难,但是永远无法完全根除。现实情况正是如此,"促进储蓄与施肥优惠券"项目经过一个收获季节的初次试验之后就结束了,所有的由于增加施肥而获得的收益也就随之消失不见了。农民们又回到了起点。

第二,单就自身而言,"促进储蓄与施肥优惠券"项目或许已经是相当好了,但是仅止于此是不够的。把"行为上的抽搐症候"这个因素考虑进去,然后加以精心设计,即使看上去微不足道的产品,也能够使人们做出截然不同的行为,"促进储蓄与施肥优惠券"项目是一个最好的例子。但是,如果要让这些行为上的变化带来收入的持续大幅增加,以及生活水平的显著提高,则需要有更多、更强大的推动力量。肯尼亚农民所面对的问题具有地方性的特点,而且相当地错综复杂。如果没有一个合适的销售场所、没有可靠的销售渠道、没有可信的价格信息,也没有值得信赖的经销商,那么种植更多的农作物并不见得是一件好事。所有这些,恰好就是我们在这一章的前面部分所讨论过的"鼓网"项目所包括的多层面的解决方法试图去填补的缺口。如果我们把像"鼓网"这样的项目与"促进储蓄与施肥优惠券"这样的项目结合起来,又会产生怎么样的效果呢?现在,我们就来讨论一个与此有关的想法。

"病毒菠萝"(viral pineapple)与社会学习

或许,要使我们的决策得到持久的改善,诀窍无非就是灵活地借用我们已经成功地做完了的那些事情的解决方法罢了。对于农民们来说，要决定种什么、什么时候种、怎么种，首先要做的，也是其中最重要的一步是，走出去看看邻居的农田里都种了些什么。这些农民可以从身边的人那里获取信息，受到启发，得到鼓舞，然后他们就会照此执行；反过来，他们的行为又会促使他们身边的另外的一些人去模仿，这样依次传递下去，就会形成一个自然的反馈回路，它能够形成一种趋势。想一想油管（YouTube）上的病毒视频的例子吧。或者，直接想一想病毒吧。这里有一个推广种植菠萝的项目的例子，就是如此。这个项目被称为"病毒菠萝"（viral pineapple）。

克里斯·尤迪（Chris Udry）是我在耶鲁大学的一个同事，他同时也算得上是我的导师。他负责实施一个名为"病毒菠萝"的项目，通过这个项目我们了解到农民们是怎样学习的。1996年，尤迪与蒂莫西·康利（Timothy Conley）着手开始研究农民们是如何学会接受并使用新的工具和新的技术的。蒂莫西·康利是尤迪以前的同事，他来自美国西北大学（Northwestern），是空间计量经济学（spatial econometrics）的领军人物。他们做研究的地点在加纳阿夸平南部地区（Akwapim South District of Ghana），这个地区在加纳首都阿克拉以北，离阿克拉有一小时的路程。

加纳阿夸平南部地区是一个做研究的好地方，因为在加纳阿夸平南部地区的连绵起伏的群山上正在悄悄地发生着一些变化。那里的农民曾经世代都种植玉米和木薯——随着季节的变换，轮番地种植这两种作物。但是，在1990年，一些小小的均匀地长着锐刺的多汁的叶片首次在这片土壤上探出了脑袋。一小部分农民，他们的人数还不到当地农民总数的十分之一，开始在这里种植出口到欧洲去的菠萝。随着第一批敢为人先的农民们种植了菠萝，并且获得了成功之后，其他的农民也跟进了。到1996年尤迪与康利去做调查的时候，在加纳阿夸平南部地区已经有将近一半的农民在种植菠萝了。

加纳阿夸平南部地区农民们在农作物种植方面的改变有很多值

得我们学习的地方。与玉米和木薯相比，菠萝既是一种劳动密集型的农作物，同时也是一种资金密集型的农作物。它需要精耕细作，而且需要更多的肥料。不幸的是，菠萝的种植、管理并不能完全按照指导手册里所写的那样去做。农民们只有通过近距离的观察或亲身实践才能掌握有关的技术——每株菠萝之间的具体的间距、施肥的具体的时间和数量。但是这些信息的获得，并不一定非得通过第一手的资料才行。某个种植菠萝的人只要与别人一起探讨，学习他人成功和失败的经验教训，就能够省下大量用于反复试错的时间。

康利与尤迪想弄明白的是：农民真的能够学会种植菠萝的经验吗？这些农民真的会相互分享信息吗？如果这一切都是真的，那么农民们是怎么做的？

因为信息这东西既没有大小，也没有形状，它还是无色无味的，所以我们很难去追踪它。大部分农民是通过口头语言来传播信息的，而口头语言这种东西，一旦说出去后，很快就会消失得无影无踪。虽然我们对农民们的谈话内容无从考究，但是我们却能够密切地关注和观察它的影响。康利与尤迪研究策略是这样的，通过监测菠萝的种植者的施肥决策以建立他们之间进行信息传播模型，以此来取得他们之间存在社会学习的证据。

首先，要弄清楚这个问题，康利与尤迪必须根据信息传播的可能路径画出一张地图。因此他们拜访了加纳阿夸平南部地区的 180 个菠萝的种植者，并且问这些种植户，他们一般是与哪些其他菠萝种植户讨论种植菠萝的经验的。结果他们得到了一系列相互联系起来的网络——"信息社区"（information neighborhoods），它们把每个菠萝种植户与所有可能与他相互学习或者相互传授经验的种植户都联系了起来。

在接下来的两年时间里，康利与尤迪定期地进行回访，跟进追踪记录这些农民的相互学习、相互传播经验的过程。果不其然，各个"信息社区"里经常都会出现信息活动，这说明人们确实是在学习的。举个例子，当其中的一个农民使用了一种新的施肥方法时，他所在的信息社区里的其他邻居就会注意到；如果他所使用的这种施肥方法导致了更高的利润，那么他的邻居就有可能会效仿他的做法。而另一方面，如果某个农民所使用的施肥方法导致了更低的利润，那么在下一个种植季节，他的信息社区里的其他邻居可能就会避免采用这种方法，而采用另外一种施肥方法。

除了证实确实存在着社会学习情况之外，他们记录下来的有关施肥的资料还揭示出了这样一种现象，即在人们的社会学习过程中，自然而然地形成了一个层级系统。那么在这样一个层级系统中，谁最容易受到别人的影响？而谁又是最具影响力的那个？研究数据证明，那些新的菠萝种植者最容易受到他们的信息社区里的其他邻居的影响；而那些经验丰富的种植者是最有影响力的人。这些具有丰富的种植经验的老种植户是最具影响力的人，他们的影响主要体现在以下两个方面：第一，他们的信息社区的规模往往更大；第二，他们所在的信息社区里的其他邻居总是密切关注——而且也更可能效仿——他们的做法。

新的菠萝种植户总是会借鉴老的菠萝种植户的经验这一点并不奇怪，但是，得知这种情况，对于我们设计有效的项目却很重要。

例如，假设你已经找到了一个很好的菠萝品种，并且知道最佳的施肥方法，同时，你也有足够的资金可以建立一打菠萝种植示范区。那么我们应该选择在哪里建立示范区，以便于把这个好消息更快地传播出去呢？你有很多种方案可供选择：你可以随机地选择示范种植区域；你也可以让示范区均匀地分布于整个这个地区；或者你也可以把这些示范区放在最大的村庄的附近。但是现在，掌握了信息社区的层级结构后，就有一个更好的方法来传播这个好消息了。就像你应该把你的产品广告植入关注度最高、流量最大的那个网站上一样，你也应该把你的示范区放在最受关注的地方。根据"病毒菠萝"项目的研究结果，那些最受关注的地方应该是在经验丰富的老种植户的田里。

"鼓网"项目的崩溃

18世纪苏格兰诗人罗伯特·彭斯(Robert Burns)生活在发展经济学这个概念出现两百年以前,所以他根本不可能知道发展经济学的第一要务是什么。同样地,当罗伯特·彭斯写下他那首著名的诗的时候,他当然做梦也不可能想到,他自己所写的诗句居然会跟新千年来临之际的一个反贫困项目有关。罗伯特·彭斯是这样写的:

不管是人是鼠,即使最完美的安排设计,结局也往往会出人意料。

一切承诺给我们的快乐都将成空,留给我们的只有悲伤和痛苦!

或许,我们可以这样来理解:尽管我们提前预见到了问题,并且事先制订好了计划,但是,事情仍然会失控,我们的宏伟愿景到头来可能不过是镜花水月。

现在,让我们回头再来看看在肯尼亚实施的"鼓网"这个项目,它旨在鼓励和帮助肯尼亚农民种植出口到欧洲去的四季豆和小玉米。当我们离开这些肯尼亚农民的时候,这个项目运行良好,农民们正快速行进在正确的方向上。2004年,在第一个收获季节结束后,参与"鼓网"项目的农民们通过销售农产品给出口商,获得了很大的利润。(然后,这些出口商转而把农产品卖给欧洲的食品商店。)第二年,当这些参与"鼓网"项目的农民们想继续种植这些出口农产品时,却面临着一个巨大的挑战:在2005年初,大多数欧洲食品商店都采用了"欧洲良好农业规范"(EuropGAP),这是一个全新的农产品安全标准。

如果这些参与"鼓网"项目的肯尼亚农民想继续向欧洲出口他

们的农产品,那么他们的农产品就必须满足"欧洲良好农业规范"的标准,通过它的认证。这也就意味着,农民们必须要有一个用来对农产品进行分类分拣的大棚、一个带有抽水马桶和水泥地的安全的化学品储藏室、一个存放机械喷雾器的仓库,农民在处理化学品时必须穿上现代化的安全防护服、每次种植时都必须详细记录种子的品种以及肥料的使用方法、每年都必须对水和土壤进行专业的分析。悲哀的是,对大多数参与"鼓网"项目的农民来说,完全无法达到这些要求;甚至对于少数有可能达到这些要求的农民,这也是一个巨大的挑战。如果不对他们的农场进行更新改造,没有一个参与"鼓网"项目的农民能够在"欧洲良好农业规范"的标准下赚钱。

因此,现在这些农民面临着一个选择:要么加大投入,要么干脆退出,如果想继续出口到欧洲去,那么,则必须在大棚、储藏室、喷雾器以及其他的一些设施上面增加投资,否则就得选择退出"鼓网"项目。另外一项独立的研究估计,如果要遵守"欧洲良好农业规范"的标准,那么每个农民则大概需要花费581美元,这笔钱大约等于一个标准的参与"鼓网"项目的农民十八个月的收入。这根本不是一个好的选择,绝大多数农民都承受不起。

到了这个阶段,不得不放弃某些东西了。这里所说的"某些东西"就是"鼓网"项目本身。2006年,也就是第二个种植季节结束的时候,"鼓网"项目彻底崩溃了,这时出口商宣布他们再也不会来购买农民们的农产品了,因为这些参与"鼓网"项目的农民们所种植出来的产品没有一件能通过"欧洲良好农业规范"的标准认证。如果没有出口商来收购农产品,那么生产销售的链条就断裂了,再也不会有卡车来运走大袋大袋的四季豆以及大量的小玉米了。因此这些农民全都陷入了困境,项目再也无法进行下去了。在农民们收获的农作物当中,一部分直接腐烂掉了,另外一部分则在蒙受了巨大损失的情况下设法低价卖给了中间商。

又一个年头过去了,"鼓网"项目所能留给吉楚古地区的农民的,除了痛苦的回忆便再也没有什么了。就像在几年前一样,农民们又开始恢复种植玉米、土豆、甘蓝菜了——一如他们的父母、祖父母多年来所做的一样。

强大的基础

虽然对于"病毒菠萝"和"促进储蓄和施肥优惠券"这类项目来说,行为经济学家可以为它们提供许多建议,但是,仅凭这些建议本身是无法取得成功的。各种各样的发展项目要想取得成功,需要更基本的其他一些东西的支持,这就是开放的市场体系、健全的法律制度、完善的基础设施,等等。

这些基础因素的改变既可能会损害上述发展项目(例如,当出口到欧洲去的农产品的标准发生了改变时,即欧洲各国采用了"欧洲良好农业规范"之后,"鼓网"项目也就被彻底摧毁了),也可能会促进发展项目。这是因为,它们拥有特别强大的力量:能够打开巨大的新的经济成长空间的力量,从而使穷人不再被禁锢在穷困的界线内。在印度西南海岸的喀拉拉邦,更广阔的经济成长空间的具体含义是,让更多的人吃到鱼。

至少从公元元年开始,喀拉拉邦的渔民就已经在收获大海赐予的礼物了,那就是整网整网的银光闪闪的鱼。他们把鱼捕上岸后,就可以在市场上出售了。在喀拉拉邦绵延数百英里的海岸线上,星罗棋布地分布着许多市场。在两千年以来的大多数时间里,渔民们都是到了晚上才驾驶着渔船返航,停靠在离家最近的那个市场的海岸边,然后在那个市场上把他们白天所捕得的鱼卖给零售商。这种做法有一个很大的优势,那就是简单易行,但是效率却很低。在给定的某一天,渔民们拿到市场上去卖的鱼要不是超过当天的需求量(这样一来,就意味着供过于求了),就是少于当天的需求量(即供不应求)。具有讽刺意味的是,离这个市场只有几英里远的某个小镇上却经常面临着恰恰与之相反的问题（即,虽然渔民们当天的鱼多得卖不掉,但是这个小镇上的鱼却不够卖,很多人买不到鱼吃）。就整个喀拉拉邦来看,供需基本上是平衡的。但是由于渔民们只在当地的市场上销售自己的渔产品,这个呆板的习俗使得买卖双方无法实现匹配——显然这对买卖双方都不利。

1997年,加州大学洛杉矶分校的经济学家罗伯特·詹森（Robert Jensen,他同时也是一位电影制片人）组织了一个为期一个星期的调查,调查主要针对的是喀拉拉邦十五个海滨市场的沙丁鱼的销售情况。在通常情况下,十五个市场中会有八个市场出现买卖不平衡现象,要么供过于求,要么供不应求。这就意味着,在某些市场上,想购鱼的人满怀希望而来,却两手手空空失望而归;而在另外一些市场上,很多鱼却卖不掉,白白地浪费了。鱼的价格是依据供求状况来决定的,在这些海滨市场上,鱼的价格每天都在上下波动。那些供应量比较大的市场上,渔民们对于卖不掉剩下来的鱼就直接采用最简单的处理方法:把鱼扔掉;而在另外一些供不应求的市场上,人们为了购买一公斤沙丁鱼得支付十个卢比。结果是,不管是对渔民们来说,还是对购鱼者来说,市场都充满着不确定性。

但是,在1997年至2000年间,当喀拉拉邦引进了移动电话之后,一切都变得不同了。沿着海岸线安装移动电话的信号塔并不是任何一个援助项目的一部分,而是一个以营利为目标的通信公司的投资,因为信号塔是移动电话的基础设施。关键在于,利用移动电话互通有无恰好就是解决渔民们所面临的问题的最好的方法了。现在,渔民们不必每天下午只在离家最近的市场上瞎卖了,他们可以驾着渔船致电给附近的其他市场,询问价格情况,然后选择去利润最高的市场上进行销售。

为了评估引进移动电话对鱼市的整体影响,詹森充分利用了如下这个有利的现实条件:移动电话信号塔是一个接一个安装起来的,而随着信号塔的不断安装,移动通信逐渐开辟了一个又一个新的市场领域。这种实验构成了经济学家们所称的"自然实验"——从表面上看起来,这个实验的形式以及实施都很像一个随机对照实验,但是它的对照组以及控制组的人员的分配是通过自然过程完成的(在这个实验中,实验对象是随着移动电话信号塔的建造而自然而然地实现了分配的),而不是利用某种有目的的、特定的随机方式完成的。

事实证明,只要把移动电话引进某一个喀拉拉邦的地区,这个地方的鱼市场就会在一夜之间稳定下来——事实上,不管是在鱼的价格上,还是在鱼的"可得性"上,都是如此。整个地区各市场上的沙丁鱼的每周价格变动表,看起来就好像是一个用来检测灾难性地震的地震仪画出的图表一样,因为价格总会收敛到大约每公斤6卢比。现在,消费者们无论什么时候去市场,都有希望买到价格比较合理的鱼了。同样地,渔民们也有了指望,因为他们每天都有可能售光所有的鱼,收入也稳定了很多。看到渔船与海岸上各市场之间的通信如此频繁,一定会非常高兴。经济学家们对此也很满意,因为他们看到引进了移动电话之后,渔民减少了许多无谓的损失——那些卖不掉的鱼也不再被扔掉而白白地浪费了。这对每一方都有利。

为什么与贫困作斗争最终会变得像火箭科学呢?

哈佛大学经济学家迈克尔·克雷默是一个根深蒂固的乐观主义者和信念坚定的人士,他相信,如果我们能够有效地利用那些已经证明为有效的工具和方法,那么,在反贫困工作上,我们一定可以取得巨大的进步。也正是因为这个原因,迈克尔·克雷默才会放弃休假,利用他自己的闲暇时间访问肯尼亚的小学生,以了解这些学生的患钩虫病的具体情况;这也就是为什么他会不断地想着,如何促使政府和有关机构推广各种已经被证明有效的做法。他也是因在反贫困领域里做出的杰出贡献而获得麦克阿瑟基金会"天才"大奖的三位学者之中的第一位（另两位获奖者分别是埃斯特·迪弗洛和森德希尔·穆莱纳桑）。说实在的，如果迈克尔·克雷默真的认为经济发展就像航天飞机空难的发生那样无法控制，他自己也就不可能会如此投入了。虽然在某种意义上，他就是因为从"挑战者号"航天飞机爆炸事件入手来讨论经济发展问题而知名的。

当一个人亲眼看到，翱翔于大西洋上空、像一条巨大的金属鲸鱼的"挑战者号"航天飞机，轻轻地断裂开来，突然爆发出猛烈的火焰，冒着白烟的机件四处飞散，在天际划出了像蜘蛛网一样的纹路，在这个时候，他最直接的想法应该是，事故发生应该完全归咎于机械方面的重大故障。在万里无云的天空中，残破的机件坠落时，极像从一颗光秃秃的老树剥脱下来的形状古怪的树枝，充斥着这个画面的是来自任务控制中心的单调而怪异的声音："这显然是一个重大故障。"

但是，几个星期之后，当航天飞机的残骸从大西洋底被打捞上来，并被详细地检查后，美国国家航空航天局认定，罪魁祸首是一个小小的O形橡胶密封圈！"挑战者号"航天飞机发射当天，气温很低，这个O形橡胶密封圈脆化了，无法使航天飞机保持良好的密封性。

迈克尔·克雷默指出，"挑战者号"航天飞机堪称机械史上的一个奇迹，它由数千个可移动的组件构成，动力强劲达几百万匹马力，有三个高达15层楼高的燃料箱，但是，这个庞然大物却完全依赖于一个无比脆弱的橡胶小零件。这个橡胶小零件，与你家的浴室水龙头中所用的那个橡胶小零件几乎没有什么区别！事实上，"挑战者号"航天飞机确实依赖于无数个类似的人们司空见惯、转眼就会忘记的东西。任何一个小铆钉、小阀门的损坏，任何一个小电路的失灵，都可能导致重大的灾难。

像航天飞机一样，每个发展项目都是一个非常复杂的系统，许多因素都可能成为爆裂点，导致它的失败——价格、信贷、基础设施、技术、法律、信任水平，甚至天气，都可能如此。"鼓网"项目的失败恰恰证明了一点,任何发展项目都很容易遭到失败。谁又能想到意大利超市决定采取的采购政策会导致肯尼亚农民破产呢?

当然,好消息是,任何一个潜在的爆裂点同时也是一个潜在的机会。O形橡胶密封圈很容易修好,你所要做的,无非是加强检测而已。说到底,谁又能预料到一个简单的肥料优惠券就能彻底改变世代相传了上千年的耕作方式呢?

第九章
学习:在场的重要性

2000年9月,联合国发表了一个宣言,公布了新千年发展目标(Millennium Development Goals),从而发动了一场雄心勃勃的旨在消灭贫困现象的战役。新千年发展目标包括八个发展基准(development benchmark),如果这些发展目标全都实现了,那么全世界受苦受难的穷人将大大减少。这是一个伟大的计划,是历史上的重要一页,许多人都对它表现出了极大的热情。189个国家宣布接受联合国这个宣言,在它上面签字的国家元首和政府首脑多达147位。

在关于发展和消除贫困问题的全球对话的历史上,这个共识是一个关键的分水岭。联合国这个宣言表明,全世界最有权势的那些人物终于同意,既然无法现在就完全解决发展问题,或者说无法就解决所有最需要关注的紧迫问题的指导原则达成一致,那么,至少也得在如下这一点上达成一致——具体的目标是哪些,用什么指标来衡量它们。当然,这些指标的定义必须清晰明确。(不过,即使在后面这一点上,他们仍然未能完全达成一致,因为许多人抱怨说,他们最喜欢的倡议被排除在外了。)然而,也有人指出,这些具体目标和指标现在得到的支持太过轻易了,特别是当支持者自己无需面对失败的直接后果的时候,因而也就没有多少实质意义。在此,不妨引用伊斯特·杜弗尔古(Esther Duflgoo)说过的一句话:"根本没有火星人会来威胁我们,'因为你们没有实现以前承诺的目标,所以我们将会入侵地球!'"——是的,[联合国]确实并没有责任要保证这些目标都能实现。

不过,无论如何,有一件事是肯定能够得到所有人的支持的,那就是教育。教育问题确实是一个相当具有号召力的焦点。(说到底,难道你曾经见过任何一个反对**教育**的政治广告吗?)在新千年发展目标中,首当其冲的正好就是"普及初等教育"(排在第二位的目标是"消除极端贫困和饥饿")。"普及初等教育"排名如此之高是有充分的理由的,尤其重要的一个事实是,教育的成果还会潜移默化地影响我们所关心的其他发展项目的成败。受过教育的人能够找到更好的工作,他们的身体健康状况也更好,在性别问题上也能得到更平等的对待。许多人还指出,教育本身也是目标,这是因为,受过教育之后,人们才能掌握读写和计算方面的技能,而读写和计算方面的技能是人们拥有积极的精神生活所必不可少的东西。因此,从政治的角度来看,在联合国,教育目标很容易赢得各国的认同。

然而,对于居住在加纳中部的一个小村庄里的安东尼(Anthony)来说,与教育有关的一切东西并不会如此确定。与联合国一样,安东尼也深信,教育是个有价值的东西,不管是因为教育本身的缘故,还是因为他相信教育能为他打开未来之门。总之,他想获得更多教育。但是,不幸的是,单凭各国政要们的签字并不能帮助他完成这个心愿。

如果联合国有关方面邀请安东尼去签字,他当然会非常愿意把他的名字签在那个具有里程碑式的意义的宣言上。事实上,当杰克遇见安东尼的时候,他刚刚练了一通书法。

事情要从杰克的妈妈来加纳看望杰克说起,当时杰克正作为一名助理研究员在加纳工作。他们沿着坑坑洼洼的公路一路行驶,一直来到加纳的博苏姆推湖(Lake Bosumtwi)。博苏姆推湖像一个银光闪闪的大圆盘,它原是一个巨大的陨石坑,四周都是陡峭的火山岩壁。他们沿着湖边一直往前行驶，一路上尘土飞扬，直到来到一块转弯处的高地上才停了下来。他们把车停在了一块平坦的泥泞的洼地上，洼地被周围高大而茂密的树木遮蔽着。村子里的小孩子们一定是听到了汽车呼啸而来的声音，因为在汽车停稳之前，他们已经围上来了。他们像是一个杂牌军，参差不齐，形形色色，各种各样的人都有。又高又瘦的十几岁的青春期男孩在这群人当中已经显得相当具有威信；年纪更小一些的男孩则甚是喧闹，他们不停地相互推搡威吓；已经进入青春期的女孩屁股后面则跟了一大群年纪更小的弟弟妹妹。这种混乱的局面告诉你，不会有多少外人来到这里。

杰克和他的妈妈被这些小孩子们团团簇拥着，这一群人在几位年纪略微大一些的男孩的带领下穿过树木和一小片满是芦苇的沼泽地。远处就是湖滨了。孩子们请他们在那里驻足，杰克和他的妈妈感到很惊奇。但是，他们照做了。当杰克远眺湖面时，有一个看起来大概十七八岁大的男孩走了过来，轻轻地拍了拍他的肩膀。男孩大声地笑着，对杰克说道："下午好！"

"下午好，谢谢你带我们来到湖边。"杰克回答道。

"哦，这个湖，"男孩伸出手指指向那一片水域，目光则越过了他自己的手指。他面带微笑地说道，"它就是博苏姆推湖。"

"是的，我听说过这个湖。"

"我叫安东尼。"

"嗨，安东尼。很高兴见到你，我叫杰克。"

"Tjchek？"

"或者，你叫我雅各布吧。叫我雅各布也可以。"

"哦，雅各布先生！我们很高兴见到你。"安东尼一直面带微笑。他扑闪着一双大大的、明亮的眼睛，显得有些激动。

"我也很高兴，你直接叫我雅各布吧，后面不需要带上'先生'二字的。"

但是，事情已成定局。对安东尼来说，那天的杰克就是雅各布先生,而且在以后的日子里,他都将称杰克为雅各布先生。半小时后,当杰克和他的妈妈将要离开村庄时,安东尼请杰克留下电话号码,在那个时候他也是用"雅各布先生"这个称呼的。安东尼在他的简易笔记本上写下了"雅各布先生"几个字,而在这几个字的边上还有一些用蓝色的圆珠笔非常认真地、工工整整地写着的其他的字。安东尼告诉杰克,自己正在练习书法,这些字就是他的"书法作品"。杰克看到,安东尼写的东西大部分是他自己的名字,它被重复地写了很多遍。字与字之间间隔均匀,整整齐齐地排成一行一行。"这是今天早上我写的。"安东尼说道。

几个星期之后,安东尼给杰克打了个电话。安东尼说,他想找杰克讨论一些非常重要的事,他将会到阿克拉来与杰克会面。因为来首都需要花费他六美元钱(更不要说,还要坐八个小时摇摇晃晃的卡车了。),杰克建议安东尼,他可以在电话里谈。但是,安东尼不同意。他坚持要来阿克拉,他说,他会在星期五来。

星期五,安东尼如约而至。那天下着倾盆大雨,街道被雨水冲刷得一塌糊涂,像是春天冰雪消融后汇聚成的一条条泥泞的溪流。安东尼费了很大力气才随着跌跌撞撞一路滑行的大卡车车流走出首都中心泥潭一样的"曹曹"火车站(trotro station),然后来到了位于小山上的邮政总局。当杰克在约定好的时间里找到他的时候,安东尼正坐在邮政总局的遮雨篷下面。安东尼的衣服全都湿透了,但看上去并不肮脏,在他扑闪扑闪的大眼睛下面依然挂着跟过去一样的灿烂的笑容。

杰克和安东尼站在遮雨篷的下面,大片大片的雨水像瀑布一样从遮雨篷的三面倾泻而下。他们不得不大声的喊叫,因为这样才能听清对方的话。安东尼详细地叙述了他的困境。他刚刚参加完高中联考(Senior Secondary School Exams),这场考试的结果将决定他是否有资格接受高等教育——综合性大学、理工学院或者高职院校。他有些担忧。安东尼对杰克解释到,他的父母亲竭尽所能,倾全家所有供他读书,而且把所有的希望都寄托在他的身上。

安东尼并不是家里唯一的一个孩子,但他是最大的一个——就目前而讲,他也是唯一的一个参加了高中联考并且可能有机会到更高学府深造的孩子。他的父母亲知道,供孩子们读完初中之后,他们再也没有钱让所有的孩子继续学习了。因此,他的父母就集家里的所有财力,投资于他一个人身上。安东尼的兄弟姐妹们的牺牲意味着,他可以继续读下去,至少可以再坚持多读一会儿。对安东尼的父母来说,他们当然认为,最好是其他更小的孩子也不要辍学。安东尼的父母是这样想的,一旦安东尼读完了大学,找到了一份好的工作,就可以赚得足够的钱来供弟弟妹妹们重新回到学校读书了。

这个家庭最近做出了一个英勇的举措,他们东拼西凑,省吃俭用,终于付清了安东尼参加高中联考的费用。现在,家里一分钱也没有了,真正家徒四壁了。如果安东尼的高中联考分数足够高,那么就有可能获得高校提供的奖学金,但是,要想获得奖学金,首先得提出申请。每次申请都得支付40美元的费用。这就是安东尼来找杰克的目的了。

杰克怎么能拒绝呢?如果这40美元(或者80美元,又或者120美元)能够让安东尼以及他的兄弟姐妹顺利走上教育的"康庄大道",那么,杰克的这笔钱确实也花得物超所值了。但是,像所有的好心的捐款人一样,杰克也是有疑问的。首先,也是最重要的一个问题是:你想去哪里读大学,为什么要读大学?

杰克希望从这个问题开始,进行一次愉快的交谈,但是,由于安东尼无法马上回答这个问题,使谈话陷入了一个小小的冷场。有那么一会儿,安东尼的笑容消失了,他盯着发出震耳欲聋的响声的倾盆而下的大雨,显得有些发呆。不过很快地,他就恢复了过来,并且很流利地说出了加纳三个著名的教育机构的名字:一所文科大学、一所工程职业技术学院以及一所师范类大学。安东尼说,"我的目标是上大学,这样我就可以拿到学位证书。我自己也有更大的发展空间,可以找到更好的工作。"

"但是,你所说的这些学校之间有很大差异。一所学校是培养老师的,而另外一所学校是培养科学家的。你到底想学什么?你将来又想从事什么样的工作呢?"

"我将来一定要学地理学。至于工作,我要进入某大公司,我想成为一名经理。"

"一名什么样的经理呢?"

"哦,什么样的公司都行的,或者银行吧。"

事情已经很清楚了,安东尼根本不知道他自己想要的到底是什么。而且最让人头痛的是,安东尼必须马上搞清楚这个问题。从交谈中可以看出,安东尼根本不知道高等教育到底是什么东西——应该投入些什么,投入后会得到什么样的回报。尤其是,安东尼根本没有谈到自己想学到一些什么样的技能和经验,而这些技能和经验恰好就是他想获取一份好工作最终所需要的。但是,当说到大学学位(任何一个大学的学位)的时候,他却怀着无比崇敬的心理,好像学位就是一个无所不能的护身符,能够给它的拥有者带来财富和声望。无论何时谈到学位,笑容就会回到安东尼的脸上。至于具体的细节问题——课程设置、教育机构、将来的老板,等等——好像都是很遥远的事。对于像安东尼这样的人来说,似乎接受更高级的高等教育的全部价值就在于,它能够使人们有机会获得一个具有神奇力量的学位。对此,安东尼从来不曾置疑过。

我们并不是在打击他。当然,确实有数以百万计的高中毕业生最后都成功地进入了大学,在美国是这样的,在其他国家也是一样。我们中的许多人(其中也包括杰克和我自己)在高中毕业之前,对于自己日后的路应该怎么走、职业生涯应该如何规划等问题,也根本无法给出一个确定的答案。我们之所以追求大学学位,是因为我们知道它会给我们带来很多好处——即使我们一开始可能根本不知道应该如何利用它。一旦我们进入了大学,我们就会尝试着去接触许多新的东西,无意之中,我们可能会发现一个我们感兴趣的研究领域,然后开始热心于这项工作。因此,我们所走的道路在很大程度上是某种即兴选择的结果,而且这是一个曲折而漫长的过程。但是,对安东尼来说,情况却完全不同:他的家庭在他的教育上投入的资源太多、太沉重了,而且整个家庭自身也前途未卜,所有的希望都寄托在了他的身上,所以允许安东尼犯错的机会少之又少。在这种情况下,安东尼必须对未来有某个清晰的规划,这样对他来说才可能是最好的选择。

因此,在这个问题上,杰克决定一点一点地给安东尼施加压力,要他想清楚。杰克建议安东尼,可以从最后的目标开始,进行如下逆向推理:先确定一个现实的目标(比如说,获得一份银行里的工作),然后搞清楚为了实现这个目标需要采取的最佳途径(例如,在大学的四年里,要学习有关商业、金融以及会计方面的课程)。杰克又建议安东尼,也可以进行如下前向推理:先确定自己最喜欢做的事情是什么(比如说,踢足球),同时,再仔细想一想其他喜欢做的事(比如说,辅导自己的弟弟做数学),然后再设想一下,真的按照这样的路径发展下去的话,最终会得到什么结果(比如说,在某一个中小学里教数学)。

安东尼的未来的轮廓绝不可能在那个下午的一刹那间就完全成形,而且他也承认,在此之前,他从来都没有以这种方法思考过这些问题。渐渐地,他开始形成了一个计划。

他们谈了将近一个小时。天有些晚了,由于他们一直站在遮雨篷下面,两个人身上都湿了。他们是被从排水管道里飞溅出来的雨水慢慢地溅湿的。安东尼说,他必须到"曹曹"车站去了,因为他不能错过往北方开去的最后一班卡车了。他扑闪着大大的眼睛,目光穿过了雨水,望向挣扎在泥泞街道上的车子,所有这些车子都驶向山脚下那个陷在泥沼中的车站。杰克问安东尼,他是否还会再次来到阿克拉,那样他们就可以进行一次更深入的交谈,决定到底应该怎么做。

"一次更深入的交谈?"安东尼问道,"我想你会帮助我的,你会资助我去申请奖学金的。"

"但是,你要把申请表交到哪里去呢?难道我们这样谈了一次后,你就已经做出了决定了吗?"

笑容和自信又回到了安东尼的脸上,显然关于这个问题,他已经做好了回答的准备。"是的,我会把申请送到这三个地方"——他很流畅的再次说出了那三个学校的名字——"就像我前面已经说过的,我会申请这三个大学,因此所需的申请费用是 40 美元的三倍,也就是 120 美元。"

杰克觉得自己简直要晕倒了。"但是,我们刚才不是已经谈了很多东西了吗?难道你忘记了我们刚才谈论的关于学习课程的计划,以及怎么样做才能找到一个具体的工作这些事情了吗?"

"哦,雅各布先生,你一定要帮我,一定,一定,"安东尼微笑着,挥动着他的双手,"总之说真的,我不知道在现在这个申请的阶段,我们要谈论这些干什么。我想这是将来的事。但是,拜托,雅各布先生,现在就要提出申请了,我想我应该可以指望你的帮助吧?"

杰克给了安东尼 15 美元,以便支付来回旅费,再买点东西吃吃。大雨天辛苦跑一趟,只得到了这样的结果,安东尼可能并不满意。然而幸运的是,故事到此并没有结束。我们很快就会再次见到安东尼。但是,有了上面这些信息,其实已经足够了。窗口已经打开,我们已经看见,要为穷人解决教育问题,最迫切、普遍的问题究竟在哪里。

第一步:增加学生

说实在的,我们现在并不能宣称,我们已经很清楚教育——真正的学习——到底是怎么样发生的。但是,我们对教育确实还是有一些了解的。让我们从以下这个显而易见的事实开始讨论吧:教育发生在学校里,教育是教师与学生之间所发生的一些事情。对于这一点,我们总该有信心吧。虽然学生是教育必不可少的一个组成部分,但是,全世界至少有1.15亿适龄儿童未能入学。他们为什么不去学校上学呢?

其中一个解释是价格问题:学费太贵了,以至于许多家长没钱送孩子去学校读书。在有些国家,政府不举办任何免费的公立学校,甚至连初等教育也不免费,在这样一种情况下,因为私立学校学费过于昂贵,很多人只能望洋兴叹,根本无钱送孩子进入私立学校接受教育。不过,实际上,这样的国家已经越来越少了,这种缺少教育资源的国家只占到了全世界所有国家中的极少一部分。实际上在有些国家,问题反倒是太轻易就可以获得教育了——至少在理论上是这样的。举个例子,在加纳,按规定,政府必须提供免费的义务教育,一直到高中毕业。在这种情况下,安东尼的父母为什么会承担不起孩子们接受中等教育的学费呢?

答案是,加纳这种义务教育虽然称为免费教育,但它其实并不是完全免费的。加纳存在的这种情况具有普遍性。首先,接受教育是要付出机会成本的——也就是说,如果一个学生不在教室里上学,那么他可以去外面赚钱。其次,教育还有许多定期发生的显性成本。学生们要自己承担校服费、课本费、午餐费、公交车费,学生们还要自己购买笔记本、铅笔、钢笔。除了这些之外,学生还要承担家庭教师协会的费用(PTA fees),另外为了准备考试也要支付一些额外的费用。(在加纳,情况是这样的,如果考试在课外时间进行的话,学生就要交纳一些额外的费用。)如果要参加全国性的标准化考试,比如说,像安东尼所参加过的那种高中联考(高考),那么还要交纳报名费。

这些附加费用足以把许多穷人家的孩子拒之于学校大门之外。不过,大多数人虽然感觉前途一片暗淡,但是都还会抱一线希望。也就是说，人们总会心存接受教育的决心和渴望。许多父母之所以没有送他们的孩子去学校，是因为没有钱，但是，只要他们有能力负担得起，他们就会送孩子们去读书。其实就这个事本身而言，这样说，也只不过是聊以自慰而已。幸运的是，它仍然给我们指出了一条解决之路：如果人们想接受教育，但又负担不起教育费用的话，那么就可以设计一些发展项目，让教育变得更便宜，从而帮助更多的学生完成学业。

另一个好消息是，我们并没有止步于思考研究，我们已经开始取得了一些实际进展。全世界已经涌现了几十个项目，它们的宗旨都是通过降低与教育有关的费用，从而让更多孩子走进教室，其中许多项目已经通过了严格的评估。不过，所有这些项目都面临着一种风险，即它们的规模和复杂性很难控制，从给小学生分发校服这类看似最简单的援助项目，到各种涉及公众健康问题的全国性计划，都是如此。下面就让我们来看一些具体的例子。

学生的校服

哈佛大学的经济学家迈克尔·克雷默确信（他也就是我们在上一章中所看到的那位构建"航天飞机发展理论"的经济学家），一些基础性的东西与教育关系重大。O形橡胶密封圈必定会起作用。迈克尔·克雷默和他的两个学生大卫·埃文斯（David Evans）以及穆托尼·那提亚（Muthoni Ngatia）怀疑，可能就是那些简单的东西导致了链条的断裂（比如说，校服、课本、笔记本等等）。或许学生们就是因为没有这些东西而使他们感到很尴尬，所以才不来上学的。他们提议，用一个随机对照实验来测试一个简单的解决方法。在这个实验中，他们将免费给一些学生分发校服，再来看这样做是否会使他们的入学率有所提高。

迈克尔·克雷默他们决定与非洲促进儿童生活环境改善投资计

划组织合作（它也就是我们在上一章中所看到的实施"促进储蓄与施肥优惠券"项目的那个组织），当时非洲促进儿童生活环境改善投资计划组织正在肯尼亚西部地区管理一个资助小学生的项目。这个项目从捐助者的钱中拿出了一部分，为受资助的学生每年购买一套校服，以及支付一些全校性的福利开支——教室的修缮费、购买书本的费用、每年接受两个受过专业训练的护士来访时的接待费、农业部的代表来校组织学生社团在校园内种植农作物时的指导费。这些全校性的福利是全校的所有学生都能够平等地从中受益的，而不仅限于那些受资助的学生。

在这个随机对照实验中，有十二个小学被选中参与这个实验，经费也相当充裕，受资助对象覆盖了将近一半的学生。受资助的对象是这样挑选出来的：首先被选中的是那些失去双亲或父母当中有一位已经去世的学生；其他的受资助的学生则是通过抽奖的方式随机地选择出来的。负责现场实验的工作人员要对学校进行多次暗访，跟踪调查受资助与没有受到资助的学生的入学率。他们同时还利用年度标准化测试的机会观察所有学生的成绩。

在实施这个项目的三年时间里，那些从非洲促进儿童生活环境改善投资计划组织那里得到校服资助的学生比那些没有得到校服资助的学生的出勤率更高。在开始实施这个项目的时候，学生的缺勤率徘徊在18%左右——因此大多数学生每个星期都有某一天是不来学校读书的。根据追踪调查的数据，研究者们发现，得到校服的资助使得学生的缺勤率下降了7个百分点——也就是说，缺勤率减少了三分之一以上。

对这些受资助的学生的数据进行了分组分析之后，研究者们发现了另外一个显著的结果。在这个项目刚开始实施的时候，在那些从非洲促进儿童生活环境改善投资计划组织中得到校服资助的学生当中，出勤率的提高主要集中在那些自己原本一套校服都没有的学生身上。这些原本连一套校服都没有的学生的缺勤率下降了13个百分点——缺勤率的下降比例居然高于三分之二！——而一开始自己原本就拥有至少一套校服的学生的出勤率变化则微乎其微，从统计学的角度来看，几乎没有区别，约等于零。

看起来，研究者们最初的想法似乎是对的。给那些原本一套校服都没有的学生资助一套校服就会使情况发生很大的变化，但是给那些原本就至少有一套校服的学生追加一套校服，情况并没有发生什么变化。

克雷默的研究团队和非洲促进儿童生活环境改善投资计划组织设计的这个项目是符合常识的。如果真的有能力，许多学生的父母亲肯定会为自己的孩子们购置校服。研究者们意识到，这些孩子们如果觉得自己显得与众不同，他们就会觉得很尴尬，因此帮助孩子们，让他们感觉到更舒适自然，不失为一个好的解决方法。在这里，不妨用克雷默的"航天飞机发展理论"来做一个类比，为那些确实没有校服的学生提供校服就等于是用其中的一个 O 形橡胶密封圈去把教育这个体制的某条缝隙封上。

直接开出支票

给孩子们提供免费的校服只是让孩子们回到教室里去学习的一个有效的办法，但它肯定不是唯一的办法——而且还可能不是最好的那个办法。对于我们花费出去的每一个美元，我们真正想知道的是，使用什么方法才能达到我们所期望的最好的教育目标？我们不能只评估一种解决方法，然后就浅尝辄止。说到底，我们终究不得不在许多看似很好的想法当中做出选择。这样一来，看似一致的结果就可能会变得全然不同。

在这里，就有另外一个使教育变得更便宜、更直接的做法：作为送孩子去学校读书的回报，直接把钱支付给孩子的父母亲。这类项目被称为"有条件的现金转移"项目，因为它们是根据受益者的行为而有条件地给予直接补助。通过教育扶贫的一个成功的故事是墨西哥的"进步教育项目"(Progresa)——这个项目现在已经更名为"机会项目"(Oportunidades)。这是一个由政府管理的有条件的现金转移项目：如果孩子们的母亲能够使他们的孩子到学校去的出勤率保持在85%以上，那么就可以得到现金资助。

"进步"教育项目开始于1997年，在那个时代，它算得上是这类项目当中最大的也是最野心勃勃的一次尝试。由于这个项目代价不菲，政府想知道它花了这么多钱后到底能得到什么样的效果。因此，政府与经济学家们合作，设计了一个随机对照实验，来检验这个项目对教育的影响。他们在实施这个实验的时候，实现了将它与该项目的无缝衔接。实际上，他们的实验设计成功地将预算限制转变成了一种优势：在一开始的时候，由于没有足够的钱，无法在所有495个目标社区同时运行"进步"教育项目，因此，他们随机地选择了三分之二的社区马上开始实施这个项目，而剩下的社区则在一个为两年期的时间段里作为控制组对它们进行监测。等到这个两年期的时间段一过，资金也变得充裕了，这时，"进步"教育项目便在这些原本充当控制组的社区里开始实施。这样，他们就可以在不拉下任何一个他们想帮助的人的前提下，对项目进行严格的评估了。

耶鲁大学的经济学家保罗·舒尔茨(Paul Schultz)仔细研究了"进步"教育项目对学校入学注册率的影响，数据显示这是一次非常成功的"全垒打"。一切正如所料，在参与了这个项目的那些社区里，那些受到资助的学生中途辍学的可能性更少。所有年级的辍学率都下降了，而且辍学率的下降主要体现在中学生身上，而在这个项目实施之前，中学生的辍学率是最高的。

由于这个项目的规模非常大，能够在如此大规模的尺度上证明教育项目的有效性，这不能不引起人们的极大关注。墨西哥政府当然有理由自豪，因为将项目的实施与项目效果的评估整合到一起这种做法确实可以算得上有先见之明。更加重要的一点是，全世界的其他国家也开始效仿墨西哥的做法。今天,多亏了墨西哥的这个教育项目,哥伦比亚、洪都拉斯、牙买加、尼加拉瓜、土耳其和许多其他国家都出现了类似的有条件的现金转移项目,为数以百万计的家庭提供了帮助。

从优秀到卓越

在哥伦比亚首都波哥大(Bogotá)实施的补贴项目是墨西哥的"进步"教育项目的其中一个衍生物。在这个补贴项目的初步设计阶段,政府原来的构想是效仿墨西哥的例子:如果他们的孩子上学的出勤率能维持在80%或以上的水平,那么有资格获得资助的家庭每月都将会收到现金补助。同样受墨西哥"进步"教育项目成功的启发,波哥大的这个项目也聘请了一个由经济学家组成的团队——世界银行的费利佩·巴雷拉·奥索里奥(Felipe Barrera - Osorio)、芝加哥大学商学院的玛丽安娜·贝特朗(Marianne Bertrand)、扶贫行动创新研究会研究员、哥伦比亚大学的利·林登(Leigh Linden)以及 G 指数研究中心(G | Exponential)的弗朗西斯科·佩雷斯·卡利(Francisco Pérez-Calle),请他们设计了一个评估实验。

经济学家们看到了一个机会,可以使一个好主意变得更好。经济学家们建议波哥大政府先测试一下针对该补贴项目两个小小的调整,它们可能在不需要增加什么成本的前提下大幅度提高该项目的有效性。对这个补贴项目所做的第一种调整,只不过是简单地调整一下支付时间:对受资助的学生的父母,政府不是每月都支付全额的资助款,而是把资助款的三分之一存入一个储蓄账户,一年后,如果学生再次回到学校注册入学,就把余下的款项支付给这些学生的父母亲。对这个补贴项目所做的第二种调整,是使支付的条件和结构发生一些变化。第二种调整与第一个调整有一个相同点,即有资格接受资助的家庭每月将会定期收到三分之二的资助款,但是,与第一种调整不同,这里有一个变化,那就是,余下的那三分之一资助款要等受资助的学生中学毕业之后,才以奖金的形式支付给那些学生的父母亲。如果这个学生毕业后马上就被一所大专院校录取了,那么,她的父母亲可以提早拿到这笔奖金;如果这个学生没有被大专院校录取,那么,她的父母亲必须要再等上一年才能拿到这笔奖金。

该补贴项目的这两个变种都是根据行为经济学的洞见设计出来的。研究者们认为,激励的货币价值并不是人们决策时的唯一依据,激励的时间点也是很重要的。现在,不妨让我们回过头来想一想我们在第七章里讨论过的那个卖花环的妇女薇嘉雅的处境。因为她的丈夫难以遏制对酒的渴望,所以她口袋里的钱从来都不是安全的。一个标准的"进步教育"式的有条件的现金转移项目可能并不很适合像薇嘉雅这样的家庭(虽然她的醉鬼丈夫可能会很喜欢每个月支付给她们一大笔资助款),不过,如果对资助款发放的时间做一些调整,就可能会使那些受资助的家庭变得很不一样。

使一次性奖金的支付时间与学生们再次返校入学的时间保持一致,还有另一个潜在的优势。那就是,这样做可以减轻这些受资助家庭在每学期开学时的现金支出负担,因此,这样做也可以提高这些家庭购买学习必需品的可能性。你想想看,要开学了,而你又恰好拿到了一笔钱,你是不是会更容易进行返校购物呢?

研究者们同时实施标准补贴项目和它的第一个变种,并且对它们进行了一个随机对照实验,把它们放在一起来作比较。研究者们还进行了第二个随机对照实验,来评估补贴项目第二个变种。研究者们跟踪调查了大约一万三千名学生的出勤和入学注册情况:八千名学生分别被随机地安排到三个处理组当中,这三个处理组分别是基本处理组(实施标准的补贴项目)、第一变种处理组(实施补贴项目的第一个变种)和第二变种处理组(实施补贴项目的第二个变种),而另外五千名学生则作为控制组被观察。一年之后,观察结果表明,很明显,从总体上看,激励的方法确实在起作用。就像在墨西哥所观察到的一样,与控制组相比,那些被安排到处理组的有资格接受资助的学生的缺勤率下降了大约12%至26%。

这同样也可以证明这两个变种比标准的有条件现金转移项目更有效——波哥大当局确实找到了改进这个成功的"进步教育"模型的方法。尤其是,这两个变种对入学率的影响都比标准的"进步教育"式项目的更大。结果表明,被安排到实施标准的补贴项目的基本处理组的学生第二年返校注册的比例并不比控制组的学生更高;而那些被安排到两个变种处理组的学生则很明显更有可能再次返校学习。而且更重要的是,大学入学率的逐年增长绝大部分都可以归因于那些预计最有可能会辍学的学生身上。这也就意味着,这种激励措施确实打动了那些最需要的人。

但是,在标准补贴项目与这两个在行为动机上有所区别的变种最显著的差异则表现在大专院校的入学率上。从统计学的角度来看,实施标准补贴项目对大专院校入学率的影响几乎等于零,而它的这两个变种则可以大大地提高大专院校入学率。控制组的大专院校入学率为21%,而两个变种的大专院校入学率却有了极大地提高:第一变种处理组的大专院校的入学率几乎提高了一半,第二变种处理组的大专院校的入学率更高达控制组的三倍多!

我们不想让自己过分沉迷在数字里,但是重要的是,搞清楚这类细节问题(如时间)是怎样产生如此巨大的影响力。到目前为止,像许多其他行为上的"轻推一把"一样,我们刚才看到的波哥大的这两个基于标准的现金转移项目的变种让我激动不已。它们是如此的睿智和巧妙。更重要的是,这两个变种的成功引起了政策的制定者们和实践者们极大关注,因为这些人明白——而且他们也很愿意避免——对项目进行彻底的修改或者重新开始设计新的项目是非常大的挑战。

有的时候,非常细微的改进,就可以导致非常不同的结果,就像上面所讨论的那两个标准补贴项目的变种一样,它们只是在时间上稍做变化,就对家庭决策发生了巨大的影响,导致了完全不一样的结果。

令人惊讶的成功一击:驱虫运动

道理不再多说了。下面再来看另一个项目,它的实施使学生的出勤率变得特别高,而且说实在的,这种结果大大出乎研究者们的意料之外。

迈克尔·克雷默再次回到了肯尼亚进行研究。这一次,他是与加州大学伯克利分校的爱德华·"泰德"·米格尔(Edward "Ted" Miguel)合作,研究一个看起来似乎不太体面的、与人们可能患上的各种蠕虫病——钩虫病、蛔虫病、鞭虫病和血吸虫病——有关的问题。我们很多人都知道,在许多游客叙述的故事当中,这些蠕虫通常都充当反派角色,会给人带来极大的烦恼。在现实的日常生活中,它们给全世界数十亿人带来的麻烦却比故事当中所说还要多得多——尤其是在发展中国家。全世界大概有四分之一的人感染了这些蠕虫病。蠕虫病感染严重者会表现出诸如严重的腹痛、贫血以及蛋白质营养不良等病症,这些病症会严重损害一个人的身体健康。当然,实际上,绝大多数蠕虫病的感染者病情并不严重。但是,具有讽刺意味的是,这才是个大问题。蠕虫病会引起人们普遍而持久的不舒服——昏昏欲睡、轻微的恶心——对这种感觉许多人都已经习以为常了。事实上,许多人一生都伴随着这种感觉。

从生物学的角度来看,这些蠕虫都是寄生虫,它们生活和繁殖在人类和动物的粪便当中。当人们接触了藏有寄生虫的粪便污染的水和土壤时,就会被感染。关于传播的细节,不同的蠕虫之间有一些轻微的不同,但是,不管是哪种蠕虫病,都是极易被感染的。传染途径根据蠕虫类型的不同而各有不同:有的可能是因为不洗手而导致你吃下了某种受到蠕虫污染的脏东西;有的可能是你因为在湖水里嬉戏玩耍；甚至有人可能是赤脚踏进了某个水坑，而这个水坑附近刚好有某个蠕虫病患者或动物的粪便——这些行为都很平常，但任何一种都有可能导致感染蠕虫病。因此，我们不需要有丰富的想象力就能明白，在发展中国家，蠕虫病对孩子们来说是怎样的一场大灾难。

幸运的是，已经出现了治疗这些寄生虫病非常有效的方法——只需要一颗驱虫丸，就可以杀死寄生于人体内的 99% 的蠕虫，并且大概能够保护人们四个月免受蠕虫的侵害。更进一步，每颗药丸的生产、运输以及治疗处于危险中的儿童的费用总计只有 20 美分。

应该为每个需要的人提供这种廉价的治疗，从公共卫生的角度来看，这根本无需多做思考。免费分发驱虫丸不仅对每个人都有利，而且还有更重要的理由。这些蠕虫的传播其实是一种连锁反应：蠕虫是通过受到污染的水和土壤进行传播的；而水和土壤之所以会被污染，是因为存在着受污染的粪便；而藏有寄生虫的粪便恰好正是由那些患有蠕虫病的人所排泄出来的。因此，如果某个社区里受蠕虫病感染的人越多，那么他们越有可能使其他人生活在一个危险的环境中。相反地，如果在这个社区里患病的人越少，那么对社区里的其他人来说，环境就越安全。

在这样一种情况下，让个人得到治疗，其实是符合公众利益的，实际上，人们确实非常需要治疗的介入。我们应该尽我们所能除去人们身上的蠕虫——不仅仅为他们自身着想，而且也是为了大家的利益。这个合情合理的推理，是推动克雷默和米格尔在 1998 年，参与评估为肯尼亚西部的小学生提供免费驱虫丸项目的原因之一。

克雷默和米格尔再次与非洲促进儿童生活环境改善投资计划组织（就是那个为学生发放免费校服的组织）合作，并且设计了一个简单的项目。首先，非洲促进儿童生活环境改善投资计划组织的工作人员在学校里召开家长会，向孩子的父母亲详细介绍了有关蠕虫病的知识，并且要他们签署同意书。然后工作人员回去准备驱虫丸，分发给那些父母亲已经同意的学生服用。大多数父母（大概有 80%）

同意他们的孩子服用驱虫丸。

克雷默和米格尔设计了一项研究,来检验该项目对学生健康和学生成绩的影响。非洲促进儿童生活环境改善投资计划组织确定了七十五所小学作为研究对象,研究人员把这些小学分成了三个小组。其中二十五所学校在1998年实施这个项目;另外二十五所学校在1999年实施这个项目;剩下的学校则在2001年实施这个项目。就像在墨西哥实施的"进步教育"项目一样,这种分阶段实施项目的设计允许非洲促进儿童生活环境改善投资计划组织可以按它的需要使任何一个人都可能成为处理组的一员(尽管时间安排有先有后),而且这样做,还可以从中获得关于这个项目的有效性的严密的证据。

为了证明驱虫治疗方法的效力,研究者们非常希望看到学生们的健康状况有一个明显的改善。结果确实没有令他们失望。这个项目的实施使得受蠕虫感染的人数减少了一半——这个数字是针对接受药丸的学校的所有学生而讲的,因为不仅仅是那些服用了药丸的学生受蠕虫感染的机会下降了。这个故事说明了社区利益的级联放大效应,而这正是研究者们所期望的:驱虫运动打乱病虫传播的循环线路,从而使得那些没有服用驱虫丸的人情况也有所好转。原因很简单——导致人们感染的病虫更少了。

但是随之出现的另一个结果是,有更多的学生开始来学校学习了,这有些出乎研究者们的意料,特别是学生出勤率的改善幅度之大令他们很惊讶。在实施这个项目的那些学校里,学生的缺勤率下降了大约四分之一。对于这样的结果,不仅是研究者们很满意,学生们也很满意,非洲促进儿童生活环境改善投资计划组织在无意之中找到了一个非常有效的方法,可以让孩子们回到教室里来学习。

如果光从费用上来讲,这个项目的效率是无与伦比的。其他旨在提高学生出勤率的项目虽然也可能有效,但是与这个发放驱虫丸的项目相比,其费用可谓高昂。对比一下有关数据吧:同样是使一名学生多上一年学,实施"进步教育"项目时,分摊到每个学生身上的费用大约为1000美元;实施免费分发校服项目时,每个学生平均费用大概为100美元;而实施"驱虫运动"这个项目时,每个学生平均费用仅为3.5美元。看到这些数字,你可能会以为你看错了,但是你确实没有看错。

毫无疑问,米格尔和克雷默的原创性研究所得到的这个非同寻常的结果对所有发展中国家都有重要的启迪意义。很快,以学校为基本单位展开的驱虫运动就在各地推广开来了,远远超出了肯尼亚丛林地区。不过,虽然米格尔和克雷默对他们的研究结果深信不疑,但是他们并不打算公开倡议把这种以学校为基本单位展开的驱虫运动一直延续下去,他们也不想提倡在所有的地区都实施这个项目。米格尔和克雷默很清楚,一个简单的评估能够告诉他们的其实相当有限。

在实验结束的时候,米格尔和克雷默得到了大量的真凭实据,它们支持如下这个简单的理论:如果某个学校的缺勤率以及蠕虫感染率比较高,那么在那个地区实施以学校为基本单位的驱虫运动总能大幅度提高学生的出勤率。就像任何一种科学理论一样,增加这个理论的可信度的唯一方法是,对这个理论再次进行检验。

米格尔和克雷默并不需要等待太久,再次检验这个理论的机会很快就降临了。2001年,当肯尼亚的研究告一段落时,米格尔携同来自多伦多大学的古斯塔沃·波波尼斯(Gustavo Bobonis)和来自印度尼莱玛雅健康基金会(India's Niramaya Health Foundation)的查鲁·普瑞·沙玛(Charu Puri-Sharma)一起设计了一个随机对照实验,来评估在印度德里的幼儿园所实施的驱虫项目。那里的蠕虫病的感染率更高,大概每三个孩子当中,就有一个孩子遭受蠕虫病的折磨。其实在发展中国家,还有另外一个祸害孩子们的疾病,那就是贫血症,但是,只要付出很少的代价,贫血症就能得到可靠的治疗(就贫血症而言,只要给孩子们补充铁元素就可以了)。令人惊讶的是,有69%

的幼儿园学生患有贫血症。

在印度实施的这个项目很像肯尼亚的那个项目：项目的工作人员也是事先征得了学生的父母亲的同意，然后才把驱虫丸、补铁丸以及维生素 A 丸分发给学生服用，一年分发三次。果然，学生的缺勤率下降了 20% 左右，这个数据跟肯尼亚得到的数据大致相同。

在印度重做肯尼亚的原始研究所得到的上述结果非常鼓舞人心，此后，以学校为基本单位开展的驱虫运动在全世界范围内迅速得到了推广。基本理论其实非常浅显——在蠕虫病感染比较严重的地区开始以学校为基本单位的驱虫运动是十分有效的——而且支持这个理论的证据也在不断地增加，因此这个理论的拥护者们很快便擂起了战鼓，顺势大声疾呼推广这个项目。他们这个观点还得到了来自芝加哥大学的霍伊特·贝里克利（Hoyt Bleakley）的进一步证实。霍伊特·贝里克利分析了在美国南部为根除钩虫而进行的旷日持久的斗争的相关历史数据，在那里，由于洛克菲勒基金会的努力最后终于在 1910 年根除了钩虫病，从而使得当地人的长期收入得到了提高。来自肯尼亚的大量证据也证实了这个故事。研究者们对参与米格尔和克雷默的最初的驱虫项目的研究对象进行了后续跟踪调查，结果发现，十年之后，最早被安排到处理组里的那些学生（因此这些学生还接受了两到三年的以学校为基本单位的驱虫治疗）比更晚才被安排到处理组里的学生工作时间要多出大概 13%，而赚得的钱也大概要多 20% 到 29%。几粒价值 20 美分的药丸，带来了巨大的、持续不断的收益。

幸运的是，所有这些好消息已经完全抓住了人们的眼球。以学校为基本单位的驱虫运动已经成了最近发生在发展中国家的、基于事实证据而做出正确决策并取得了巨大成功的故事之一。仅在 2009 年，就有 26 个国家的超过两千万的学生接受了驱虫治疗。

再次见到安东尼

当我们离开的时候,安东尼正冒着大雨疾步朝山下的"曹曹"车站跑去,以便及时赶上从阿克拉往北开的最后一班卡车。安东尼没有免费的校服,没有优秀学生奖学金,也没有有条件的现金转移项目的资助在等着他。但是,他有抱负,还有一个潜在的资助者,这总比什么都没有要好一些。几个星期之后,经过进一步的讨论(这次,谢天谢地,是通过电话讨论的),杰克同意替安东尼支付两个学校的申请费。一个是四年制的文科大学,而另外一个是两年制的师范学校。安东尼一直在提心吊胆地等录取通知书。

到了六月中旬,安东尼打电话告诉杰克说,他已经被那所师范院校录取了。在几个星期之后,安东尼又告诉杰克,说他"可能有机会"被那所文科大学录取。从电话里听起来,安东尼有些激动。当杰克问他,"可能有机会"是什么意思时,安东尼解释到,有些申请者是马上就被接受的,有些申请者是当场就被拒绝了的,而还有一些申请者却被提供了"一个机会",可能会被录取——意思是说,这些申请者可以通过贿赂招生办的官员而被录取。很显然,这个招生办的官员不会直接说出明确的价码,不过,安东尼猜测,几百美元就能搞定。

现在事情已经变得比较清晰了,它看起来有些令人厌烦。杰克告诉安东尼,他很愿意替安东尼支付学费,但贿赂金则不行。但是,安东尼固执己见,说这事实上并不算贿赂,因为在这里事情就是要这样办的。但是,杰克只要一想到这样一个场景,就感到很恶心——在某个容易让人出汗的办公室里,一边是一个高大的满脸都是奸笑的工作人员,肥嘟嘟的手里紧紧地攥着一大把钱;而安东尼则神情紧张地站在另一边,也一样满脸堆笑——不过是谄笑着,他的眼睛不停地眨着,为的是不至于让自己的双眼紧盯着那一大把钱。而且,这个事情的结果如何,又有谁能肯定呢?安东尼承认,那些通过走后门而被录取的学生,时间拖得越长,被要求支付的贿赂金会越多。因此,安东尼勉强同意他的第二选择,进入那个师范院校学习。此外,还有一个好消息,那就是,安东尼一旦在那个师范院校注册入学了,学校便会给他一个马上就可以开始工作的机会,即,让安东尼当某个私立小学的兼职教师。安东尼在离大学不远的一个村庄里找到了一份工作,并且在那个夏天开始上班。几个月之后,安东尼再次缠上了杰克,他打电话给杰克,要向杰克借笔钱支付房租。安东尼在学校附近的一个公寓里租了个单间。

杰克被搞糊涂了。"安东尼,你自己为什么不支付房租费呢?你不是正在做兼职赚钱吗?"

"是的,雅各布先生,是的,我是在做兼职赚钱。但是,我却什么也没拿到。"

"没拿到什么?"

"钱呀。"

"我不明白,你难道没有报酬吗?"

"是的,哦,不,学校的老板,他欠我们钱。他说,他是想付工资给我们这些老师的,但是他现在一无所有。"

"噢。他怎么可以这么做呢?如果他没有钱付你们工资,又怎么可以要求你们工作呢?"

"是的,这就是我们遇到的困难。至于报酬,老板说,他不能给我们发工资,因为他自己都身无分文。"

"哦,那你最后一次拿到钱是什么时候呀?"

"我一直在等着拿钱呢"。

安东尼已经工作了四个月了,但是,连一分钱的工资也没见着。安东尼和其他的老师制订了一个计划,他们的计划也是有道理的。他们的计划是,如果老板不付钱,那么安东尼他们就罢工。就这么简单。但是,还有一个遗留下来的问题,那就是,学生。学生们怎么办呢？

第二步：让教师回到教室

就像我们早些时候曾经说过的，虽然我们不能声称我们已经有了一个解决教育问题的一揽子方案，但是，有一点我们是很确定的，教育至少涉及两个组成部分，即学生和老师。到目前为止，在这一章里，我们已经介绍了一些旨在让学生回到教室的具有创新性的项目。但是，这里还有一个问题，那就是，如果孩子们抬起头来却只能看到空空的黑板，那么他们就会问：老师到哪里去了？（安东尼在做兼职的那个学校就是如此。）

如果你仔细倾听，你可能会听到许多人都用印度语问这个问题。在印度，大概有2.5亿学龄儿童，他们当中的很多人都经常会碰到教师缺席的情况。在对印度全国的农村学校进行了一系列的不定期的随访后，研究者们发现，大约四分之一的教师都不在教室里；而且，在那些待在教室里的教师当中，也有足足一半的人都不在上课！这似乎可以帮助解释关于这个国家的教育状况的一个悲惨的事实：在2005年的一项全国性的调查中发现，有65%的公立学校的二年级到五年级的学生连简单的段落都不会读，而50%的学生则不会做基本的算术题。

这些数字非常的糟糕，对那些确实准时来校想完成学业的学生来说，这些数字反映了一个残酷的现实。同在教育这条战线上，教师们为什么会成为学生的敌人，而不是盟友呢？当然，教师们不应该旷课，但是这件事情不完全错在教师身上。部分责任应该归咎于校长以及学校的管理人员，他们对教师的在岗情况疏于检查，或者，更糟糕的是，他们居然能够容忍教师的旷工。这并不是说，要是真要管理好学校是件容易的事：即使拥有正确合理的规章制度，在乡村小学校监督教师们的出勤情况也是一件相当单调乏味的事，而且也相当的耗时。

一张照片值一千卢比

一个名为舍瓦曼地尔（Seva Mandir）的印度非政府组织,对这些问题略知一二。这个组织管理着将近 150 个偏僻的小学校。这些小学校位于印度西部拉贾斯坦邦（Rajasthan）的一个美丽而古老的城市乌代布尔（Udaipur）之外的丘陵地带。这是一些部落村庄学校,每个学校只有一间教室,一名教师。舍瓦曼地尔解决教师旷工问题的方法确实算得上是一种创新。

舍瓦曼地尔与埃斯特·迪弗洛和哈佛大学的经济学家雷马·汉纳（Rema Hanna）一起工作,他们想到了一个把监督和激励结合到一起的方法,它也许能够解决教师旷工问题。由于直接检查教师们的出勤情况太过于烦琐,于是,他们采取了一个更巧妙的方法,利用成本只有几美元的一次成像的照相机,让教师们自行进行监督。在每个教学日开始和结束的时候,选一个学生出来,让他给老师和班级里的其他同学拍一张集体照。为了防止弄错,相机还会在每张照片上都做上标记——打上时间和日期戳。利用这种方法,舍瓦曼地尔总公司的管理人员只要通过查阅整筒胶卷,马上就核实出数个星期以来教师们的出勤情况。

在现场有了这个照相机来充当他们的眼睛,这个如何监督的问题就得到了解决。但是,他们还得给教师们一个不旷课的理由。这个项目还需要"牙齿"。因此,舍瓦曼地尔决定把教师的工资与他们的出勤记录捆绑在一起。在旧的管理制度下,只要每个教师在一个月之内至少出现二十天,那么他就能每个月领到 1000 卢比的工资（约等于 23 美元）,当然,教师们也被告诫,如果旷工将会受到被解雇的惩罚。实际上,解雇教师这种事是很少发生的,如果真有,很显然,那也是那些教师自己罪有应得。新的计划是这样的,如果每个教师每月教学天数只有十天或者更少,那么只能得到固定的500卢比(11.5美元)的工资,另外,工作天数如果超过十天,那么,每天追加50卢比(1.5美元)。要实施这个新的激励机制,这些相机刚好就是他们所需要的工具。

舍瓦曼地尔的管理人员认为,他们做了一件有意义的事,但是,他们不能只满足于自己的直觉。作为一个组织,舍瓦曼地尔同样要对他们所做的这个创新方法进行严格的评估。舍瓦曼地尔的管理人员确信,帮助穷人的最好的方法是把资源投入到那些被证明为有效的项目上,而对那些证明为无效的项目则应进行修正或者干脆就放弃。迪弗洛和汉纳配合新制度的实施,做了一个随机对照实验,他们在舍瓦曼地尔采用新激励机制的学校里随机地安排了一半左右的学校作为处理组,而剩下的学校则作为控制组被监测。

不需要对此进行细致的分析就能明白到底发生了什么。照相机与激励机制相结合的方法使得教师的出勤率更高了——而且高出了许多。教师缺勤的天数平均减少了一半,相比较而言,实行了新的制度之后,缺勤率从42%下降到了21%。在这个项目中,虽然学生的出勤率并没有什么变化,但是,与旧的管理体制相比,单就教师教学天数的增加这件事来看,就意味着,学生所接受的教育几乎增加了三分之一。更进一步,对学校进行的一系列不定期的随访确认,教师们在那些按出勤天数追加的发工资的日子里,不仅只是出现在教室里,而且还是真正在从事教学工作的。

在检验中,好消息不断传来。那些使用了相机的学校里的学生的学习成绩明显地好于仍然实行旧的管理制度的学校。舍瓦曼地尔深受评估项目中得到的这些真凭实据的鼓舞,决定在所有学校推广这项制度,其结果是,教师的出勤情况持续地得到了改善,直到今天,学生们仍在继续受益。

当你需要的不只是更高的出勤率时

在孟买（Mumbai），问题并不在于教师的旷课，而在于学校里缺乏教师。每个班级的学生人数都太多，超出了有效教学的范围。

有一个名为"爱神布拉罕"（Pratham）的印度非政府组织，从常识出发，采取了一个有效的方法来解决这个问题。他们指出，如果我们没有足够的教师来完成教学工作，那么，他们有办法可以让我们获得更多的教师。"爱神布拉罕"与政府学校合作，开展了一个项目。在每个教学日，他们把那些在学校里学习最差的学生拉出教室两个小时，由受"爱神布拉罕"雇佣和培训的辅导员对这些学生进行基本技能的辅导。这些辅导员被称为"家庭教师"（*balsakhis*）——用印度语说就是，"孩子们的朋友"。

埃斯特·迪弗洛与麻省理工学院的同事阿巴吉特·班纳吉、哈佛大学商学院的肖恩·科尔以及哥伦比亚大学的利·林登一起着手研究，他们试图搞清楚，"家庭教师"项目是否对学生们的学习有影响？是怎样影响学生们的学习的？他们在两年内，通过观察350所学校的学生考试成绩来对项目的实施效果进行检验。在被随机地安排为实施新的管理制度的学校中，大概有一半的学校接受了这个检验项目。正如所预料的一样，那些被拉到校外的"家庭教师"学校进行补习的落后生的考试成绩比以前更好了。即便是最乐观的人也对这些学生学习成绩提高的幅度感到很惊讶，在"家庭教师"那里接受补习之后，这些落后生的考试分数有了大幅的提高，与那些在学校里接受普通教育的学生相比，他们分数的提高幅度高出了一半。

走对路了

很显然，那些被选中参与家庭教师项目的学生因他们受到的额外关注而得益。但是，人们期望看到可能是全部学生都能够得益——甚至包括那些从来都不需要补习的学生——因为每天把那些后进生拉出去补习两个小时，实际上使班级的规模减少了一半。那些小班化教学的支持者一直认为，每个教师所教的学生更少，将更有利于学生学习，因为那样，教师对每个学生的关注度都会得到大大的提高，教师们可以做到因材施教，满足每个学生的需求。

小班化教学是依据学生的具体能力来进行分班的，所采用的教学技巧被称为跟踪(tracking)式教学。小班化教学的拥护者争辩道，跟踪式教学可以使教师能够更有效地根据学生的水平进行因材施教。相反地，当面对的是一大群能力水平参差不齐的学生时，教师们被迫"针对中等生进行教学"，这种教学方法所传授的知识无法满足优等生的需要，而对那些差生来说，所教的东西又超出了他们可接受的能力范围。而反对小班化教学的人的观点是，如果与最优秀最聪明的学生在同一间教室上课，每个人都会得益于此，因此，根据学生的能力实行分班化教学，就等于是剥夺了差生享用这一有价值的资源的权利。

总之，关于跟踪式教学方法的价值，仍然众说纷纭，但是，以下这句话我们是可以说的：在许多情况下，小班化教学是一个可行选择方案。对于一个为了实施小班化教学而已经准备追加雇佣一些教师的学校来说，跟踪式教学——比如说，根据上一年度的期末测试的成绩对学生进行分组——是比较容易的，而且成本也不高。这种方法也是很有效的。

从本质上来讲，在孟买实施的这个家庭教师项目只是一个兼职性的跟踪教学计划。在每个教学日，在差生被拉出去补习的这两个小时内，留在班级内的学生被有效地跟踪了。但是结果却表明，这个家庭教师项目对那些没有被选中的学生可能并没有带来更多的好处。实际上，研究者们不能排除这种可能性：这个项目对他们根本没有任何影响。正如我们所看见的，总的来说，这个项目带来了明显的积极的影响,但是不能就此对它评价说,跟踪是这个项目中最重要的那部分,因为我们所看到的这个良好的影响是由整个项目所带来的,这个项目的内容包括以下三部分:某些学生接受每天两小时的由受过特别培训的家庭教师的补习;小班化教学;以及对所有学生进行的兼时跟踪。为了进一步搞清楚这个问题,我们需要一个随机对照实验,把跟踪对学生的影响单独隔离出来。

不出所料,埃斯特·迪弗洛、帕斯卡利娜·杜帕斯以及迈克尔·克雷默决定对此问题寻根问底,不过这次是在肯尼亚,他们再次与非洲促进儿童生活环境改善投资计划组织合作。因为在前面我们已经描述过免费分发校服项目以及驱虫运动项目,我们对非洲促进儿童生活环境改善投资计划组织应该已经很熟悉了。现在,他们又设计了另外一个随机对照实验。非洲促进儿童生活环境改善投资计划组织推出了一个项目,他们把那些只有一个一年级的教师的学校找出来,给这些学校提供资金,让它们再雇佣另外一名教师,这样就可以有效地把一年级的每个班分成两个小班,进行分层教学。

这是一个可以直接检验跟踪式教学的效果的绝佳机会。有半数的学校,学生是根据他们在上一学期的考试成绩来安排分别就读于哪个层次的小班。而在剩下的学校,学生到底就读于哪个层次的小班,则是随机决定的。因此,这些学校唯一的差异仅仅在于,安排学生就读班级的方法不同——一个是按照学生的成绩排名来安排的,而另外一个纯粹是靠运气来安排的——这种不同的安排方法可以给研究者们他们所想要知道的东西。

这个项目取得了很大成功。在分层教学的班级里,不管是成绩较差的那个小班,还是成绩较好的那个小班,实施跟踪项目的学校的学生考试的平均分数比没有实施跟踪教学项目的学校的学生的平均分数要高得多。因此,与家庭教师项目不同,这个分层教学的项目似乎让所有的学生受益了——而不仅仅是那些落后生。另外一些强有力的证据来自于中等水平的学生的情况:不管是被分配到成绩较好的那个小班就读的中等生,还是被分配到成绩较差的那个小班就读的中等生,他们的学习成绩同样都得到了提高。成绩较差的那个小班里的排名在前的学生,与成绩较好的那个小班里排名在后的学生表现的一样好。跟踪项目大获全胜,因为它的结果表明,没有拉下任何一个学生。

不过,这并不是说,反对者的观点是站不住脚的。实际上,研究表明,那些聪明优秀的孩子对他们的同学的学习有着积极的影响作用。假设,这种分层教学的方法,有损于那些被分配到成绩较差的那个班级里的学生的话,那么,相对于根据学生的水平进行因材施教而取得的巨大成效来说,这些学生的那点损失就显得无足轻重了。考试成绩说明了这样一个事实:那些被分配到成绩较差的那个小班的学生在基本能力方面获得了较大的提高,而被分配到成绩较好的那个小班里的学生则在高难度题目的得分上获得了较大的提高。

这种方法是扶贫行动创新研究会准备大规模推广实施的项目之一。最近,在研究主管安妮·迪弗洛(Annie Duflo)的领导下,我们已经在加纳开始了大规模的试点工作。由于英国儿童投资基金会(the Children's Investment Fund Foundation in the United Kingdom)已经决定慷慨相助,如果这种方法在这样的背景下取得了成功,那么它将被做为一项基础性工作在加纳全国范围内推广实施,并且还将复制到其他国家去。

让人惊讶的另一次成功一击

大多数教育项目——到目前为止,我们所看到的所有项目——都集中关注让教师和学生回到教室。这种做法当然是合情合理的。正如我在本章开头部分所说的,有一点是众所周知的,也是得到所有人的承认的,那就是教师与学生是教育的两个最基本的组成部分。

马克·吐温(Mark Twain)一直都是一个特立独行的人,今天假使他还活着,他可能不会同意这个观点。他曾发出过一个著名的警告:"绝不要让你在学校学得的知识干扰了自己的见识。"也许马克·吐温知道了一些别人捉摸不透的有关学习的关键要领;又或者他仅仅只是在讨论生活经历的重要性而已。但是,他所预料不到的是,在他说出这番话一个世纪之后,他这种说法在全世界许多角落都得到了非常贴切的体现。如果他看到印度北方邦(Uttar Pradesh)的破旧的校舍,那么,我敢打赌,他会说得更极端一些。

在北方邦,学校的教育体系完全被破坏了。所有的课程和所有的年级的教育都遭到了失败,而且败得惨不忍睹。于 2005 年举行的针对七岁到十四岁的学龄儿童的一项调查显示:有七分之一的孩子甚至连一个字母都认不出来,有三分之一的学生不会读数字,还有三分之二孩子不会阅读专门为一年级的学生准备的故事。这一结果实在令人无法接受。调查还发现,学生们的这种知识上的缺陷主要是因为他们的父母亲对孩子们的漠不关心所导致的。对于那些连字母都不会认的问题最严重的孩子们,只有三分之一的父母认识到了问题的严重性。大多数孩子的父母则想当然地以为他们的孩子能够很好地进行阅读。

接下来要讨论的这个项目虽然是个政府项目,但是,为了把学校建设的更好,它还是要寻求当地社区的参与。地方一级参与学校建设的机构是乡村教育委员会(the Village Education Committee)。每个乡村教育委员会由三名家长、村里学校的班主任,以及村委主任组成。作为联系村民与当地教育管理部门的主要桥梁,教育委员会具有许多职能:从监督和汇报各种教育教学活动到雇佣和解聘教师,再到分配联邦资金给学校。不管是通过教育委员会成员间接参与,还是采取直接参与的做法,任何即使一个普通的人都有机会为教育做点什么,并且使得教育变得有所不同。

或许这样的机会只是一个海市蜃楼,或许人们对此根本就无动于衷,又或许两者兼而有之。无论如何,鉴于孩子的父母亲对于他们的孩子在学校里的表现竟然误传误信到如此程度,那么,家长们只把教育委员会当作一种摆设,根本无视于它的存在也就不足为奇了。人们普遍对教育委员会一无所知,大概只有二十分之一的家长知道有这个教育委员会的存在。

令人难以置信的是,对教育委员会的无知居然也反映在教育委员会成员自己身上!当某位教育委员会成员被问起,他加入了哪种组织时,竟然只有不足三分之一的成员提到了教育委员会。当经过特别的提示后,还是有四分之一的成员说不出来他们到底是不是属于这个组织。那些有那么一点点知道的成员对教育委员会的了解也是很肤浅的。几乎没有人知道教育委员会充当了什么角色,也不知道它承担了什么责任。只有五分之一的成员知道他们完全有权动用政府的资金,而且仅有二十五分之一的成员知道自己能够申请资金来雇佣更多教师。结果是,乡村教育委员会变得完全没有任何作用,而学生们也被剥夺了获取有价值的建议的权利。

"爱神布拉罕",这个印度最大的教育非政府组织,不忍心看到北方邦的孩子们受苦。他们相信,如果村民们(包括教育委员会成员)明白了教育委员会的权力和职责,或许他们会有所作为。因此,"爱神布拉罕"与巴吉特·班纳吉、埃斯特·迪弗洛、蕾切尔·格兰内斯特以及世界银行的斯图蒂·科马尼(Stuti Khemani)等研究者合作,对三个项目的效果进行了检验,设计这三个项目的目的都是为了使乡村教育走上正轨。

在实施第一个也是最基本的那个项目时,"爱神布拉罕"先是组织召开了一系列社区会议(neighborhood-level meetings),最后再召开全村会议,讨论教育的现状、乡村教育委员会所充当的角色以及如何从联邦政府获取有效的教育资源等问题。

第二个项目除了包含第一个项目中的所有内容之外,再加上一个让村民们来评价学生的学习情况的检验工具。评价由每个社区村民来完成,他们要把评价结果写在"成绩单"上,然后再召开全村会议来讨论这些"成绩单"。为了让这些村民学会如何使用"成绩单"这个监督工具,还对他们进行了培训。这个工具允许村民们全程跟踪学生的学习进展情况。

第三个项目包含了前面两个项目的所有内容,再加上"爱神布拉罕"的"阅读印度"培训计划,"阅读印度"是以组为基本单位讲授阅读技能的课程。在对村民进行了培训之后,再鼓励他们为学生们建立阅读营地,并且让他们以志愿者身份管理这些阅读营地。

"爱神布拉罕"在北方邦选出了280个村民,每个项目都随机地分配其中的四分之一人参与。而剩下的那些四分之一村民则作为控制组。这些项目运行了一年之后,"爱神布拉罕"对这些村民进行了问卷调查,以便搞清楚到底发生了什么变化。

他们的第一个发现是令人鼓舞的:在所有这三个项目中,参加村民会议的人都很多,平均每次都有超过一百个村民参加。但是,对此进行仔细研究后,你可能会觉得这样的会议好像是在浪费时间,因为村民们对教育委员会的认识只得到了一些微不足道的提高。然而,相对于出席会议的人数来说,这一点是无足轻重的,实际上,它只能说明这样一个问题:那些出席会议的村民以前从来没有听说过有教育委员会这个组织存在。

不管这些会议对于村民对教育委员会的认知程度有什么影响,教育委员会的功能以及学校的现状——这些项目的真正的服务对象——并没有发生改变。他们雇佣的老师的数量并没有因此而增加;家长参与学校事务的程度也没有发生变化(例如,参观访问、志愿活动、捐赠);也没有证据证明孩子们有转校的行为发生;学生与教师的出勤率也没有发生变化。所有这些,除了可以说明会议遭到了失败之外,不能得出任何其他的结论。

幸运的是,在所有令人沮丧的结果当中,还是有一些亮点存在的。或许这还是开启教育之门的某把钥匙的秘密组成部分呢。虽然教育委员会仍然毫无用处,但是,阅读营地却蓬蓬勃勃地发展了起来。在"爱神布拉罕"的"阅读印度"项目提供培训的六十五个村庄当中,有五十五个村庄都成立了阅读营地,每个村庄的服务对象平均为135个孩子。阅读营地活动获得了巨大的成功,尤其是对那些最需要它的人来说。一开始的时候,孩子们无法识别手写的字母,但是,通过开展阅读营地活动,这些孩子取得了长足的进步——他们全都学会了认字。与此相比,那些生活在没有开展阅读营地活动的村庄里的孩子们却有将近一半的孩子没能取得如此巨大的跳跃性的进步。

阅读营地活动所取得的如此巨大的成功给了我们一个理由,让我们充满信心。即使学校教育毫无成效,即使家长们崇高的努力也无法使孩子们的获得相应的进步,我们还是有办法来帮助孩子们的。我们必须跳出固有的思维模式——或许,在这种情况下,我们要在学校之外的宽阔世界中去寻找解决之道。

寻找秘密武器

至少,学生和教师在如下这一点上应该是很容易达成一致意见的:是某个神秘的小精灵使整件事起了作用吗,肯定不是的。一些最有前途的结果直接来自一些发展中国家之外的现场。

为了找到解决教育问题的方法,我们必须"撒下一张大网"。驱虫运动对学生的出勤率的提高产生了令人难以置信的影响;阅读营地活动的开展极大地提高了学生的阅读水平。这两件事就是铁的证据,证明学习之路并不是全都始于教室、终于教室的。

在我们发达国家,人们一直都在享受着优质的教育,但是,在某种意义上,我们并不知道我们到底学到了什么。之所以在富裕国家我们很难辨别出什么是教育的秘密武器,是因为在这些富裕国家通常拥有很多贫穷国家所缺乏的东西。从设备完善的教室,到更健康的学生,再到家长教师协会(PTAS)的作用等。这就意味着,在如此完善的、功能齐全的教育系统当中，对每一项投入部分进行单独的检验，并且弄清楚它对教育到底产生了什么样的影响几乎是不可能的。（其实，不仅仅是教育问题，要试图改进农业生产、金融服务、医疗保健以及其他与日常生活有关的方方面面的东西，也是非常困难的，而这些东西与我们所有人都有关——不管是穷人还是富人。）

我们所能做的就是，深入到现场去，对所实施的项目进行检验。每次检验，我们都对所实施的项目增加一点内容，或者做一些小小的变化——每次只改变一到两处，以便弄明白到底是什么让教育运转起来的。在这里，我们接触到了一些有创新性的想法——但这仅仅只是一个开始而已。从一开始我们就提到过，全世界仍然有成千上万的学校极度缺乏教育的两个最基本的组成部分：学生和教师。像安东尼这样的故事又有多少呢？

当然，有关课本、学校的午餐、教室、课桌椅以及无数的其他投入仍然也是问题。我们从严格的检验和评估中了解到的东西越多，我们一开始要做的工作就会越正确，我们离惠及每一个人的教育方法的距离就越靠近。

第十章
保持健康:从摔断腿到寄生虫

杰克曾经在加纳首都阿克拉的环城路上的一所整洁的复式房子里住了刚好一年。在一位朋友的推荐下,杰克雇佣了一位保洁员每星期两次来帮他打扫卫生以及洗衣服。这位保洁员名叫伊丽莎白(Elizabeth),在2008年1月,她的腿受伤了。

杰克知道伊丽莎白摔伤了腿是在几个星期之后了。当杰克打电话给伊丽莎白,问她为什么不来帮他打扫卫生时才获悉此事。那时,杰克给伊丽莎白打了个电话,说,"伊丽莎白,我最近都没有见到你来了。"

"哦,杰克兄弟。对不起,我来不了了,我摔断了腿。"

"伊丽莎白!这到底是怎么回事呢?"

"那时,我正在市场上,我掉进一条沟里了。"

"哦!真的很遗憾,已经去看过医生了吗?"

"是的,我去过医院了。"

"那么是医生告诉你,你的腿断了?"

"是的,医生说,我扭伤了,在脚踝那里。"

"哦,是扭了一下,但是,骨头断了吗?"

"没有,骨头没有断。"

以他们目前所掌握的对方的语言,在电话里已经无法再继续交谈下去了。很明显，他们需要借助一些手势以及动作才能把他们各自的意思表达清楚。伊丽莎白说，到下个星期一，她肯定已经完全痊愈了，她会在那天来帮杰克打扫卫生的，到时，她会详细地告诉杰克整个事情的经过的。

在那个星期一，当杰克下班回家时，他发现伊丽莎白已经坐在他家的门口了。伊丽莎白的左腿笨拙地伸摊在她自己的身前，膝盖以下看上去很是臃肿，用布织绷带裹得紧紧的，一直裹到脚踝为止。看到杰克，伊丽莎白脸上露出了她那惯常的大大的笑容，亲切地与杰克打了招呼。

在他们的交谈过程中，伊丽莎白详细地叙述了事情的经过。当时，她正在一个露天市场上，正想走过一条沟，这条沟上架着一块宽宽的当桥用的木板。当她踏上去时，脚底下的那块木板突然断裂了，她从几英尺高的地方摔了下去，重重地落到了沟底，那里很肮脏，而且布满了碎石头。那个时候，她还背着她那两岁大的儿子（她的儿子是用一根带子按典型的加纳方式绑在她的背后的），谢天谢地，幸好她的儿子安然无恙，没有被压扁。几天之后，她去了医院，医生建议她进行治疗，并且给她提供了几种可能的方案。

伊丽莎白选择了最传统的一种治疗方法。她去看了一个草头郎中。那个郎中给她开了一个药方，让她在患处敷上药膏，每天更换，每周检查一次。这样，她一个月的治疗费用为60塞地（cedis，60塞地大概相当于60美元），而60塞地相当于她每月工资的一半。但是，伊丽莎白无法确定，花掉这些钱是否真的能够治愈她受伤的腿。加纳的草头郎中很少会让他们的病人知道这些膏药、药膏、药糊以及药酒的配方，因为，这些药物的真正成分在当地市场上是很容易买到的，而且价格相当便宜，只不过就几个便士而已。但是，不管怎么样，伊丽莎白喜欢这样的治疗方案——至少，她愿意以这样的方式继续治疗下去。到了第一个月的疗程结束的时候，伊丽莎白决定继续进行第二个疗程的治疗。

不幸的是,她的腿并不争气。经过了两个月的治疗,病情仍然不稳定,仍然时好时坏。有时候,伊丽莎白感觉她的腿很正常,没有任何的疼痛和酸痛;而有的时候,她的腿会突然肿起来;她走路时得非常小心翼翼,或者有时候根本就不能走动。觉得痛时,她会松开绷带,然后再紧紧地把它裹好。在感到疼痛的那些天里,伊丽莎白感觉这种疼痛感完全是"从里面"出来的,说这句话的时候,她指着脚踝上面的地方。

这是一种相当糟糕的情况——两个月过去了,口袋里的钱已经花去了一半,可是,受伤的腿仍然不见好转——但是,有一点是可以肯定的,那就是,发生这种情况其实并不完全出乎意料之外。如果伊丽莎白的腿真的断了,那么她对这个草头医生的药膏就不会寄予这么大的希望了。

不管她心里是怎么想的,但是,光看看伊丽莎白的情况就够让人难受的了。在大多数约定的日子里,伊丽莎白尽她所能坚持来帮杰克打扫卫生和洗衣服,她打扫卫生时经常跛着腿,坐在洗衣盆边上洗衣服时,经常把肿胀的那只腿伸向一边。杰克告诉伊丽莎白,她最好再去一趟医院,照一下 X 光,然后请医生会诊一下。

然而,到正规医院看病并不是一件简单的事情。星期一早晨,伊丽莎白到柯尔布医学院的附属医院(Korle Bu Teaching Hospital)挂了个号,然后等在那里。一直等到快到中午的时候,才有一个护士走过来告诉伊丽莎白,说医生还没来,让她到星期三再来看。因此,星期三的时候,伊丽莎白又去了那个医院,再挂了一个号,然后又坐在一张折叠椅上等医生。伊丽莎白一直坐在那里等,并且还在那里用了午餐。到了下午,一个妇女从后面的接待处走了过来,对伊丽莎白说,她在一张单子上看到了伊丽莎白的名字,名字旁边写着"X 光"的字样,而且她还看到,伊丽莎白整整一个早上都坐在这里。她问伊丽莎白,她是否知道自己走错医院了? 拍 X 光是要到这个城镇的另一端的山脊医院(Ridge Hospital)去的。但是现在动身去山脊医院的话，又已经太晚了，因此，她告诉伊丽莎白，明天伊丽莎白要做的第一件事情是，一大早就去山脊医院。伊丽莎白照做了。星期四，伊丽莎白到了山脊医院，却找不到拍 X 光的医生，这个医生本来应该是在那儿的——他并没有打电话请病假——但是，没有人能够找到他。在那天下午晚些时候，一个接待员说，医生第二天早上会来。（正如我们将看到的，这并不是一个偶然现象。在发展中国家，跟教师一样，在卫生保健领域，仅仅是如何保证医生和护士准时出现在医院里就是一个很难解决的大问题。）

实际上，那个星期五，医生确实来了，伊丽莎白正好在那儿等他。对伊丽莎白来说，这真是一个激动人心的时刻，因为，整个星期，她在各种不同的候诊室里等了将近二十个小时，如今"希望"终于出现了，哪有不激动的道理。

医生为伊丽莎白的小腿拍了 X 光，并帮她看了看片子。结果发现，在一月份的时候，她的小腿只是裂开了一条极小的缝，可是经过了两个月的草头郎中的治疗，这条裂缝反而变得更大了，这就可以解释，为什么伊丽莎白的小腿会不断肿起来，并且她经常感到疼痛。医生坚持认为，就目前这种情况，为伊丽莎白的小腿打上石膏是唯一的选择了。如果这个小腿的裂缝进一步扩大到某种程度，需要截肢也是不无可能的。医生的说法非常有说服力。于是，伊丽莎白同意为她的小腿打上石膏。虽然，到最后搞定整个事情，她还得再等上三天，在候诊室里又呆了共计十六个小时。

对不起，我们关门了（总是如此）

当伊丽莎白第一次告诉他，说她要去看草头医生时，杰克就感到很失望。当伊丽莎白为了一罐祖传的药膏而花掉一半的工资时，杰克就知道，她上当了。这是一种迷信，最多也只是一种巫术。而且，无论在什么情况下，这种方法对治疗断骨都是毫无帮助的。杰克很确信这一点。

不过,当听到伊丽莎白说她去医院治疗腿伤时,她在那里等了几十个小时,而医生和护士却对她漠不关心的时候,杰克才真正明白了她的处境,也更同情她了。杰克现在知道了,正因为如此,伊丽莎白才不得不去草头郎中那里进行每星期一次的检查治疗。因为,找草头郎中看病的话,她只需要直接走进他的办公室,就能得到治疗,然后约好下次治疗的时间,就可以离开了。虽然草头郎中对他自己那种中世纪式的治疗方法的效果的说法可能是一派胡言,但是很明显,他至少知道应该如何接待、照料好他的病人。

实际上,与她的邻国以及其他发展中国家相比,加纳的公共卫生保健体系已经算得上相当完善了。它的覆盖范围很广,甚至覆盖到了农村地区,而且拥有很多训练有素的医务人员。但是,很显然,加纳公共卫生保健体系的客户服务却相当糟糕。当杰克把伊丽莎白为了拍 X 光片而等待了长达一个星期的故事告诉他的加纳人同事时,他的同事却连眼睫毛都没有动一下。有一个同事说:"如果你去医院看医生,这事很平常。在加纳,事情就是这样的,你就得等。如果你得的是腿痛这样的病,那么两个或者三个星期你还等得起。当然,如果你想尽快的看上医生,那么,你就得去看草头郎中了。"

既然连草头郎中都能够提供如此高效而细心的服务,那么为什么医院反而不能呢?在发展中国家,在生活中的各个方面,我们都能看到这种现象。因为无法便利地实现最优选择,人们总是不得不退而求其次,接受次优选择。由于小额信贷公司规定了固定的还款时间,人们便转而向高利贷者借款;由于社区银行会主动上门办理存款业务,人们宁愿把钱无息存入这些社区银行;由于私立学校的学费可以分期支付,人们宁愿把他们的孩子送进更昂贵的私立学校去学习;因为不必在候诊室里等上一个星期——在等待的这一个星期里,他们同时也失去了赚钱的机会——,人们情愿用草头郎中的膏药来治疗骨折。

在地球的另一半，即印度的拉贾斯坦邦的山区农村里，病人也面临着同样的问题。那里的人去公共卫生诊所看病，同样也需要长时间的等待——当然前提是，如果人们愿意去那里看病的话。2003年，在一项针对这个地区的卫生医疗机构的调查中发现，这些诊所规定一个星期必须应诊六天，每天服务六个小时，但是，令人惊愕的是，它们有54%的工作时间都关着门——即一个医生和护士都没有来。久而久之，人们就只能到别处去看病了。要么去更昂贵的私立诊所；要么去看传统的草头郎中。去公共卫生诊所看病的人占总数的比例少于四分之一。

印度的非政府组织舍瓦曼地尔组织了一些学者在2003年进行了一项调查。调查结果表明，这里存在着一种令人惋惜的浪费现象——既浪费了政府的资源，也浪费了人们的时间。不过幸运的是，从调查结果中，学者们还看到了一种潜在的解决方法。他们的思路是，如果想要医护人员在上班的时候出现在工作场地，那么就得让他觉得值得这么做才行。如果你想降低缺勤率，那么就得让不来上班的人付出高昂的代价。总之，必须把诊所工作人员的工资与他们的出勤记录捆绑在一起。

事实上，这并不是舍瓦曼地尔第一次利用激励机制来应对工作中的缺勤情况。就像我们在上一章中所看到的一样，他们设计的利用一次成像照相机来记录出勤状况、并根据出勤记录支付工资的方案，使教师的出勤率获得了令人难以置信的提高。舍瓦曼地尔希望，诊所的工作人员同样也能受到卢比的强大魔力的影响。

尽管上一个项目实施的结果非常鼓舞人心，但是，舍瓦曼地尔并没有直接想当然地推测类似的方案同样适用于乡村诊所。它对它所实施的项目都要进行严格的评估。

舍瓦曼地尔与当地政府合作（因为是当地政府雇佣了诊所的工作人员），去落实一系列激励措施；与此同时，它还与阿巴吉特·班纳吉、埃斯特·迪弗洛以及阿卜杜勒·拉蒂夫·贾米尔反贫困行动实验室的蕾切尔·格兰内斯特一起推敲项目的实施细节,并且共同设计了一个随机对照实验来评估这个项目。这个项目将在大概五十所诊所里滚动实施,因此,舍瓦曼地尔选择了一百所诊所来进行研究。研究者们用抛硬币的方式来决定每个诊所到底应该安排到哪个组。最终,他们安排了四十九所诊所作为处理组实施激励计划,而剩下的五十一所诊所则作为控制组对它们实施监控。

这个项目的激励机制本身在设计上跟前面讨论过的教育项目的激励机制很像。如果他们每个月的出勤天数至少占工作天数的一半以上,那么,这些诊所的工作人员就可以获得满额的工资;如果他们的出勤天数少于一半,则要对他们进行罚款,罚款数额是按他们实际旷工的天数来计算的;如果连续两个月的出勤天数都很少(都少于一半),那么将遭到马上辞退的惩罚。

为了支持所有这些强硬的措施,舍瓦曼地尔需要一个切实可靠的方法来对出勤情况进行跟踪调查。这次,他们使用的不是一次成像的照相机,而是为这四十九所诊所提供了一种带有时间和日期戳的打卡机。每个工作人员都拥有自己的卡片,为了确保他们能够真的在诊所工作,要求他们每个工作日打三次卡,而且打卡时间是固定的——一次是在早上,一次是在中午,一次是在下午——以此获得出勤的积分。到月底的时候,诊所工作人员的工资是按照出勤的积分进行计算的。

诊所工作人员迅速对这个新的激励机制做出了反应,而且对"打卡上班"显得饶有兴趣。通过对诊所进行的一系列不定期的暗访,研究人员发现,出勤率得到了显著的提高。在头三个月里,处理组的这四十九所诊所里工作的员工的出勤率达到了60%,而控制组的诊所里的工作人员的出勤率则徘徊在30%到45%之间。种种迹象表明,舍瓦曼地尔似乎再次取得了成功。但是,几个月之后,这种强烈的反响就开始缓和了下来。一年之后,"新鲜劲"就显然已经没有了。所有这一百所诊所工作人员的出勤率都稳定在了一个令人感到沮丧的水平,即大概为35%。这种激励机制,就像诊所的员工一样,已经停止"工作"了。

这一项目的失败所隐含的问题并不止它令人费解这么简单——当然舍瓦曼地尔确实感到相当困惑。多次暗访的结果清楚地表明,诊所的工作人员缺勤率很高,但是与此同时,另一个结果也很明显,缺勤的员工并没有因此受到惩罚。工资——还有据以计算工作人员的工资的诊所内部的考勤数字——跟过去一样高。

舍瓦曼地尔试图通过仔细查阅大摞大摞的考勤卡片来找到答案。果然,问题确实出在这里。有些诊所的考勤卡片在很长一段时间里都没有打上时间和日期戳,据这些诊所的主管说,这是因为打卡机出了故障,因此在那段时间里,由于无从统计诊所工作人员的缺勤情况,就直接算没有人缺勤了。通过查阅诊所的有关记录,舍瓦曼地尔发现,这些打卡机经常在随访的监察员到来之前的几个星期就已经坏了。有些打卡机的故障显示,它们似乎是被人为故意损坏的——有些"看起来是因为被重重地扔到墙上而损坏的。"关键是,诊所的主管并不会致电给舍瓦曼地尔,要求修好打卡机,他们会自行处理这些机器的故障,即让机器"休假"。同时,为了证明他们的工作人员是在上班的,他们就进行了手工打卡,即使有时候工作人员并没有上班,也帮他打卡。

进一步的调查表明,故意使打卡机出现故障这种骗局只不过是冰山一角而已。诊所主管的手中还有另外一张王牌——他们拥有随意解释工作人员为什么不来诊所的理由的权力。这种特权已经成为激励机制的一个组成部分,大大抵消了这个激励机制的严格性。举个例子,如果某个诊所的工作人员是因为到户外去履行与工作有关的职责(比如说去病人家里出诊),那么,他为什么还要因为没有打卡而受到惩罚呢?诊所的主管可以自行决定员工的"豁免天数"。这样一来,你应该能猜到它将会导致怎样的结果了。在纳入处组的所有四十九所诊所里,每六天里总有那么一天,工作人员是以这样的理由缺勤的。诊所的主管有没有在积极地监督下属,这一点并不清楚,或者是因为他们根本无法识破工人们的借口呢!不管问题出在哪里,从出勤率的角度来看,其实都无所谓了。豁免天数这个漏洞的存在,已经把这个激励机制的"牙齿"拔掉了,从而直接导致了它的失效。试想想在牙科诊所发生的情况吧!在牙科诊所工作的人的反应是毫无疑问的:他们根本不会害怕任何一副假牙。

现在,我们已经看到,舍瓦曼地尔针对教师实施的激励机制获得了巨大成功;但是同样的激励机制,在解决拉贾斯坦邦的乡村卫生诊所的问题时却遭受了失败,这就从正反两面彰显出了有关发展的故事的一大主题,这同时也是扶贫行动创新研究会有关激励问题的中心议题,即情境(环境)是重要的。有时候,我们会讨论一些像"提供相应的工具以改善人们的生活"这样的发展计划,但是,这种计划并不像分发成套螺丝刀这么简单。它更像是在做一个器官的移植手术。有时候,被移植的器官与它的新主人是相匹配的,有时候却是相互不匹配的。在印度拉贾斯坦邦,公共卫生系统是如此的脆弱,以至于无法利用这个看起来十分有效的工具来修复它。

的确,即使是基于像激励设计理论这种看起来普遍适用的原理设计出来的项目,最终到底是能够取得成功,还是会遭到失败,都还是要取决于环境因素。所有这些,都给了我们更充足的理由去测试、检验这些项目——反复进行测试,并且要在各种各样的环境下进行测试——目的是为了搞清楚,哪种类型的宿主能够接受哪种类型的移植器官。在医学方面,我们知道一些理论方面的东西(比如说,血型是一种至关重要的东西),它们可以帮助我们了解,什么时候宿主和器官是相匹配的,什么时候是不相匹配的。在经济学上,我们可以采用类似的方法去搞清楚这一点。有时候答案非常直观:只有当所采用的监督工具能够防范腐败侵蚀的时候,激励机制才有可能起作用。

把钱送给病人让他们去看医生

关于病人为什么不去拉贾斯坦邦的农村公共卫生诊所去看病这一点，我们已经知道得足够多了。当舍瓦曼地尔开始在那儿做研究的时候，如果某个病人在诊所工作人员应该来上班时间来看病，那么，这个病人会发现，这个诊所更有可能是大门紧闭，而不是开门应诊。在舍瓦曼地尔实施新的激励方案的头几个月里，情况暂时发生了改变，但是，人们似乎并没有注意到这种变化。尽管在那段时间里，诊所工作人员的出勤率得到了提高，但是，在实施这个项目的整个过程中，每天来诊所看病的平均人数一直相差无几。假如这个激励机制能够一直保持下去，而且诊所工作人员也能坚持来上班，或许，随着时间的推移，公众会有所反应，来诊所看病的人会多起来。不幸地是，我们并不知道这会不会发生。但是，以下这个可能性是确实存在的：即使设法在应该开门的时间里保持全天候开放，诊所也不一定能得到充分使用（来看病的人也不会很多）。

根据墨西哥联邦政府的说法，这正是墨西哥这个国家在1997年所面临的问题。墨西哥在全国范围内都建立了功能齐全的卫生保健诊所，准备在各个地区为人们提供卫生保健服务，并展开医疗咨询活动。但是，并没有多少人来利用这些设施。像初出儿体重过低、儿童营养不良等现象依然普遍存在，这些疾病的危害相当大，但同时也是很容易预防的。因此，墨西哥政府决定参照具有里程碑意义的"进步教育"项目，在卫生保健领域也引进现金转移支付机制，推进一个新的进步项目。在讨论教育问题的那一章中，我们已经评述过这个"进步教育"项目了，它被用来鼓励学生去学校学习。在那个项目中，如果他们的孩子去学校里学习，那么那些贫穷的家庭就有资格获得一定现金奖励。

如今，墨西哥政府准备在卫生保健方面也实施类似的项目：贫穷的家庭如果去公共卫生诊所看病,那么,他们就能因此而赚到一些钱。

总而言之,这是一个相当不错的好主意。如果愿意接受免费的预防保健、免疫接种、产前产后护理,如果同意服用营养补充剂,如果能够准时参加有关健康、卫生、营养方面的教育项目,那么,这些家庭便能够收到大约等于他们月收入四分之一的现金转移支付。这个项目的目标人群主要锁定为低出生体重儿以及营养不良的儿童。因此,母亲与儿童成了最受关注的对象。但是,因为家庭的所有成员都必须承诺,每年至少要进行一次预防性体检,因为这个项目能使参与的家庭的所有成员都受益。

当然,如果碰到了像舍瓦曼地尔在拉贾斯坦邦那个项目中与诊所主管相似的人物,那么,整件事情仍然可能会陷于瘫痪。卫生健康诊所的工作人员可以暗地里破坏这个有关健康、卫生、营养方面的教育项目,因为,即使人们没有来参加教育项目的培训,工作人员也有可能谎报军情,说他们已经来参加过培训了。如果真是这样的话,那么,这个项目的其他组成部分,比如说行政管理方面的,或者甚至是一些实质性的转移支付,都同样有可能会很轻易遭到失败。正是因为考虑到了这些薄弱的环节,墨西哥政府决定,把第一次实施这个"进步项目"的头两年当作评估期。

他们还担心,即使这个项目能够给人们带来很大的好处,也有可能会面临来自政治方面的障碍。在墨西哥,新一届政府(即使是由同一个政党执政),往往会停止所有前任政府所运行的社会项目,然后构建一些新的项目,这种做法具有悠久的历史。要完成这个过程需要付出高昂的代价,而且造成了巨大的浪费,但是,这样做似乎又是不可避免的——除非前任政府推行的这个项目获得了一致的好评。为了避免出现政治上的分歧,政府决定对这个"进步项目"的实施效果进行严格的评估。这样,如果这个项目被证明为是有效的,那么,下一任政府将很难再推翻它了。

评估方案通常是由本国的经验丰富的专业人士来设计,评估工作通常也由他们来操作完成,因为一般认为,当地的专业人士的参与能够提高评估的质量。但是,并不是任何时候、任何项目都是这样做的。在1997年,加州大学伯克利分校的经济学教授保罗·格特勒(Paul Gertler)接到了一个来自于墨西哥政府办公室的电话。他们的交谈如下:你会说西班牙语吗?不会。你有任何在墨西哥工作的经历吗?没有。太好了!他们想找一个对墨西哥完全陌生的人,他们要求这个人远离墨西哥的政治环境,不会受到它的影响;而且,由于这个人不会说墨西哥通行的语言,这样他结识墨西哥本地人的可能性也就更低了。因此,他们不必担心这个人在评估过程中会存在党派偏见,也不用担心他会出现严重违规的行为。

上面这样的选拔评估专家的过程显得有些"儿戏",但是结果证明却是相当有效的。一直到今天,"进步项目"——保罗·格特勒对它进行了研究——仍然是一个有许多闪光点的项目,对政治实践和评估实践发挥了重要的指导作用。我在拉丁美洲参加过许多会议,在其中有些会议中,只需提到我们应该"做一点像进步项目那样的事情",就能够激起与会者的兴趣,并且推动对话继续深入进行。

完整版的"进步项目"的实际情况是这样的:到了2000年的时候,它的受益对象已经包括了260万墨西哥公民,从人口比例上来看,这个数字是相当的巨大了,政府也因此付出了不菲的代价。从这点上来看,政府已经下定了决心,一定要搞清楚这个项目对受惠者健康的影响。如果不出意外的话,评估的最后结果应该能够证明,取得的成就可以归功于"进步项目",这样就有助于政府为自己的支出辩护。为了确定这个项目是否真的是一个物有所值的工具,则必须设计一个随机对照实验来进行检验。对一个研究发展问题的研究者来说,这真是一个梦寐以求的任务——它是一项严格的大规模的实地研究(涉及到505个社区,大约有8万人参与)。关于这个项目的影响,这个随机对照实验将会为人们提供铁一样的证据。

实验中得到的结果对"进步项目"的拥护者们来说也是一个福

音。公布的结果表明,有一件事情是毫无疑问的,那就是,民众非常喜欢这个项目。在研究期间,在参与了"进步项目"的320个社区中,高达97%的有资格参与该项目的家庭都签署了同意书。更令人欣慰的是,在所有这些登记参与并签署了同意书的家庭当中,有99%的家庭最终获得了现金支付,这也就意味着,他们满足了所有的卫生保健要求。与印度拉贾斯坦邦发生的情况不同,事实证明,墨西哥的卫生保健管理体制足够强大,完全可以实施这些激励措施。没有任何证据证明在医生和病人之间存在着系统性的欺骗——那些诊所里的有关记录确实代表了病人的真实参与状况。

正如这个项目的设计者们所预料的(也正如他们所希望的),随着项目深入实施,民众的健康状况不断地得到了改善。在为期两年的项目实施试点过程中,后续调查表明,这个项目对儿童的健康状况产生了巨大的影响:在注册参加该项目的儿童当中,总体来看,他们的患病率下降了23%,贫血的发病率下降了18%,身高则增长了1%—4%。其实单凭这些结果,我们可能就可以宣称,这个项目取得了巨大的成功。但是,令人高兴的是,接下来还要报告更多的好消息呢。事实上,这个项目能够通过两个途径改善民众的健康状况,一个途径是,参与项目的家庭只有在真的寻医治病之后才能获得现金支付,因此有效地预防或消除了病痛;除此之外,还有另一个途径,获得的现金还可以派上用场。研究者们对参与这个项目的家庭如何使用这些额外的钱进行了单独的研究,结果发现,平均而言,获得的钱当中,有70%是用来为整个家庭提供更多的更有质量的食物的。这也就意味着,每个人可以获得更多的食物和更好的营养。毫无疑问,这种机制有助于这个项目在改善儿童的健康状况方面取得成功。此外,它同样也惠及到了家庭中的其他成员。后续的一些研究发现,在包括所有年龄组的登记参与该项目的成年人当中,因为生病无法进行一些基本的日常活动的天数在减少;同时,在不感到疲劳的情况下,能够步行的距离也得到了增加。

每个人都是受益者，真的似乎是天上掉馅饼了。最大的赢家当然是这个项目的参与者，但是，他们并非是唯一的受益者。这种结果对墨西哥政府以及设计和实施这项评估工作的研究者们也都有利。在项目的实施过程中，政府—研究者还合作建立了一套评估的"黄金标准"，这套标准有利于弄清楚哪些因素发挥了作用。

一个国家如此成功地组织、发动了一场全国性反贫困运动，这并非是历史上的第一次；但是，如此大规模地利用随机对照实验严格地证明了其影响却是历史上的第一次。这件事得到了全世界的关注。在接下来的几年里，"进步项目"式的项目犹如雨后春笋般地在许多其他国家轰轰烈烈地开展起来了，如今这些项目正在为全世界数千万家庭服务，而且其中许多项目都是经过严格的评估的。对于在全世界各地推动各种项目的拥护者们来说，这是一个具有里程碑式的胜利，而且也是一个以研究为导向制定政策的范例。如果我们利用已经被证明为有效的工具进行反贫困斗争，那么，我们是能够取得一定的进展的。

自我激励

"进步项目"的策略是，付钱给病人让他们去看医生。在促使人们做出有利于健康的正确选择方面，这被证明为是一个十分有效的工具——事实上，它确实非常有效，从人们的健康最终得到了改善这个结果上来看，它实际上带来了巨大的社会效益。从这个角度出发，政府付出如此巨大的代价也是合理的。对一个如此庞大——代价不菲，而且当初颇具争议——的社会项目来说，这是一次伟大的胜利。但是，现在请你设想一下，如果能让人们争先恐后地用他们自己的钱来进行自我激励，以做出更有利于健康的选择，那么推动与"进步项目"类似的项目是否会变得更容易呢？

正是出于这样的想法，我们才创办了 stickK.com 网站。stickK.

com 网站就是我在本书一开始，即在讨论储蓄的那一章里提到过的那个可以在上面写下"承诺合约"的网站。stickK.com 网站使得任何人都有机会利用网络链接和信用卡，通过在网上下一个赌注的方式驱使自己去努力实现自己所选定的目标（实际上许多人并不是真的用钱来当赌注的，他们是以自己的名誉作为赌注的——网站会把他们成功或失败的情况告知指定的朋友或家人）。当把金钱（或声誉）放在网上当作赌注时，失足或错误便变成了一种昂贵的东西，这样我们就会努力避免犯错误。

自从 stickK.com 网站于 2007 年创办以来，在美国以及其他国家和地区，已经有数以千计的人通过 stickK.com 网站实现了诸如减肥、多锻炼、戒烟等健康目标。对许多人来说，这些都是一个长期的"宏伟目标"。他们曾经尝试过许多其他的方法，但都坚持不了多久。stickK.com 网站刚好就是在他们通向成功的必经之路上助他们一把——轻轻一推。那么，是否存在着一种类似的承诺方式可以帮助穷人变得更健康呢？

从常识出发，你可能会对此提出异议，即使穷人们想作出什么承诺，他们也没有钱来奖励自己的良好行为或者惩罚自己的错误选择——道理很简单，因为他们是穷人。但是，我们在前面曾经看到过类似的事情确实发生了。在本书第七章，我们曾经提到过一个名叫莎妮的人，她把钱存入了一个名为"节省开支、快乐存钱"的承诺储蓄账户，由此，她才有钱去改善自己的家居环境。事实证明，并不只有莎妮一个人在这么做。在"节省开支、快乐存钱"计划的帮助下，成百上千的人最后成功地为了将来更急需的开支而抵御住了花钱的诱惑，实现了储蓄的目标。

在"节省开支、快乐存钱"项目的成功鼓舞之下，在 2006 年我再次回到了菲律宾。这一次，是与泽维尔·吉内、乔纳森·辛曼一起来的，我们的目标是，搞清楚类似的产品对健康是否也一样有效。我们再次与绿色银行合作（我们与它的合作是从"节省开支、快乐存钱"

项目开始的），这一次，我们开发了一个名为"减少和终止抽烟的承诺行动"项目（Committed Action to Reduce and End Smoking，简称为CARES），同时我们还设计了一个随机对照实验对这个项目进行检验。

"减少和终止抽烟的承诺行动"是一个简单而严肃的储蓄账户。客户在这个账户上的起存额为 50 比索（相当于 1 美元），也可以更多。在接下来的六个月的时间里，每个客户将每星期一次接受来自于绿色银行的信贷员的访问，他们每个人每次都有机会往他们的账户里存钱。在六个月届满的时候，客户们要接受一次尿检，目的是为了测试尿液中尼古丁的含量。如果客户们通过了尿检，那么他将可以从银行里取回所有的存款（没有利息）；如果在尿液中发现含有任何一点儿尼古丁，那么所有的银行余额将全部捐献给当地的孤儿院。

从传统经济学的角度来看，对客户们来说，"减少和终止抽烟的承诺行动"比"节省开支、快乐存钱"项目更加没有吸引力。参加"节省开支、快乐存钱"项目所能发生的最坏的事情是，你只有等到存足了预定的余额或者到了设定的期限，才能取出账户里的钱。但是，对于"减少和终止抽烟的承诺行动"来说，最好的结果是一样的——你可以取出所有你曾经存进去的钱——但是，一旦你出了差错，那么你就会丢掉上述账户内的所有储蓄。

我们通常无法操纵自由市场，因而也无法人为地提高诸如香烟或者高脂肪食品等这些我们最好避免食用的东西的价格。在其他条件都相同的情况下，如果我们向这些食物屈服意味着要付出高昂的代价，那么抵御这些食物的诱惑将会变得更容易一些。解释"减少和终止抽烟的承诺行动"以及 stickK. com 网站背后的机理的最简单的一个方法是，它们为人们提供了一种可以改变好行为和坏行为的相对价格的工具——使恶行的代价更昂贵，或者使善行的成本更低廉。

毫无疑问，我们的研究显示，至少有一些穷人是乐意接受这种自我挑战的。绿色银行的员工走上街头向640名吸烟者提出了建议，并且为他们提供了一个开立账户的机会，其中有75人（大约相当于总数12%）接受了建议，开立了"减少和终止抽烟的承诺行动"账户。这是一个令人印象相当深刻的数字，因为把钱投资到一个风险如此之高的地方表明，超过十分之一的吸烟者不仅想戒烟，而且还非常当真。

虽然有人愿意开立账户，但是"减少和终止抽烟的承诺行动"账户真的能够帮助这些吸烟者戒除吸烟这个恶习吗？又或许，只需要把他们辛苦赚来的钱作为赌注放在"减少和终止抽烟的承诺行动"的账户里，吸烟者们就会非常严肃地对待戒烟这件事，即使没有承诺捐款这个设计，戒烟也有可能获得成功。为了证实这个观点，我们必须做一个比较。因此，除了这640名被提供了"减少和终止抽烟的承诺行动"账户的吸烟者之外，研究者们又锁定了大约600名（没有为他们提供"减少和终止抽烟的承诺行动"账户）的吸烟者，把他们作为控制组。

结果证明，"减少和终止抽烟的承诺行动"账户是起作用的。经过六个月的努力宣传之后，在那些被提供了"减少和终止抽烟的承诺行动"账户的吸烟者——甚至也包括那些拒绝开立该账户的吸烟者——通过尼古丁的检测的可能性大约比控制组的吸烟者高45%。在这里，有两件事情值得我们关注。第一件是，戒烟对每个吸烟者来说，都是相当不容易的。六个月之后，只有8%的控制组的吸烟者通过了尼古丁的检测。更为令人咋舌的是，在那些雄心勃勃地把储存在"减少和终止抽烟的承诺行动"账户里的钱作为赌注放到网上去的吸烟者中，也只有三分之一的人最终取回了他们的存款。第二件事是，有人可能会争论道，无论如何，这六个月的检验是一种不公平的对比。和控制组的吸烟者不一样，那些开立了"减少和终止抽烟的承诺行动"账户的吸烟者之所以戒烟成功，很大一部分原因在于要对他们进行尼古丁的检测。或许他们保持良好的行为，是为了能够取回他们自己的储蓄,一旦这个压力解除,他们又会故态复萌。

因此,我们又等了六个月,以察看这个结果是否会继续保持下去。在开始这个项目一整年之后,我们再次找到了所有这些吸烟者,并且对他们又做了一次尼古丁的检测。在进行尼古丁含量检测时,采用现场检测的方式,因而对每个人来说,都是公平的、意想不到的。这一次,"减少和终止抽烟的承诺行动"账户已经取消了,没有任何人仅仅为了赌注而保持戒烟状态。结果再一次证明,那些被提供了"减少和终止抽烟的承诺行动"账户的吸烟者——也包括那些拒绝开立该账户的吸烟者——的行为明显地好于其他人。看起来,他们很可能是真的戒烟成功了。

当然,"减少和终止抽烟的承诺行动"账户并非对所有人都是有效的。88%的吸烟者并没有接受开立账户的建议,他们并未从中获利,而且,即使对于那些开立了账户的吸烟者来说,也无法保证真的能够戒烟成功。这里,存在着两个重要的经验教训。第一,对那些参与这个项目的人来说,"减少和终止抽烟的承诺行动"账户是一个强有力的激励措施,而且,与"进步项目"这类健康激励项目相比,提供"减少和终止抽烟的承诺行动"账户显得更便宜。"减少和终止抽烟的承诺行动"所需要的是一只带锁的盒子、一个收集存款的人,以及一次尼古丁测试就可以了。这些确实需要花费一些成本,但是与参与者自己提出来的戒烟需要的那些基本要素——坚强的意志力以及财务激励——相比,也许就显得微不足道了。

第二个经验教训是,发展中国家已经准备好采用这种类型的解决方法了。无数穷人虽然处境十分困难,但是他们确实真诚地想改善自己的生活,并且正在为此而不懈地努力着。他们所需要的只是某个动力、某种工具而已。当然,没有任何一种工具可以包治百病。但是,我们能够设计出一种能够被证明为对某些人有用的工具——而且,如果我们能够设法让这些人采用这种工具的话——那么,我们就在正确的方向上前进了一步。

疟疾

每五天里，总有四天，戴维斯·P. 查韦（Davis P. Charway）都是穿着三件套套装来上班的，即使他没有穿套装，他的衬衫也总是一尘不染。这些衬衫是用你看到过的摆在诺德斯特龙公司（Nordstrom）柜台前面那些又厚又软，摸起来手感很好的棉布制成的，在衬衫上还织有微小的人字形图案。他通常都穿有双层袖口的衬衫，袖口上的扣子很像史密森尼博物馆（Smithsonian）里的奇特的甲壳虫，闪着七彩的光泽。他穿的每件衬衫都很配他的领带。不管是坐在他的办公桌前面，还是坐在他的黑色 E 级奔驰轿车的驾驶座上，戴维斯看起来总是显得很精明能干。在交谈时，他总不忘取笑一下自己，"这辆车只不过是奔驰 E 级而已"，他说道，"等我真的成了一个大人物，我就把它换成奔驰 S 级。"

无论用哪一种标准来衡量，戴维斯都可称得上是一个大人物了。他的童年生活是在加纳中部的阿散蒂地区（Ashanti Region）度过的，到后来他又顺利地考上了常春藤联盟大学，毕业就职后不断地获得晋升，到最后成为了位于曼哈顿下城区的一个重要的信用卡公司的高高在上的副总裁。几年之后，由于日益增长的乡愁，戴维斯回到了加纳，成了一家小额贷款银行的总经理，这家小额贷款银行位于加纳首都阿克拉市。

正因为戴维斯·P. 查韦能力非凡，杰克才认识了他。扶贫行动创新研究会曾经与他供职的某个组织合作过，那时杰克是该合作项目的助理研究员。杰克到了加纳几个星期之后，去戴维斯的办公室与他会面，发现办公室的门锁着。戴维斯的秘书说，戴维斯生病了。杰克问，是否一切都还好。他的秘书说，"哦，别担心，他只是患了点小小的疟疾而已，我想，他到星期五就会回来上班的，或者也可能是下个星期再来上班。"

在当时，杰克对疟疾的知识非常有限，仅限于他所读过的旅行警告以及新闻里的一些有关疟疾的描述，在旅行警告以及新闻里，疟疾总是被定性为是存在于发展中国家的一种重大的疾病——杰克从来没有想到过，也从来不相信，一个银行的总经理居然还要担心会染上这种病。疟疾总是让人想起诸如浓密的热带丛林、农村、茅草屋里无遮无挡的窗户，以及充满积水的肮脏的贫民窟等情景。很难想象，携带了疟疾病菌的蚊子是怎样叮到戴维斯的。他的办公室、车子以及住房里都有空调。而且他总是紧闭门窗，开着空调。

在接下来的二十个月里，当杰克看到数十名银行员工因为类似的事情而数个星期无法上班时，他才慢慢地对疟疾有了进一步了解。疟疾会伤害一切人，不论职位，也不分社会地位。不管是商人、农民，还是乞丐，它都一视同仁。（我8岁的女儿加布里埃拉，去年夏天在加纳的时候也得过这个病。这个例子说明，昂贵的药物也不能解决一切问题。即使每天花费超过一美元，疫苗也并不一定能够彻底预防疟疾，但是它们确实能够显著地缓解症状。在这个方面，加布里埃拉可以说相当有经验了。）

有关疟疾的标准化的描述告诉杰克，他对疟疾的最初的认识是不完全的，但也并不是完全不正确的。穷人以及没有任何防范措施的人确实最容易受害，而且后果也最严重。2009年的夏天，杰克来到了肯尼亚的"维多利亚港"（Port Victoria）。之所以把这个小镇取名为"维多利亚港"，是因为它位于一个巨大的湖（维多利亚湖）边。靠近小镇的时候，杰克顺便来到了一个高处，向下俯瞰周围的低洼处。湖面波光粼粼，湖边矗立着一排排的房屋，还有大片大片的方方整整的高粱地，再远处则种植着小米。

对当地居民来说，住在这里既是福祉也是诅咒。由于居住地与维多利亚湖靠得很近，他们可以收获许多水产品，因为那里罗非鱼、尼罗河鲈鱼（Nile perch）等水产品非常丰富，但是，由于小镇地处低洼地，经常洪水泛滥，往往连续几个星期不退。这种情况为寄生虫以及蚊子的滋生创造了良好的环境。一旦发生这种情况,一场瘟疫就在所难免了,当地人口也会发生急剧的变化。人们会受到疟疾以及其他寄生虫病的感染,一个个陆陆续续地病倒。有些人被治愈了,而有些人却被疾病完全击倒了。大批大批的人在瘟疫中死去,身后只留下了无父无母的孤儿以及空空荡荡的房子。在维多利亚港的伦约富小学(Lunyofu Primary School)的八百名学生里,其中三百个孩子失去了双亲。是双亲啊!

但是,当杰克第一次来这里的时候,他并不了解这些情况,实际上,他是代表扶贫行动创新研究会来到伦约富小学的。这个学校在我们本书第九章中提到过的那个驱虫运动的项目中获得了巨大的成功,而杰克来这里的目的,是希望能够从中学习相关的经验。迈克尔校长很乐意帮这个忙。他明确表示他对这个项目很满意,他甚至还邀请了八年级班级里的一组学生来谈谈他们在驱虫那天留下的印象。大部分学生都很活跃,绘声绘色地描述了他们的故事,但是坐在后面的少数几个女孩却很沉默。当其他的同学都说完的时候,迈克尔校长叫她们坐到前面来。她们六个排成一排坐在校长的边上,一直低垂着眼睛,她们看起来有些局促不安。

迈克尔校长看了看她们,然后把注意力转向了杰克,开始说道:"我想向你提出一个请求,希望你能够怜悯一下这些女孩。"这些女孩,他开始解释道,她们来自于一个小小的、远离小镇的岛上。她们的父母亲把她们送到维多利亚港的学校里来读书,但是,在这里她们却没有任何一个亲戚,她们没有地方住。迈克尔尽他所能帮助这些女孩,让她们睡在教室里。虽然对她们来说,这点帮助远远不够,但是,这是她们唯一的选择。在晚上,当其他的孩子们全都回到家数个小时之后,这些女孩子们就把长长的课桌椅移到一边,然后在教室的空地上睡觉。在她们的头顶上,除了屋顶之外就没有什么东西了。不合缝的门以及没有遮挡的窗户根本无法抵挡住蚊子的侵入,进入这个破败不堪的教室,对蚊子来说简直是易如反掌。

这些女孩每天早上醒来,都会发现被蚊子咬伤的新痕迹,她们经常患上疟疾。她们现在最需要的是可以帮她们免受蚊虫叮咬的蚊帐。但是,学校买不起蚊帐给她们,毕竟,在为她们提供住宿方面并没有任何财务预算。如果她们已经做了母亲,又或者她们都只有五岁以下,那么她们每个人就有可能从任何一个政府的健康卫生诊所那里获得一顶蚊帐。(在肯尼亚,这些群体有资格获得全额补助的蚊帐。)如果不属于这两种人,那么就得自己出钱买蚊帐了。由于这些女孩付不起买蚊帐的钱,她们只有继续不断地被校长请到他的办公室,窘迫地站在那里,掉转目光,等待着迈克尔校长向某位来访者提出同一个请求,并且期待着某个有同情心的人能够怜悯她们,答应为她们买一顶蚊帐。

与疟疾作战:出售,还是免费分发?

从生物学的角度来看,不管是哪里的疟疾都是一样的——由携带疟原虫(疟原虫有五种类型,这在全世界都一样)的雌性按蚊在人与人之间进行传播。当某只按蚊叮咬过受疟疾感染的人时,这只蚊子便成了传播疟疾的媒介物。当按蚊的腹部寄生有疟原虫时,它大概可以存活两周(这不一定,大多数按蚊的寿命大约为两周)。只有在携带有疟原虫的按蚊在叮咬人类,吸取人类的血液时,才会把疟疾传播给人类。

被携带有疟原虫的按蚊叮咬过并传染上了疟疾的人,情况千差万别。对于戴维斯·P. 查韦来说,疟疾只不过是一个小小的麻烦,只是给他带来了些许的不便。而对于生活在维多利亚港的人来说,这却是一场灾难。尽管感染疟疾的人在具体情况上有很大的差别,但是,所有有关疟疾的故事串在一起只说明一个问题,那就是,它给人们带来了不必要的痛苦。这一切给了我们足够的理由要为消灭疟疾而奋斗。那么与疟疾斗争最有效的方法是什么呢?

第一步是"拒敌人于国门之外"。在醒着的时候,挥动双手(或者用手拍打)通常能有效防止蚊虫的叮咬,但是,到了晚上——这个时候是遭受按蚊叮咬的高峰期——人们就需要帮助了。迄今为止,最有效的预防措施就是蚊帐,方法很简单,在床的上方悬挂一块浸泡过杀虫剂的网状的布,让它从上往下罩在床上方,触到床垫时把它卷起垫在床垫底下。

受到蚊帐保护的人其实远远不止睡在蚊帐里面的那些人,(就像我们在第九章中所看到的驱虫丸一样,)蚊帐在更广泛的范围内,为生活在同一社区内的其他人也带来了间接的好处,因为,它破坏了疟疾的传播途径。由于更多的人直接受到了蚊帐的保护,致使按蚊成为疟疾的传播者的机会变得更少了。结果,对每个人来说,受疟疾感染的风险也降低了不少。你可能会赞成这种观点,即为每个穷人提供免费的蚊帐,只是纯粹出于人道主义。但是,其带来的社会效益所产生的级联放大效应却更为强烈。许多有影响的经济学家,其中以杰弗里·萨克斯最为突出,都推荐使用蚊帐。他们的论点得到了许多援助团体的支持,在过去的十年里,这些援助团体为发展中国家免费分发了数以百万计的蚊帐。

另外一些人则认为,事情并没有这么简单——即在某个贫穷的社区支起一张桌子,然后为路过的人发放有限的蚊帐。毕竟,把蚊帐分发到穷人的手中(或者卧室里)只不过是我们要做的第一步而已。要使它发挥作用,得保证穷人会合理正确地使用这些蚊帐才行。一些经济学家着重关注这方面的问题。这些经济学家认为,盲目的给予是一种浪费,它忽略了那些我们打算帮助的人的偏好。举个例子,试想想有多少杂货店不加选择地在停车场分发优惠券,他们把优惠券随随便便地压在车子的雨刮器的下面,结果,有谁知道有多少优惠券从雨刮器上滑下来,散落到了地上呢?不管什么原因,总有一些人不愿意睡在浸泡过杀虫剂的蚊帐下面。因此,如果蚊帐落入这些人的手中,那么,这些人只会把它束之高阁,最终落满灰尘。纽约大学的经济学家、世界银行的前高级顾问威廉·伊斯特利（William Easterly）在《白人的负担》（The White Man's Burden）这本书里报告道："在赞比亚曾经运行过一个免费分发蚊帐的项目，不管是想要的人还是不想要的人都成了分发的对象……最后却发现，在收到蚊帐的那些人当中，有70%的人没有使用过蚊帐。"

赞同免费分发蚊帐是一种浪费这种观点的阵营提出了一个市场化的解决方案——以象征性的价格销售给所需要的人，而不是免费的发放蚊帐。该阵营认为，要求人们付出点什么，可以达到两个目标。第一，它过滤掉了那些不想要，或者不需要该产品的人；第二，它为那些选择购买的人树立起了投资的观念。用他们辛苦赚来的钱购买蚊帐，那些买者应该会希望使他们的钱花的物有所值。

你已经买好了一张电影票，但是当夜幕降临的时候，你却不想去看了——此时，你会不会觉得自己仍然有义务要去看呢？行为经济学家把这种效应称为"沉没成本效应"。"沉没成本效应"让你觉得你应该去完成这件事，仅仅是因为你付了钱。或者，仅仅只是因为你买好了饭菜，即使在你已经吃饱的前提下，你也必须让自己吃下那些龙虾。

现在，如果换作一个经济人，那么他就不会去吃那些龙虾，因为他清楚的知道，他已经买了这些饭菜，不管他吃了多少，他都要付整桌饭菜的钱。因此，他只会吃让他感到愉快的那些分量，但是我们普通人不会总是这么去想。我们会强迫我们自己走出家门到电影院去看电影。我们会把所有的龙虾全都吃光。

用市场化解决方法来解决这个问题的这方阵营的想法是这样的，他们想在力所能及的范围内尽可能地保护每个人——因此，在销售蚊帐时，他们会加大折扣的力度——同时又利用行为经济学家的洞见，确保人们能够充分利用他们所拥有的蚊帐。有许多实践者拥护这种基于市场的解决方法。国际卫生保健领域一个顶尖的非政府组织国际人口服务组织（Population Services International，简称 PSI）

在许多国家销售打折的蚊帐(但是并不是免费的发放),他们声称,单就2007年,他们这个销售打折蚊帐的项目使得一千九百万人免于疟疾的侵害。

面对这些相互矛盾的观点,我们应该怎么做呢?每个观点都有它的支持者以及一系列令人信服的统计数据。在众多的断言和谩骂声中,有几个确凿的证据可以引导我们进行思考。其中一个证据来自于由布鲁金斯研究院(the Brookings Institute)与哈佛大学公共卫生学院(Harvard School of Public Health)的杰西卡·科恩(Jessica Cohen)以及扶贫创新行动研究会与加州大学洛杉矶分校的帕斯卡利娜·杜帕斯(Pascaline Dupas)一起合作的一个随机对照实验中所得到的数据。这个随机对照实验试图搞清楚分发蚊帐的方式、方法是如何影响蚊帐的使用率的。他们抛弃了关于免费形式好还是成本共享好的抽象争论,转而将它们落实到了肯尼亚西部尘土飞扬的地面上。在他们的研究中,对前来公共卫生诊所做产前检查的孕妇,每人都可以获得一顶蚊帐,但是价格是随机指定的。有些妇女是免费取得蚊帐的;而其他的妇女则每人要付出象征性的一点钱,大概在15到60美分之间。

在研究中,他们发现,古典经济学中的有关基本生活资料消费活动的简单的供求规律得到了充分的体现:蚊帐价格越高,购买者越少。这一发现算不上非常出人意料,但是妇女们对价格的强烈反应还是有些令人吃惊。科恩和杜帕斯估计,如果价格从零美分上涨到70美分(75美分是国际人口服务组织的现行销售折扣价),那么购买蚊帐的顾客将会下降四分之三之多!

当然,如果这种做法可以把那些不太可能使用蚊帐或者根本就不需要蚊帐的人过滤掉,那么需求的急剧下降可能是可以接受的,甚至可能是合理的(拥护者们的理由是,毕竟,要想有所收获,总得先付出点什么)。但是,事情并非如此。蚊帐发放完毕后,诊所工作人员对每个分到蚊帐的人所进行的一次血红蛋白水平的检验（血红蛋白水平是反映疟疾的一个重要指标）中发现，那些付了比较多的钱的人与那些没付什么钱或者根本就没有付钱的人相比，并不见得更不容易生病。因此，自由市场上的这只看不见的手，并没有成功地把那些最需要保护的人筛选出来。更高的价格也未能有效地把那些不使用蚊帐的人过滤掉。在蚊帐分发完毕几个星期后，为了弄清楚那些分到蚊帐的家庭是否安装了蚊帐，同时搞清楚他们是否知道如何正确使用蚊帐，调查人员挨家挨户走访了这些家庭。对坚持市场解决方案的那方阵营来说，他们期望看到的会是这样的结果，即，大多数被免费领取的蚊帐仍然还躺在它的包装袋里，但是结果恐怕要让这些人失望了。在所有家庭中，不管人们有没有付钱，也不管付出的价钱为多少，使用蚊帐的比例率都大致相同——刚好过半。

既然价格并不能改变那些得到蚊帐的人的行为，或者说，既然价格并不能使那些得到蚊帐的人开始使用蚊帐，那么，我们很容易就可以概括出成本共享模式与免费发放模式之间的差异了：前者使受到蚊帐保护的人少了很多，同时蚊帐的供应商却可以省点钱。不幸地是，他们并不能省下很多钱。每顶蚊帐的制造成本大约为六美元，因此，根据国际人口服务组织现行的政策，当他们在肯尼亚以每顶七十五美分销售蚊帐时，他们已经自行承担了绝大部分成本。虽然承担这最后的75美分会使捐助团体提供每顶蚊帐的成本增加13%，但是同时却会使得到蚊帐的人增加四倍！

实际上，鉴于蚊帐的保护所带来的间接社会利益（比如，破坏了疟疾的传播链），为了推动对蚊帐的需求，即使再多花费那么一点点，也是很有经济意义的。科恩和杜帕斯从供应商的角度出发，细细研究了一些数据，最后断定：总体而言，为了拯救一条生命，免费发放蚊帐比把蚊帐销售给他们更便宜。

一桶水里面那最重要的一滴

疟疾并非是引起发展团体或组织关注的唯一一种全球性的危害健康的疾病。据报导,全球每年有两百万人(大部分是儿童)因为腹泻这种疾病而失去生命,由于它是一种无谓的牺牲,所以腹泻被称为一个"双重的灾难"。治疗和预防腹泻有一个既便宜又高效的方法,不幸地是,这种方法远未得到充分运用。

现在我们不妨回头去看一看本书第三章。在那里,我曾经提到过,森德希尔·穆莱纳桑所研究的口服补液盐案例恰恰构成了所谓"最后一英里问题"的一个恰当例子:我们有一个完全可行的解决方法,但是,我们无法成功地把它送到最需要的人的手中。氯处理——在饮用水中滴入几滴稀释氯溶液——也是一个非常类似的例子。

当人类以及动物的粪便聚集在诸如泉水、水井、水溏,或者小溪流等水源附近时,从这些地方取得的水容易受到大肠杆菌以及其他容易引起腹泻的细菌的感染。甚至,即使你所取得的水源是干净的,但是,如果你把它盛在一个肮脏的容器里,它也同样会受到污染。但是,如果在每十到二十公升水中滴入几滴氯,那么水中的腹泻病菌将会被完全消灭,即使盛水的容器不干净也没有很大关系。氯是一种强大的杀菌剂。

在肯尼亚布西亚(就是我们在上一章中看到过的免费分发校服项目的那个村庄),大多数居民都对氯的用途略知一二。如果你去问他们,有70%的人会告诉你,饮用受污染的水会导致腹泻。更值得庆幸的是,有接近90%的人会告诉你,他们听说过"净水先锋"(Water Guard),"净水先锋"是一种稀释氯溶液的品牌,在镇里超过一打的商店都有销售。居民们对受污染的水的危害以及解决这个问题的方法有如此广泛的认识,得归功于国际人口服务组织的努力。正是国际人口服务组织在2003年的时候引进了"净水先锋",并且从那时起，为它做了许多广告与宣传。与蚊帐一样，国际人口服务组织以一个象征性的价格销售"净水先锋"（而不是免费分发）。在布西亚，一个家庭一个月需要为此付出大约 30 美分，这个价钱大概相当于一个普通农民一天工资的四分之一。

但是，唯一的问题是，我们无法使这种既便宜又为众人所熟知的解决方法真正地流行起来。

人们仍然经常生病，饱受腹泻的折磨，有些人甚至因此不幸丧命。我们曾经在本书第九章中讨论过哈佛经济学家迈克尔·克雷默的一项研究，他曾经为了使肯尼亚的孩子回到学校读书而去努力寻找最佳的解决方法，如今，他也试图想解决这个与腹泻有关的问题。他构想出了许多方法来达到让更多的人使用氯的目的——从最简单的免费分发，到利用社区教育项目进行推广，再到用甜言蜜语进行连哄带骗——但是，到底哪种方法最有效，一直都不是很清楚。因此，迈克尔·克雷默决定对所有这些方法都进行实验检验。

克雷默与森德希尔·穆莱纳桑、爱德华·米格尔（Edward Miguel）、埃默里大学（Emory University）的克莱尔·纳尔（Clair Null）以及比尔及梅林达·盖茨基金会的阿利克斯·朱瓦内（Alix Zwane）（阿利克斯·朱瓦内也是扶贫行动创新研究会的前董事会成员）一起共同设计了一系列随机对照实验，试图弄明白，为使更多的人能够使用氯，在各种各样的方法中，到底哪种方法是最好的。

首先，他们尝试了降低价格的方法。对其中一些家庭，他们免费分发用来装"净水先锋"的瓶子，以此来降低商品的价格；而对另外一些家庭，他们则通过直接发放半价优惠券来降低商品的价格。半价优惠券的发放使得使用"净水先锋"的家庭比例大概上升了 5%—10%。而从公共卫生的角度来看，最应该选择的方法是免费分发瓶子，那些收到免费瓶子的家庭使用"净水先锋"的比例出现了急剧的增长——使用"净水先锋"的家庭大概增加了 70%。

据此，研究者们猜测，价格或许并不能说明全部问题。他们也考虑过一些与行为经济学有关的想法——这些想法源于对社会学习、社会关注以及信任的研究。研究者们对如下这些因素进行了对比检验：第一个因素是行销方法，他们比较了非政府组织的工作人员一对一地说服和鼓励村民使用"净水先锋"，与在全村范围内以村为单位进行宣传、鼓励大家使用"净水先锋"这两种方法的效果；第二个因素是社会网络，他们检验了社会网络对人们接纳"净水先锋"的影响；第三个因素是信任，他们对利用当地的推销员在村庄里推销"净水先锋"的影响进行了检验。结果表明，对全村做宣传进行市场营销的效果要好过对村民进行一对一的宣传销售；社区意见领袖使用"净水先锋"的情况对社区的其他人员具有一定影响力——但是，从整体使用情况来看，社区意见领袖的影响其实有限，只能在短期内使"净水先锋"的使用量出现微小的增加；相反地，如果从当地村民中挑选出一个本土促销者来宣传使用"净水先锋"，那么立即就能提高"净水先锋"的使用率，而且这种效应是可以持久的。

从某种意义上说，最有效的本土化促销方法是，宣传本社区内其他人的成功先例。研究者们认为，能够促使人们使用"净水先锋"的一个方法或许是，在公众场所公开使用"净水先锋"，让所有人都看到它的使用过程，明白它的用法。因此，他们设计了一个自动售卖机，并在现场检验了它的效果：这是一个柜子，里面锁着一整瓶（免费的）"净水先锋"，连接着一个特制的量杯式的龙头，它一次输送的氯刚好够消毒一只标准的20公升简便油桶所装的水。与将"净水先锋"卖给人们，让他们把氯带回家自己加入水中消毒的做法不同，这种自动售卖机都安装在水源的旁边。这样，当你取水的时候，马上就可以把"净水先锋"添加到水里去，当你把加入了"净水先锋"的水顶在头上走回家时，"净水先锋"刚好在水里起反应。研究者们的这个设计有一个好处——它抓住了人们的眼球，能够充分地引起人们的注意，即，当你在装水的时候，"净水先锋"就放在那儿，好像在"企求"你把它添加到桶装水里去似的。这个时候是销售"净水先锋"的最好时机,这跟销售肥料优惠券的最佳时机是在收割季节后的道理是一样的(因为那时现金就攥在农民手里)。为什么说时机非常重要?其中一个原因就是,必须在关键时刻吸引人们的注意力。

在所有的方法当中,自动售卖机是最好的一种方法。从效果上看,这种方法至少与直接为人们免费提供"净水先锋"的方法一样有效,而且这种方法不需要工作人员再费时费力地挨家挨户的去分发。更进一步地,自动售卖机的推广使用似乎使人们的行为产生了真正的、持久的变化。随着时间的推移,那些生活在安装有自动售卖机的社区里的人们似乎更会使用"净水先锋"去消毒,而且,也更会坚持使用。在那些为家庭免费提供"净水先锋"的社区里,对"净水先锋"的使用,在分发后的数周内达到了顶峰,但是随后就开始慢慢地走下坡路了。而在那些采用自动售卖机的社区里,在安装了自动售卖机后的数个月之内,"净水先锋"的使用率持续上升;而且在一年半之后,仍然保持在一个较高的水平上。

比阿特丽斯(Beatrice)和爱葛妮丝(Agnes)

"净水先锋"自动售卖机似乎是解决"净水先锋"的使用中的"最后一英里问题"的有效方法——或者说,它至少给出了答案的一部分。但是,这里仍然存在着一些悬而未解的重要问题。首先,最重要的是,谁来付钱?我们曾经看到过,在销售"净水先锋"时,只让人们支付一个象征性的价钱(每个家庭每月只需十五美分),就已经使大部分人望而却步了。但是,当同一个社区的人共用一台自动售卖机的时候,会不会由于成本由大家共同分摊,或者迫于社会压力,人们反而更愿意为"净水先锋"付钱呢?

在现场观察一个早上就可以发现,上述问题并没有完全整齐划一的答案。在2009年的夏天,杰克随同扶贫行动创新研究会在布西亚的工作团队一起,与一些"净水先锋"的"加注人员"进行了交流。

"加注人员"是一些志愿者,他们负责氯自动售卖机的日常维护,定期检查在自动售卖机内是否有足够的"净水先锋",并且及时向扶贫创新行动研究会的工作团队报告所出现的问题。

杰克他们去察看的第一个"净水先锋"自动售卖机是在一个农村地区。他们驾车驶离小镇,行驶了一段时间后,转入了看似一堵黄色的墙的小路——它是处于两大块田地之间的一条狭窄的通道。很快,杰克他们就来到了一簇由五间小小的泥坯房所组成的房屋前。他们把车子停了下来,然后有人出来带他们离开了这些屋子,沿着一条狭窄的泥泞的小路一路往前,走上了一个平缓的小山坡,山坡两边是尚未成熟的玉米和高粱,它们才长到齐肩高。杰克他们来到一汪泉水边,紧挨着泉水,旁边矗立着一根柱子,柱子上装了一个"净水先锋"自动售卖机。

几分钟之后,一个身着一件宝蓝色的宽大的涤纶衬衫的妇女沿着小路走了过来,这个妇女的衬衫上印有很夸张的银行图案。她向杰克他们进行了一番自我介绍。她说,她叫比阿特丽斯,是一个"加注人员"。她解释道,她之所以被任命为管理这台自动售卖机的人,是因为,她家离这汪泉水很近,她还受过教育,而且她还拥有一部手机。比阿特丽斯说,因为这个"净水先锋"自动售卖机的出现,她所在的这个社区在某种程度上实现了整合,它自己已经主动地完成了一些集体行动,具体地说,就是组建了几个"养鸡小组"。所有的人都觉得,不管是从卫生健康角度还是从经济角度来看,这个自动售卖机都给人们带来了很多好处。从经济角度来看,这个"净水先锋"自动售卖机使人们患腹泻以及其他肠道病的几率大为降低,这让人们省下了不少钱。

当杰克问比阿特丽斯,这个"净水先锋"自动售卖机项目的前景如何时,她说,扶贫创新行动研究会应该继续长期免费提供"净水先锋",以保证人们可以继续享受他们健康的人生。

但是杰克又问道,如果停止补贴那又会怎样呢?如果那样的话,为了保证"净水先锋"自动售卖机里面总是有充足的"净水先锋",社区是否会向大家筹钱,然后全额支付所需氯的费用呢?面对这个问题,看起来,比阿特丽斯似乎有些疑惑。这就意味着,必须有人去请求大家做出捐献,这种工作没有人愿意去做。不,比阿特丽斯叹了口气说道,补贴的终止可能就意味着"净水先锋"自动售卖机项目的结束。

大约在半个小时之后,也就是在杰克他们在通向小镇的主干道上往回行驶了仅仅一两英里后,爱葛妮丝走出了她家的院子的金属大门,大步流星地向杰克他们走来。她看上去充满自信,镇定自若地向杰克他们做了自我介绍——她是另一个氯自动售卖机的"加注人员"。爱葛妮丝一点也不腼腆,她总是微笑着,露出一口好看的牙齿。爱葛妮丝告诉杰克,她和她的丈夫是这个院落的主人,他们作为房东,把房子租给了许多人居住。若干年前,她家在院子里打了一口井。她们免费为她自家的租客提供饮用水,同时,也把井水卖给附近的其他家庭饮用。事实证明,这口水井的水质并不好。饮用从这口水井里打出来的水后,人们经常觉得恶心,因此颇多抱怨。爱葛妮丝试图通过往水井里洒入少量的氯晶体来解决这个问题,她也努力劝说她的客户把水煮开来再饮用,但是两种方法都不奏效。

爱葛妮丝很清楚地看到,当扶贫行动创新研究会带着"净水先锋"自动售卖机来到这里之后,情况迅速得到了改善。不管是她自己家里的人,还是别人,感到恶心的时候变少了。她的租客以及顾客都感到很高兴,来买她的水的人也越来越多了。当杰克见到她的时候,除了她自己家之外,她还为居住在附近的另外二十三个复合式房子里的顾客服务。

当被问及,如果有一天,须她们自己负担使用"净水先锋"的费用时,她会怎么想,爱葛妮丝回答得非常干脆。她知道把钱花在氯上是值得的,如果真有那么一天,她准备自己掏钱购买氯,并且继续使用。先不去说她的租客或者顾客的满意度,单就她自己的家庭成员在治病上省下来的费用，就足以证明，应该继续使用氯，即使必须自己全额支付所需的价钱也是值得的。

没有包医百病的处方

比阿特丽斯和爱葛妮丝生活的地方只不过相隔一两英里而已，但是，在对待氯自动售卖机的态度上却大相径庭。如果没有了补贴，爱葛妮丝当场就决定继续使用，而要使比阿特丽斯继续购买氯，则需要做一些困难的组织工作并辅以"政治性"的思想动员。我们在前面的内容中也已经看到了，基于同样的道理，由疟疾带来的问题，对戴维斯·P.查韦来说，与伦约富小学的那些女孩子们是不一样的。

解决问题的方法很可能是多种多样的。

对项目进行严格的检验表明，为了帮助肯尼亚的孕妇防治疟疾，免费分发蚊帐比成本共享式发放蚊帐更有效，但是这并不意味着，我们要完全放弃市场化的解决方法。就如爱葛妮丝的做法一样，每种方法都能找到它们自己的用武之地。我们所要做的是，只需要弄清楚，各种方法在什么时候以及什么地方会行之有效，然后，我们就可以在条件成熟的时候适当地运用这些方法了。在此之前，我们不可能为各种特定的项目定出一个放之四海而皆准的方案。这就是为什么扶贫行动创新研究会要继续在布西亚以及其他地区，检验他们以各种不同的方法运行"净水先锋"自动售卖机项目的效果的原因所在了。

就总的指导方针而言，我既同意萨克斯的如下观点，即没有任何人应该因定价过高而被排除在受保护者的行列之外，也同意伊斯特里的如下观点，即任何资源——以及运用资源所需要的决心——都非常宝贵、非常稀缺，不应该被浪费掉。要达成根除贫困这个最终的战略目标，我们必须一直充满生机和活力、永远不屈不挠；同时至关重要的是,在解决特定问题的各个"具体战役"中,我们也必须以同样的精神来追求每个项目的有效性。如果不能做到这一点,在上述两个方面我们都将可能遭到失败。

第十一章
性交:赤裸裸的真相

在我读博士的那段时间,有一天,加州大学伯克利分校的经济学教授保罗·格特勒来麻省理工学院访问,举行一场学术报告会。(我们在上一章中已经看到过,格特勒教授为了评估墨西哥政府推行的进步教育项目的效果,是如何煞费苦心的。)在许多大学里,外校的教授以他(或者她)自己最新的研究论文为基础,到别的大学去做一场为时九十分钟左右的学术报告,是一件常见的事情。许多经济学家都会采用这种方法,这样可以使他们的研究项目在实施之前,或者他们手头上的论文在发表之前,能够得到反馈意见。除了做学术报告之外,访问教授通常会把整天的时间都花在与教职工讨论上面,偶尔也会约一些研究生参加。

我以前从来没有过参与这种会议的经历,但是,我的导师埃斯特给我发了封电子邮件,她在邮件中让我"全程跟进保罗的行程安排"。我照做了。当我步行去赴约时,我有点紧张,我不知道讨论会进展到什么程度。当然,保罗也一样不知道。保罗问我,我现在都在做些什么,我告诉他,我正打算前往南非,着手开始一个检验小额贷款项目的影响的实验。(这个实验遭到了完全的失败,但是我从这个早期的失败中学到了一个重要的教训,现在依然令我受益匪浅:对于合作机构的工作人员也需要进行评估,否则,他们有一百种方法来毁掉一个随机对照实验。)

保罗说——我很肯定,以下就是他说的原话——"很好!当你去那儿的时候,你不妨去研究一下性工作者使用和不使用避孕套时的价格。你觉得怎么样?"

我一笑置之。后来也从来没有去进行这方面的研究。我当时并不认为性服务的价格能够成为一个严肃的经济学研究的课题。

我错了。结果证明,保罗并不是在开玩笑。他是在讨论,如何以一种全新的方式看待一个几乎能够影响到全球所有人的问题。不管是男人还是女人,黑色人种、白色人种还是棕色人种,穷人还是富人,都一样要面对这个问题,这就是有关性行为的问题。

性是能够使所有人变得更平等的最强大的东西。这首先是因为,实际上几乎每个人都会进行性行为,但是,更重要的一个原因是,它剥掉了我们所有的伪装,把我们带到了一个赤裸裸的自我面前。当然,我这里要讨论的并不是衣服。性行为是一种最原始的活动。性潜藏在我们这种生物体内,是我们的本能。从某种意义上说,当我们进行性行为时,我们才最称得上是"人",而最不像"经济人"。浓情纵怀之际,除了欲望、冲动以及急促的呼吸之外,许多其他东西都被淡化了。在床笫之上,穷人和富人之间真的没有什么大的区别。

这一点,或许可以帮助我们解释,在性行为的防范措施上,为什么我们所有人都会出错,无论我们居住在哪里,也无论我们是贫是富。即使我们原本就知道,没有任何防范措施的性行为会带来一些不良后果——可能会感染疾病或者导致意外怀孕,但是,当人们在情欲高涨、激情四溢的时候,这个问题基本上是不会出现在他们的脑海中的。然而,同时,没有任何防范措施的性爱也有它的优点,那就是,它使得男女在交合的时候可以尽情享受性爱给人带来的欢愉感。很显然,我们无法通过成本—效益分析来计算出激情燃烧所带来的痛苦。

但是,如果某人经常需要做出要不要戴避孕套的决策——而且他(或她)不是因为激情难抑而做爱,那么,或许他(或她)就能够比别人做得更好一些。毕竟,熟能生巧,不是吗?如果有人知道什么时候应该怎么做,那么她就算得上是专业人士了。这只有性工作者才能做到。

因此,这就是保罗要求我到南非去找性工作者谈谈时真正要讨论的东西了。幸运的是,保罗自己把他的想法付诸实施了——虽然我遗憾地错过了参与的机会。这项研究工作是他与加州大学伯克利分校的玛尼沙·沙赫(Manisha Shah)以及墨西哥国家公共卫生研究所的斯特凡诺·贝尔托齐(Stefano Bertozzi)一起在墨西哥城完成的。2001年,他们在墨西哥城附近通过当地的皮条客、警察、出租车司机、医务人员以及酒吧业主找到了近一千名性工作者,并与之进行了面对面的交谈。保罗他们向这些性工作者询问了最近几次"交易"的详情,结果证明,她们对安全的性行为与不安全的性行为都很了解——她们在进行性交易时所开出的滑动价格(sliding price)就可以证明这一点。

按规矩,性工作者与客户做爱时得用避孕套,但是,这也不是硬性规定(这种说法并没有什么"一语双关"的含义)。在面谈中得知,在性交易时,性工作者十次中有九次都会进行自我保护。但是,在这第十次,如果她们答应做爱时不戴避孕套,那么她们就会要求对方支付更多的报酬——平均而言,这个报酬会多出23%。这就是证明这些性工作者确实知道不戴避孕套会带来一些危害的证据:她们因这种行为所附带的风险而要求对方支付更多的钱。

像性工作者这样的专业人士,关于是否使用避孕套或者如何定价这些问题,并不会简单行事,或者直接设定一个价目表。交易双方需要经过一个讨价还价过程才能最后敲定价格。

大多数时候,性工作者会建议对方使用避孕套,而在一般情况下对方都会同意这个建议。但是,在另外一些时候,对方会要求进行没有任何防范措施的性行为。当性工作者知道对方的需求时,她们就有机会可以因此而要求获得更高的报酬。这反映出了交易过程的讨价还价博弈的性质。为了从这个交易中获取更多的报酬，这些性工作者往往把不戴避孕套进行性行为称为一件"非常有吸引力"的事，因为她们通过讨价还价，最多能够使她们多得47%的报酬——比平均数多出了两倍还要多（平均为23%）。

因此，这些性工作者是完全知道她们所讨论的事情存在的风险的。她们同样清楚地了解整个供需状况。在其他条件不变的情况下，她们愿意因为有防范措施的性行为而接受一个更低价格的交易，但是，如果她们发现客户事实上是喜欢不戴避孕套的性行为时，那么她们就会表示，她们非常乐意为对方提供这种服务，只是她们会因此而要求更多的报酬。在这种情况下，由于性工作者要价较高，客户通常都会建议使用避孕套算了，性工作者也会顺水推舟地同意这个建议，但是，这样一来，她们就能成功地使对方平均多支付8%的报酬。这就是性工作者的精明之处。

糟糕的信息，糟糕的选择

上面这些，就是从男女之间的肉搏战的最前线传来的信息。性工作者与她们的服务对象之间的肉搏战是从晚上开始，又在晚上结束的。但是，世界上大多数性行为都不是由性工作者完成的，所以，解决性行为时的生殖健康问题是一个更一般化的问题。我们需要搞清楚的是，非专业人士都做了些什么。他们知道不安全的性行为所隐含着的风险吗？如果真的发生了不安全的性行为，那么他们是怎样来补偿由于不安全性行为所带来的风险的？如果他们的性行为都采取了安全措施，那么导致他们做出防范措施的信息到底来自哪里？

就总体而言，在发展中国家，公众对性健康的知识是相当有限的。因为发展中国家的人们一方面相当缺乏有用的信息，另一方面却又得到了惊人数量的错误信息。在这里，我并不准备只讨论光明的一面。从1999年到2008年,曼托·查巴拉拉－姆西曼(Manto Tshabalala-Msimang)博士一直担任南非的卫生部长。关于艾滋病的治疗,她的观点相当著名,同时也错得非常离谱。在任期内,她曾经发出警告,反对使用抗逆转录病毒药物(Antiretroviral Drugs)(她坚持认为抗逆转录病毒药物是毒药),同时,她提倡用"严格地加强营养"来预防和治疗艾滋病,她甚至因此而赢得了一个绰号——"甜菜根博士"(Dr. Beetroot)。

"甜菜根博士"演讲时显得成竹在胸,但是,她的治疗方案却直接源自于中世纪的陈腐观念。她说:"我能再次谈论大蒜头吗?现在还允许我讨论甜菜根吗?允许我谈论柠檬吗?这些东西都可以推迟艾滋病的发病期,延缓由HIV病毒发展成为真正的艾滋病的时间。这就是事实的真相。"

幸运的是,在大多数发展中国家,在卫生健康方面的最高内阁职位并没有被"甜菜根博士"这种类型的人占据。尽管如此,在发展中国家,人们还是被大量的错误信息所包围。这些错误的信息来自于热情的潜在合作伙伴、农村诊所的推广官员、牧师以及负责传授卫生课程的教师。在加纳的时候,有一次,杰克去参加一个教堂的礼拜仪式,牧师断言道,魔鬼已化身为艾滋病,它要把艾滋病传染给所有的人,但是,只要通过对上帝大唱赞美诗,我们就完全可以进行自我保护——直接引用牧师的话来说就是,赞美诗可以"把魔鬼拒之门外"。在他的布道过程中,完全没有提及有关性方面的情况,也没有提及安全性行为,或者甚至也没有说到节欲。成千上万不幸的人经常受到错误信息的污染,结果他们对艾滋病不明真相,甚至对它一无所知。

青少年,尤其是年轻的女孩子,在刚刚开始她们的性生活的时候,她们并没有太多的个人经验可以借鉴,而且前面还有很长的路要走。能够从真实的信息中获得最大收益的,就是这个群体。

甜心老爹

在肯尼亚的布西亚,女孩子们成长的非常快。她们总是这样。根据传统习俗,一旦到达生育年龄,女孩子们就可以结婚了——通常大约为十四岁——所以,到达了这个年龄,许多女孩子就被急切的追求者抢走了。还有一种版本的说法是这样的,说这些女孩之所以这么早结婚,是因为家庭包办婚姻的结果。近几年来,这种倾向已经出现了一些变化。女孩子们在开始家庭生活之前,把更多的时间花在了学校里,还有一些女孩子则上了大学,然后开始了她们的职业生涯。在自愿的基础上结婚的人更多了,而由父母包办婚姻的人则更少了。但是,布西亚的女孩子们仍然很早就会面临着性方面的问题,并且时常要做出有关性行为的决策。

这些女孩子或许可以从她们的母亲那里得到一些建议,但是,她们的母亲成长在一个更为单纯的时代。在今天,为了得到某个女孩的感情,不仅是生活在农村的小伙子需要相互竞争,而且来自城镇的生意场上的能手以及学校里的学子们也概莫能外。对老一辈人来说,某个女孩面临许多位不同的追求者就可以称得上是一件相当令人惊讶的事情了,至于一个女孩可以在许多对象当中自由地选择自己的伴侣这种观点,就更令他们震惊了。

当然,由于男女性别的不平衡,女性的数量远远少于男性,这就意味着男性追求者之间需要相互竞争。这一点,无论是在布西亚,还是在美国,抑或是在阿奇漫画(Archie comics)中,全都是一样的。通常,那些有负担能力的(有钱的)追求者会给女孩子买礼物,或者开着跑车带女孩子出去兜风。而那些没有能力负担这些的(没钱的)追求者就只能寻找其他途径来打动女孩了,比如说,在一场足球比赛中赢得关键性的得分,或者给女孩发送煽情的短信,等等。

总的来说,布西亚的女孩子们不可能是骗子,她们其实只是一群半大的孩子。但是，她们清楚地知道，将来她们可以依靠谁。私底下，她们更愿意把自己托付给像"甜心老爹"这样的年长的、富裕的追求者。对于一个青春期少女来说，选择一个"甜心老爹"作为她的伴侣就像是买了生育保险。假设她怀孕了，那么他已经做好了准备——也期待着——跟她结婚，并且养育好小孩。

但是，这里却存在一个陷阱。年纪越大越富有的"甜心老爹"（同时，在很多情况下，也越好色），他们过去的性伴侣也越多，如今，他们因以往的性行为而得病的可能性也就越高——尤其是艾滋病。在十五岁到五十岁的肯尼亚男人当中，艾滋病的发病率相当高，其中最高的是三十五岁到五十四岁的男性群体，高达 8.5%。相比之下，十五到十九岁的这群女孩几乎没有受到什么感染，感染率仅为 0.4%。因此，不管她是不是知道这种情况，任何一个女孩要选择一个男子作为自己的伴侣，都需要进行认真的权衡。

如果纯粹从经济角度来看待这个问题的话，对于一个女孩子来说，即便怀孕也不必承担任何经济负担，同时还能乘着跑车到处游玩并时不时地收到一些礼物，她就在以下两个方面得到了相当有效的补偿：第一，这个女孩因为陪伴"甜心老爹"而付出的代价得到了补偿，"陪伴"是一件稀缺而且很受欢迎的商品。第二，作为一个伴侣，她要承受的各种风险也已经得到了补偿，比如说，像意外怀孕或者感染性病这类风险。如果这些女孩子已经知道了青年男子与"甜心老爹"之间，在艾滋病病毒的感染率上存在着相当大的差异的话，那么根据标准经济学理论的假设，女孩子们会因为要承受这些额外的风险而向"甜心老爹"们提出一个公道的价格要求。

如果情况确实如此，那么只是简单地把有关各个年龄组的艾滋病病毒携带者的比例的信息提供给这些女孩子，也不能改变她们的决定，即选择谁作为她们的伴侣或者她们想以什么方式获得补偿。这已经是老生常谈了。但是，如果她们并不知道这些事情，那么告诉她们年青男子与年长的男子在艾滋病病毒携带率上是不一样的，那么结果就可能会有所不同。

为了搞清楚结果是否会有所不同。2004年,扶贫行动创新研究会的研究员帕斯卡利娜·杜帕斯,在布西亚附近的328所政府学校里进行了一项实验,这个实验研究也是她的博士论文研究的一部分。从这328所政府学校当中,帕斯卡利娜·杜帕斯随机地选择了其中的七十一所学校参与"告知相关风险信息活动"(Reative Risk Information Campaign)项目,在这个项目中,研究人员召集八年级学生举行一次时间为四十分钟的会议。在会议一开始,学生们首先要完成一项匿名的问卷调查,以弄清楚学生们对肯尼亚的艾滋病病毒感染的广泛性了解多少。然后,项目工作人员播放一小段忘年恋的故事,引导学生们就跨代性行为这个问题进行一场开放式的讨论。在讨论过程当中,项目工作人员把有关肯尼亚的艾滋病携带者与年龄和性行为之间的关系的详细分析数据提供给学生。

在同一时间,同样是在这328所学校里,肯尼亚政府也对它自己实施的防治艾滋病教育项目进行了评估。在上一年,在这328所学校里,政府随机地选择了一半的学校,对教师进行了一项防治艾滋病国民教育课程培训(这些教师应该已经接受过这方面的教育了)。这些课程包括艾滋病的生物学机理和传播途径、如何照顾受感染的人群以及艾滋病或者艾滋病病毒对人体的影响等一系列相关内容的信息。

杜帕斯的项目虽然为人们提供了相关的信息,但是,这个项目并没有告诉人们应该做些什么;而政府的教育课程却毫不犹豫地对人们提出了忠告。政府的项目还包括一个预防性的模块,设置这个模块的主要目标是希望能够使"拒绝婚前性行为"这种观念深入人心,或者用更简洁的话语说,就是让学生"避免性行为"。

政府是想通过在半数学校率先实施这个评估项目,来确定这些经过培训的教师最终是否真的帮助到学生。这简直是一场机会绝佳的"赛马比赛":一方是杜帕斯设计的告知相关风险信息的项目,另一方是政府实施的关于艾滋病知识的教师培训项目,两者究竟孰优孰劣?通过比较所有这些328所学校的后续调查结果,我们就可以弄清楚,在性行为方面,到底是哪个项目对学生的选择有更大的影响力。

但是,如何跟踪学生们做出的选择呢?这本身就是一个非常棘手的问题。研究者们真正感兴趣的是学生携带艾滋病病毒的情况,其实,最简单的方法是对学生进行一次验血——但是,对所有的学生进行逐一的验血来排查艾滋病病毒携带情况这种做法在实践中并不可行。首选的一种可能的替代方法是,直接询问学生,请他们告知自己的性生活状况。在这个项目运行了大约八个月后,这项研究的现场工作团队就有关性生活、避孕套的使用情况以及性伴侣的人口统计学特征等方面的情况进行了一次简短的问卷调查。不过,我们对这次问卷调查中女孩子们的回答的价值表示怀疑,这种怀疑是合乎情理的。因为学生们知道,他们不应该有性行为——更不用说不安全的性行为了。那么,在问卷表中,我们怎么还能期望他们会告诉我们真相呢?

另外一个替代方法是用试剂来检查学生的怀孕情况。我们不得不承认,这种检查方法是有缺点的,因为只有一小部分没有任何防范措施的性行为才会导致意外怀孕,但是,知道了怀孕次数,至少能够确定没有任何防范措施的性行为次数的最下限。其实,学生怀孕是比较容易察觉到的,因为,她们会跟同学谈论此事,与问卷调查不一样,她们不会受到报告偏差的影响。毕竟,肚子里隆起一个大肿块是很难隐藏得住的。

有关怀孕情况的调查结果清晰地表明:告知相关风险信息项目确实起作用了。杜帕斯的项目使女学生分娩的发生率减少了三分之一。这就表明,总体上,没有任何防范措施的性行为明显地减少了,这是相当鼓舞人心的。结果表明,大部分分娩率的下降主要归功于未婚先孕的发生率的下降,未婚怀孕的比例下降了60%。总的来说,这就意味着,参与告知相关风险信息运动的女孩子怀孕之后也更有可能结婚。

但是,总的说来,对教师进行防治艾滋病国民教育课程的培训对分娩率以及怀孕女孩的结婚率却没有什么显著的影响。学校老师更多的是教给学生有关艾滋病病毒的相关知识,而学生也学了很多,这一点从有关艾滋病病毒知识的测试中学生所获得的高分上可以看得出来。但是,后续的跟踪调查结果充分表明,在现实生活中,这些知识很难让学生明白在性行为方面应该如何作出正确的选择。学校在报告有关教师培训项目的成果时宣布,女孩子的性行为总数大约减少了25%,同时没有任何防范措施的性行为则减少了大约三分之一——但是,这个数据与高居不下的怀孕率并不一致。这些学校的女学生可能对调查员瞒报了她们的性行为的程度。

而对那些参与杜帕斯的"告知相关风险信息活动"项目的学生来说,情况可能刚好与之相反,在后续的跟踪调查中发现,更多的女孩报告了她们的性行为。那就对了:更多的性行为,更低的怀孕率,由此,我们或许还可以推测出,受感染的人也更少了。

通过改变她们的性伴侣以及性行为习惯,这些女孩子得到了令人满意的结果。她们开始更垂青年轻男子,而不是"甜心老爹",总而言之,这种方法允许她们在没有放弃性行为的基础上降低了受艾滋病病毒感染的风险。但是,怎样才能使这些女孩子的性行为的增加与分娩率的显著下降的结果保持一致呢?关键在于防范。大多数学生在做爱时都使用了避孕套。这或许是所有的结果中最令人鼓舞的一个了,因为在"告知相关风险信息活动"项目中,并没有提及任何有关如何使用避孕套的事情。是学生们自己做出了正确的选择。

正如杜帕斯所猜测的一样,由于这些女孩子拥有了相关的信息,使得她们能够更正确地做出决定。要么选择"甜心老爹",但是由于要冒可能受到艾滋病感染的高风险而可以向"甜心老爹"索取更多的补偿(未婚怀孕率的下降很清楚地表明了这一点);要么她们选择降低受艾滋病病毒感染的风险——通过选择更年轻的性伴侣或者进行安全的性行为。

为检查而付钱

"告知相关风险信息活动"项目之所以能够取得巨大的成功,不仅仅是因为它为布西亚的女孩在选择未来的性伴侣时提供了相当有价值的相关信息,而且还因为这些女孩子在获得了这些信息后,有效地在实践中利用了它们。这是非常重要的一点。谚语说得好,你能够把一匹马引到水边,但是你无法强迫它喝水。

许多人在有关性行为的问题上做出了不正确的决策,部分原因应该归咎于错误的信息——就像那位"甜菜根博士"的灾难性的论断,以及杰克所遇到的那个加纳牧师的不负责任的布道。在这种情况下,像"告知相关风险信息项目"这种以告知正确信息为基础的项目就能够发挥作用。但是,最大的问题在于,在很多时候,我们恰恰就像一匹"固执的野马"。对艾滋病病毒以及其他由性传播的病症,世界上的大多数人(实际上,即便在发展中国家,也几乎每一个人)都已经相当了解了,只要他们愿意,他们完全可以进行自我保护,同时使他们的伴侣也得到保护。在这种情况下,信息就不再是问题所在了。而真正的问题在于,即使我们知道我们应该进行自我保护,但是,我们并没有这么做。

从公共健康的角度来看,这显然不是一件好事。人们知道怎么做是最好的,但是,他们仍然继续做出错误的决定,这种行为不仅仅对他们自身产生了危害;同时还会危及一个更广泛的社区。从这个意义上来说,艾滋病病毒以及其他性传播疾病跟我们在本书第九章以及第十章中所讨论的蠕虫与疟疾是一样的。因为个体的自我保护可以为所有人带来好处,所以,这也就构成了强大的理由,让政府介入此事,并且积极地推动它。

在允许政府介入的情况下,最有效的方法或许是,让某个公共卫生官员在现场,撕开避孕套的铝箔包装准备着,然后在关键时刻把避孕套递给你。值得庆幸的是,这种事情是不可能发生的。除非我们邀请他们走到我们的卧室里来,他们都会同意我们维护自己隐私的合理要求,礼貌性地与我们保持一定的距离,只能以间接的方式试图影响我们的决定。

那么怎么办?一种方法是,在高中学校开设性教育课程。还有一种方法是,像许多美国大学那样,在卫生诊所里免费分发避孕套。第三种方法是大做广告。以下这些广告是我们比较喜欢的,比如说,(a)在加纳的首都阿克拉矗立着这样一块广告牌,上面描绘的是许多赤身裸体的卡通人物的轮廓,这些卡通人物正用各种各样的姿势在做爱,在广告牌上"请戴避孕套"的字样跃然而出,其大小与整个广告牌一样宽。(b)在加纳的阿克拉还树着另外一块广告牌,广告牌上是一对夫妻,微笑着的,在广告牌的下方用大字号写着这样的标语:"你感觉不到它,并不意味着它不在那儿。"(不过,"它"到底是指什么?!我觉得有点疑惑,这个广告是否有许多隐喻,或者这是一句双关语,又或者根本就没有什么隐含的意思。)(c)在萨尔瓦多有这样一块广告牌,把它的意思翻译出来是这样的:"要么忠于你的妻子,要么请带避孕套。"(d)还有一个视频广告,它的场景是这样的,在一个杂货店里,有一个父亲和一个小孩,他们脾气暴躁——绝对是你见过的最糟糕的那种,正狠命的砸货架上的罐头,同时还死命地发出刺耳的尖叫声。然后画面上打出了一句简单的广告语:"请使用避孕套。"第四种方法是,花钱请大家来,让他们了解有关艾滋病的知识,以此来影响人们的决策。

许多研究艾滋病的研究人员,以及有关政策的制定者,不管是政府内部的工作人员还是非政府工作人员,都认为,一旦人们知道了自己的状况,他们就会采取相应的行动。也就是意味着,那些已经感染了艾滋病病毒的人会懂得如何保护其他人,而那些没有感染艾滋病病毒的人也会懂得进行自我保护。这种信念为强调必须进行检验的那一类项目提供了正当理由。如果这是真的,那么设法说服人们去了解他们目前状况这种方法就是可行的;如果嫌这种方法过于间接,那么就直接冲入卧室,去影响人们原本会在私密情况下做出的重要决策。但后者无论如何都只不过是一个重大的"假设"而已。

密歇根大学的经济学家、扶贫行动创新研究会的研究员丽贝卡·桑顿(Rebecca Thornton)想知道,让人们了解有关艾滋病的现状是否真的会使他们做出不一样的行为。因此,2004年她去马拉维(Malawi)寻找答案了。桑顿设计了一个随机对照实验,在这个实验中,她为所有的参与者免费进行一次艾滋病病毒的检测,并且为参与者提供一个购买避孕套的机会。如果了解自己的状况的参与者当中,决定购买避孕套的比例比不了解自己状况的人要高,那么也就有了确凿的证据可以证明,有关性行为的决策与检测结果之间是存在一定联系的。

问题在于,要进行评估实验,你得随机地挑选出一些人,让他们了解他们自己的状况,怎样才能实现这种随机性呢?不让某些人参与检测项目,或者强迫某些人来做检验,都是不现实的,而且更重要的一点是,这是不道德的。人们普遍有一种倾向,即在取艾滋病病毒检测结果时总是显得拖拖拉拉,但是,桑顿却在这里面看到了一个机会。平心而论,这种拖延确实有一定理由的,是人就会害怕,这是再简单不过的道理了。杰克还清楚地记得,自己在哥伦比亚大学健康服务办公室等待艾滋病病毒检测结果时,自己是如何的坐立不安,尽管他十分的肯定他是阴性的(实际上,他确实是阴性的)。在马拉维,有12%的成年人艾滋病病毒测试呈阳性(而在美国艾滋病病毒测试呈阳性的人只占到了0.6%),因此马拉维人有更充分的理由害怕听到坏消息。但是,马拉维人之所以宁愿对自己是否感染艾滋病病毒保持懵懂无知的状态,可能还有其他一些更具体的现实原因,而不只是因为他们害怕知道真相。等待结果会导致一整天无法工作，或者去诊所一趟就得走上五英里，这些理由可能就足够充分了。

身为一名经济学家，桑顿有很多关于激励机制的想法（这是真的——通常经济学家在这方面会考虑的多一些）。桑顿想，如果人们觉得做艾滋病病毒检测是值得的，那么就会有更多人来参与这项活动了。因此在艾滋病病毒检测项目中，桑顿设立了一个奖项：前来了解艾滋病病毒检测结果的人将会获得一定的金钱奖励。为了弄清楚人们需要多少钱的鼓励才会来取检测结果，桑顿使奖励的数额在0—3美元之间随机地变动。在马拉维，2004年，每人每天的平均工资大约为1美元，因此，这些奖励算得上是一大笔钱了，大致推算一下，应该是足够可以影响到人们的选择了。为什么随机分配奖励金额是一个十分巧妙的设计？原因恰恰在于：可以利用奖励的金额来代表某人了解他（或者她）自己的状况的可能性。你瞧——这就实现了随机化，在让人们选择参与或者不参与这个检测项目时，不带有任何强制性的特点。

最后，这个项目的具体实施过程如下：卫生员到120个村庄里，挨家挨户地进行入户访问，为参与者进行免费的艾滋病病毒检测。每个同意被检测的人员当场把他们的唾液样本提交给卫生员，这时，他们每个人都会收到一张随机选择的能在流动卫生诊所兑现的代金券。如果某个人去流动诊所了解他自己的检测结果，那么，他之前所收到的代金券可以如数的换成现金，届时，研究人员将会把他记录下来，说他已经来诊所了解过他自己的情况了。在人们了解到他们自己的检测结果两个月后，那些没有参与项目的检测环节的卫生员到他们家里再次进行访问。这次，他们进行的是一个简短的关于被试的最近的性行为的问卷调查。作为答谢，调查人员给每位做过问卷表的人30美分，同时，调查人员还提供避孕套的销售服务，这些避孕套享受高额的补贴。三个装的一包5美分，单买一个2美分。

研究结果阐明了两个问题。第一个问题是，激励机制是不是一个好办法,能促使人们在第一时间去了解自己的艾滋病病毒感染状况?第二个问题,也是更重要的一个问题是,一个人了解了自己的艾滋病病毒携带状况后,在性行为方面是否会导致他做出更好的选择呢?

对于第一个问题的回答是毫无疑问的:激励机制确实发挥了作用。那些收到代金券的人,不管他们收到的金额为多少,到诊所取回他们的检测结果的人数比那些没有收到代金券的人多出了两倍多。有趣的是,奖励金额的多少——只要不是零——似乎关系不大。对于那些非零的代金券,每追加 1 美元确实提高了来取回检测结果的可能性,但是影响却是微乎其微。实际上,一张 10 美分的代金券所产生的影响是价值十倍于它的代金券所产生的影响的四分之三多。这是在研究激励机制的效用方面的一个重大发现,因为它在设计项目、制定政策方面为我们提供了有价值的信息。如果每个追加的 1 美元所产生的反应越来越微弱,那么,我们就不能过分依赖于简单地往里扔钱的方式来提高人们的参与率。

在马拉维,激励机制发挥了极大的作用,在做过检测的人当中,有 69% 的人最终取回了他们的检测结果。

关键问题在于,这 69% 的人一旦知道了结果之后是不是会采取不一样行动呢?——在这方面,结果比较含混。一方面,了解艾滋病病毒携带状况对那些性活动频繁而艾滋病病毒又呈阳性的人产生了极大的影响。(这没什么意义,在所有的参与者当中,艾滋病病毒呈阳性的人只占到了 4% 。)那些知道检测结果的人比那些不知道检测结果的人购买避孕套的可能性高了两倍多,这就说明我们在正确的方向上又迈出了一步。

但是,平均而言,那些知道结果的人只比那些不知道结果的人多购买了两只避孕套。这没有给人们带来许多额外的保护。对于那些艾滋病病毒呈阴性的人——大约占到了参与者的 94% ——而言,他们的反应平淡无奇,相当令人沮丧,因为他们并没有变得比那些不知道结果的人更可能购买避孕套了。在后续的关于性行为的调查中（进行这些调查时，仍然为人们提供避孕套销售服务），研究者得到的结果还是令人感觉是在做无用功。研究发现，对那些性行为频繁的参与者来说，不管是知道的，还是不知道检测结果，在行为上并没有什么差别。

桑顿最后不得不得出这样的结论：该项目最终失败了。虽然为挨家挨户去检测艾滋病病毒付出了昂贵的成本，虽然在激励机制的推动下，人们的参与率很高，但是它只使人们的行为产生了小小的变化，而且仅仅对那些艾滋病病毒呈阳性的人有效，而他们只占到了参与者的4%。这些资源原本是可以用到被证明为影响更大的其他项目中去的。

当然，除了上述结论之外，从桑顿这个"以金钱奖励换取检测结果"的项目中，我们还可以得到另外一些经验教训。

第一点，它强调了激励机制的作用。这项研究证明，激励机制可以使人们产生强大的行为动力。第二点，它是一个最好的例证，让我们明白，只要能搞清楚什么是行不通的，也是很有价值的。就像我在本书导言当中早已说过的一样，新的想法是必不可少的。不要因为某个特定的方法没有大获全胜就气馁；恰恰相反，我们应该为此而感到庆幸，因为现在我们可以把一些想法排除在外了。感谢桑顿在检验方法上的创造性思维和坚持精神，让我们比之前知道得更多了；而且我相信，我们将来在这方面的努力将因此而得益。或许我们的下一个艾滋病病毒项目还要继续使用激励机制来鼓励人们取回他们的检测结果。但是，我们会找到一种更好的方法来销售避孕套。

第三点，也是最重要的一点是，这个项目凸显出了理解项目究竟是如何发挥作用的，或者说，搞清楚我们所看到的行为与我们所关心的结果之间的联系，是非常重要的。有时候，这种联系是非常脆弱的，而且令人恐惧的是，我们对它们经常感到一无所知。一些慈善机构以及发展项目所宣传的那些用来吸引人的眼球的无处不在的数据——所花掉的金额、登记参与的人数——充其量不过只是一些"路标"而已。如果我们不能真正了解这些东西是通过怎样的方式去提高人们的福利的,那么我们就会忽略掉一些重要的东西,从而无法帮助人们真正地改善他们的生活。这样一来,我们也就无法减少贫困现象。

第十二章
捐赠:作为结语的重要提示

行文至此,我希望你已经受到了一些启发,因为我们看到了许多行之有效的抗击贫困的方法。从另一个角度来说,如果跟我一样的话,你可能也已经被打动了,因为要想出切实可行的方法,面临的挑战是如此巨大。

你可能并没有在为某个援助组织工作,也可能并不会被邀请去参与设计或执行某个发展项目。对大多数人来说,当谈到为了抗击贫困需要"做点什么"时,答案大概就是捐赠了。正如我在导言中简单提及过的,与过去相比,现在我们有了更多的捐赠途径——不仅仅是在信封里放进一张支票,我们还可以在全食超市(Whole Foods Market)排队付款时进行捐赠,也可以通过用我们的手机发送短信的方式进行捐赠,或者还可以通过像起哇网这样的网站实现捐赠。捐赠的途径成倍地增多,个人捐赠行为无处不在。在今天的美国,个人捐赠已经超过企业、基金会的捐赠和遗赠的总额——两者之间的比值为三比一。

因此,个人捐赠能够产生非常重要的影响,如果我们大家一起行动,那么我们就可以充分利用这种影响力了。我们必须意识到,每次捐款都包含着如下两层意思:第一,它是捐给某个特定的组织的,这个捐款可以帮助这个组织运行他们的项目;第二,这是一次投票选择的结果。捐给某个组织意味着,你偏偏就选中了这个组织,而不是其他的任何一个组织(实际上,其他的组织有成千上万个)。这就发出了一个重要的信息。而且无论什么时候我们与朋友、家人以及同事讨论我们为什么要给这组织捐款的原因,或者我们在脸谱网、推特网以及"我的空间"网上讨论这些捐助组织时,我们都会放大这个信息。

发展中国家的人则在认真倾听着,他们真的没有其他的选择。事实上,个人捐款已经成了慈善机构最主要的资金来源(更不要说这样一个事实了:在美国对其他国家的捐助总额中,私人捐赠总额已经越过了美国政府援助总额)。这就意味着,我们有了一个独特的机会,发出我们的声音,使整个世界都听到。

问题在于:我们该如何选择说些什么?我们应该支持谁?本书阐述的大部分想法都是把希望带给穷人的。但是,这些想法并不会自动付诸实施。需要某个人——通常为某个组织——把某个想法运用到实践中去。这也就意味着,当我们考虑捐款时,我们真的需要弄清楚以下两件事:第一,在这种背景下,我们是否真的有充分的理由相信,我们这个想法对解决这个问题有帮助?第二,这个特定的组织真的会认真地而且高效地把这个想法付诸实践吗?

关于第一点,本书已经说了很多了,但是,在监督组织确定哪些项目可以有效地运行以及哪些项目不能有效地运行这一方面的问题,本书并没有展开讨论。但是,我会在"项目效果论证计划"网站(the Proven Impact Initiative Web site)上(在本书下文中将会提到它),与你以及一些专注于援助效果的合作团体一起来讨论一些想法和建议。

首先,这里有一个重要的注意事项。援助的效果,常常取决于管理援助资金的成本:说的不客气一点,就是,你所捐赠的每个美元,有多少美分是被用于日常开销以及为募集资金而需要的花费的?一般来说,那些管理成本比较低的组织能取得更好的效果,因为,它们会把更多的钱用于赠送产品或者提供服务上。但是,这种衡量援助资金的效果过于简单了，说实在的，它可能是一种相当糟糕的方法。根据目前所拥有的证据，管理成本与援助效果之间是否存在着任何根本性的相关关系，还不明确。在管理成本上的花费，某些简单的干预性项目或许比其他项目还要多。

更重要的一点是，管理成本数据的生成过程中包含了太多的主观因素。许多开支既可以归入到日常开销上，也可以归入到项目的服务费用上。这恰恰就是非营利组织会计核算的灰色地带，它确实很"灰"。因此，奖励那些低管理成本的项目往往就等于鼓励激进的会计处理手法，不可能起到什么积极作用。

其实，当我们在捐款时，应该问的问题其实更简单，因为我们只需要关注一些真正重要的东西：对于我们所捐助的每个美元，到底给人们带来了多少好处？

然而，在这个问题上，历来众说纷纭。在调和各种不同意见的基础上，我在这里为读者总结出了如下七个想法。这些想法曾经让我非常激动。事实上，这些想法已经体现在我们在这本书中看到过的一些项目和产品中了。这是一些杰出的项目和产品，而且每一个项目都至少接受过一次严格的评估；与用来解决同一个问题的其他可选方案相比，这些项目显然更胜一筹。当然，这并不意味着，这些项目都得到了最后的证实，并且是无可挑剔的。有些项目已经接近被"证实"了；而其他一些仍然处于"正在被证实"的过程中。这恰恰说明，证据的光谱相当的宽广。从因为没有掌握具体知识而无法自信地开出药方，到一切准备就绪，无需进一步检验就可以扩大项目实施的规模，这是一个漫长的旅程。以下我要讨论到的这些想法都处于这个旅途的某一个点上。显然，它们并不是这个旅途的终点。

在这儿，我也希望读者明白，有一些有价值的想法并没有包括在这里所说的七个想法里面：有证据表明，除了我将要提到的这些想法之外，还有许多很有应用价值和推广前景的想法——其中有一些，我们已经在这本书中讨论过了。因此，我在下面给出的论述，并不是穷尽一切的。

最后要强调的是,我们不应该只资助那些"已经被证实为有效"的(或者"正在被证实为有效"的)想法。我们需要去冒险。就像我在导言中所说的一样,我们需要创造性;需要去尝试全新的没有被证实过的方法。这是我们向前迈进的一个必经的过程。那些富有创新精神的组织——这些创新活动都是经过深思熟虑的,而且这些组织对这些创新的想法都进行了严格的检验——理应得到我们的支持。需要注意的是,没有经过评估的创新项目对世界的贡献不可能与经过评估的创新项目一样大。我更喜欢那些对自己所管理的项目进行严格的评估的组织,因为我确信,在五年或十年之后,对项目进行严格的评估的组织将会做出更好的选择。这些组织将会更适应新的环境、技术和想法。在本书中所讨论过的许多团体——特别是"爱神布拉罕"(对后进生进行补习教育)、舍瓦曼地尔(解决教师和医护人员的出勤问题)以及"免于饥饿"(Freedom from Hunger,一个小额贷款公司)——是那些通过严格的评估不断地进行自我改善的组织中的光辉典范,它们从自己的失败和成功中吸取经验教训,并且把这种经验教训公之于众,以便让全世界都可以学习它们的经验教训。

铺垫已经足够充分了,下面就是我总结的七个想法:

七种能够奏效的方法

小额储蓄

在本书第七章,我们从讨论薇嘉雅的故事开始,论述了小额储蓄的优点。当时,薇嘉雅正陷于"滚动式"借款的烦恼当中(在这过程当中,钱只是在她手中过过场而已,最终什么也没留下),由于她丈夫的原因,使她不可能把钱储存在家里。从薇嘉雅的故事,我们又引出了生活于肯尼亚农村的妇女,她们陆陆续续在农村合作社开立了一个昂贵的、只提供最基本的存款服务的账户——最后,是这些账户帮助这些妇女改善了她们的生活。实际上,虽然小额贷款的拥护者们早就提出了赋予妇女权力的主张,但是现有的证据已经表明,储蓄有助于提高妇女的地位以及权力;而信贷能不能带来同样的影响,却有待证明。对储蓄的需求以及渴望是不争的现实,因此现在是我们为人们提供可供选择的储蓄产品的时候了。像薇嘉雅这样的人,显然更应该为她们提供储蓄产品,而不是信贷产品。像她这样的借款人难道还少吗?现在,我们把所有的热情都倾注在了小额贷款上,好像完全忘记了从我们的父母以及祖父母身上学到的这个基本的经验教训:储蓄是何其的重要!

提醒储蓄

储蓄是一件好事,但是,它并不是一件容易办到的事。这一点路人皆知。在生活中,所有的事情都需要花钱,我们很少会注意到什么时候该节约一点。我们总是觉得身边有更紧迫的选择或者更大的诱惑来迫使我们去花钱。最后,我们中的大多数人所节约下来的钱比我们原先预计的要少得多。就像我们在本书第七章中所看到的,在秘鲁、玻利维亚以及菲律宾,银行利用发送手机短信以及邮寄信件等方式对客户做一个小小的提醒,而不是利用一些更激进、更严厉的方式来提醒客户可以开始储蓄了。事实证明,在促使穷人储蓄方面,这些方式更便宜,也更有效。

预付贷款的肥料销售方法

在所有为增加肥料使用而所做的努力中——财政补贴、农业推广官员的推广、农作物示范区——这种方法(预付货款的肥料销售方法)是最简单的、最容易办到的。无论你在一年中的什么时候买肥料,对于肥料的供应商来说,销售成本都差不多。但是,正如我们在本书第八章中所看到的,选择不同的时机来销售肥料,会给顾客带来巨大差异。在收获季节刚刚结束时,肯尼亚的农民获得了一个可以为下一季所需要的肥料提前预付货款（允许他们一次全部付清）的机会,因为,这时,他们刚刚销售了他们的农作物,口袋里装满了钱,他们可以拿出超过50%的钱来购买肥料。这种销售方式几乎不需要什么成本,但是,却可以极大地推动农业生产力以及农产品产量的提高。

驱虫运动

有时候,数据可以说明一切。我们在本书第九章中看到,在肯尼亚小学实施的驱虫运动使学生出勤率得到了大幅度的提高,其增加的成本是大概每年3.5美元。另一个解决学生缺勤问题的比较好的方法是,提供免费的校服,但是这个项目所需的成本大约是驱虫项目的二十五倍之多。而且,上面还没有考虑到驱虫运动项目由于根除了蠕虫病而带来的额外好处呢——事实上,与这个好处相比,出勤率的提高只不过是锦上添花而已。肠道蠕虫病危害的范围非常广泛,利用财政全额补贴在学校里开展驱虫运动很便宜,而且也是一种强有力的干预措施。难怪驱虫运动会在学校里如火如荼地开展起来。在扶贫行动创新研究会以及与它合作的一些组织机构的努力下,数以百万计的儿童根除了肠道蠕虫病。这是一个巨大的成功,但是还有很多事情等着我们去做。

小班化的补习教育

我们在本书第九章中曾经讨论过家庭教师补习教育项目和"爱神布拉罕"举办的阅读营地项目,这两个项目为解决发展中国家教育问题探索出了新的方向,是成功的典范。它们的共同特点是,针对不健全的学校管理机制,寻找切实有效的方法——前者通过雇佣家庭教师,后者通过培训志愿者——促使学生进行真正的学习,提高学生的学习成绩。针对目前学校存在的教师人员不足、学生太多以至于班级人数过多等问题,像家庭教师补习项目以及"爱神布拉罕"的阅读营地项目这类外部项目或许是解决教育问题的最有效的途径了。目前，扶贫行动创新研究会的研究主管安妮·迪弗洛与加纳政府、当地的教师以及英国儿童投资基金会正在加纳的许多地方推广这类项目。如果在加纳的大规模推广运行能够取得良好的效果，那么，扶贫行动创新研究会将勇往直前，进一步在许多其他国家以更大的规模推行这类项目。

能够净化水源的"净水先锋"自动售卖机

全世界，每年都有两百万人死于腹泻。他们本来都是不一定会死的，但是他们确实死了——几十年来，我们对此束手无策，不知道用什么方法来解决这个问题。用氯处理饮用水是一种廉价而高效的预防措施——所以我们得想办法让人们把它利用起来。尽管人们得益于氯的保护，但是，事实证明，即使免费把氯分发到每户家庭，也没有收到很好的效果。于是，我们在人们的采水点上放置了易于使用的"净水先锋"自动售卖机，为人们免费供应氯——就像我们在本书第十章中所看到的那样。或许这类项目可以变得与各种经过检验的补助金项目一样有效，也一样能够自给自足。无论如何，氯自动售卖机的使用在解决基本问题上迈出了一大步，因为它让更多的人喝上了干净的水。

承诺机制

在本书第七章中，我们讨论了一些有关储蓄的项目；在本书第十章中，我们讨论了一些帮助人们减少吸烟的项目。我们在这些项目中看到，承诺机制是一种相当有效的工具，它可以帮助人们达到他们的目标。虽然本书中所列举的事例主要集中于发展中国家，但是这种方法适合于任何人，不管是对穷人，还是对富人都一样有效。"节省开支、快乐存钱"承诺储蓄账户帮助了像莎妮这样的妇女，使得她们的家居环境获得了巨大的改善。吸烟在世界上很多地方都被认为是一个危及健康的重要问题,针对这个问题,我们看到,在菲律宾,承诺账户在帮助人们戒烟方面是怎样取得了巨大的成功的。隐藏在所有这些项目背后的基本原理可以应用于生活的各个方面:承诺机制使人们必须为他们的恶习付出更加昂贵的代价,因而能够帮助他们更易于保持美德。在这方面,承诺机制帮助人们做出了更多好的选择。

方法还有很多,数不胜数:项目效果论证计划

上述提到的七个有用的想法的缺点是,它们都是静态的。应该说的其实都已经说了,任何想法都不可能自动变成现实。我们必须将那些能够抗击贫困的方法运用到实践中去。它们一直都是动态的,不断变化着的,自始至终都被创新和研究所驱动着。我希望有一天,这七个想法会在另外七个更好的想法的映衬下黯然失色。如果真有那么一天,我会感到很高兴。

但是,你怎么知道这种情况什么时候会出现呢?除非你经常阅读经济学期刊,或者经常参加关于发展问题的学术会议,不然就很难做出判断。普通大众往往很难了解到最新的研究成果。

这就是扶贫行动创新研究会为什么要启动项目效果论证计划(the Proven Impact Initiative)的原因。这个项目可以确保所有捐赠者(不管捐多还是捐少)都能够了解这些有用的想法,并且能够通过某种最简单的途径去支持这些想法。现在,我们正在与一些合作伙伴一起努力,向普通大众传播这个信息,我们的目的是希望能够让更多的捐赠者参与进来,最大限度地发挥他们的作用。

所以,务请继续保持关注。我们在寻找正确的问题和答案的道路上才刚刚起步。我们希望能够让无数正在为解决发展问题而努力的人得到鼓舞,但是,也请记住,仅仅只流于美好的愿望是不够的。要让我们在抗击贫困这条道路上走的更好,产生更大的效果,我们所

需要的,不仅仅是美好的愿望,也不仅仅是现在听到和看到的这些"奇闻趣事"。当然,答案并不一定总会如我们所愿,但是,坦白地说,这又有什么关系呢!

我们需要冷静地思考,提出一些尖锐的问题;同时,为了弄明白问题的答案,我们需要进行客观的研究和评估。与已经完成的研究相比,本书所涉及的内容只不过是沧海一粟而已;同时,与留待我们去研究的东西相比,我们所完成的工作也只不过是冰山上的一角而已。但是,一个令人激动的、鼓舞人心的事实是,我们已经有了一些清晰的答案;我们已经走在了一条正确的道路上,而且会在这条道路上走得更远、更好,得到更多、更清晰的答案。

注释*

第一章

11　我心目中的一个英雄. 请参见：Peter Singer. 2009. *The Life You Can Save：Acting Now to End World Poverty*. New York：Random House. 辛格阐述时引用的事例与本书略有不同。但是他的著述、本书作者与他的交谈，直接激发了我们引用这个事例。我还直截了当地回击了针对这种类比的通常的反对意见。例如，辛格传统地把拯救落水孩童的代价说成是毁掉了一双很精美的鞋子，但是其他人可能会反驳说："你为什么在救小孩之前不把鞋子先脱掉呢？"对于这种类比还有其他的(有趣的)反驳。读者可以在网上看到，斯蒂芬·戈尔伯特(Stephen Colbert)在采访辛格时也谈到了很多。请参见：http：//www. colbertnation. com/the-colbert-report-videos/221466/march-12-2009/peter-singer（accessed 4/26/10）。

14　一个真实存在的脸谱网页面：http：//failbooking. com/2010/02/05/funny-facebookfails-texts-cost-money（accessed 3/28/10）。

16　它真正的运作方式. 现在起哇网的内部运作方式比过去更

---

*　注释前页码为原书页码，即本书的边页码。——编注

清晰了,这要感谢全球发展研究中心(the Center for Global Development)的大卫·鲁德曼(David Roodman)的呼吁和推动。但是真相依然没有大白于天下。就在作者写下这段话的时候(2010年3月),这个网站一方面宣称:"你所提供的资金将被用来填补贷款所留下的窟窿",但是另一方面却在正面用三行大得多的字体显示:"到目前为止筹集到的资金"和"还需要的资金"。所需要的资金到底是用来做什么的? 真的是去填补窟窿的吗?! 他们试图给人造成这种印象——在很大程度上他们确实成功了——你所援助的资金确实直接给了你在网站上点击的那个人。同时,在这个网站上,利率也不称为利率,而是被称为"投资组合回报率"。我也不知道,在起哇网上有多少投资者/援助者认识到了,其实所谓的"投资组合回报率"就是利率。

16 到2009年11月已经超过了1亿美元. http://www.kiva.org/about(accessed 3/28/10).

17 总额相当于所有企业、基金会的捐款和遗赠的总和的三倍. *Giving USA*. 这是美国施惠基金会(Giving USA Foundation)的一个出版物,由印第安纳大学慈善研究中心(the Center on Philanthropy at Indiana University)负责调研和编写。

第二章

28 在美国. 关于随机化地评估社会项目的两篇开创性的论文是:(1)Ashenfelter, O. 1978. "Estimating the Effect of Training Programs on Earnings," *Review of Economics and Statistics*, Volume 60, 47—57, 和(2) Gary Burtless and Jerry A. Hausman, 1978. "The Effect of Taxation on Labor Supply: Evaluating the Gary Negative Income Tax Experiment, *The Journal of Political Economy*, Vol. 86, pp.

1103—1130.

37　有效参与社会．请参见：http://www.un.org/esa/socdev/unyin/documents/ydiDavidGordon_poverty.pdf（accessed 2/22/10）。

第三章

39　袖毯的出现．关于"有袖子的毛毯"的推广与传播过程，请参见《纽约时报》上发表的文章（以及互联网上的其他评论）：http://www.nytimes.com/2009/02/27/business/media/27adco.html? adxnnl=1&adxnnlx=1269796090-dAy7Jkx4XGUQxoRpQwit0g（accessed 3/28/10）．关于Snuggie与Slanket，以及另两个类似的产品——"自由毛毯"（Freedom Blanket）与"毛毯大衣"（Blankoat），有人作了一些引人发笑的对比。请参见：http://gizmodo.com/5190557/ultimatebattle-the-snuggie-vs-slanket-vs-freedom-blanket-vs-blankoat（a-ccessed 3/28/10）。

41　4120亿美元．请参见：http://www.intenseinfluence.com/blog/how-much-moneyis-spent-on-advertising-per-year（accessed 4/26/10）。

42　每年死于腹泻．请参见：http://www.who.int/water_sanitation_health/publications/factsfigures04/en/（accessed 3/28/10）。

43　羞于吃葡萄干．请参见：http://people.ischool.berkeley.edu/~hal/people/hal/NYTimes/2006-06-01.html（accessed 3/3/10）。

44　森德希尔在很多次公开谈话中都解释过"最后一英里问题"，其中一次可以从以下网址找到：http://www.ted.com/talks/sendhil_mullainathan.html（accessed 3/28/10）。

45　设计了随机对照实验．该随机对照实验由玛丽安娜·贝特朗（Marianne Bertrand）、迪恩·卡尔兰（Dean Karlan）、森德希尔·穆莱纳桑（Sendhil Mullainathan）、埃尔达·沙菲尔（Eldar Shafir）以及乔纳森·辛曼（Jonathan Zinma）共同设计。与该实验相关的内容，请参见发表于 2010 年 2 月的《经济学季刊》上的一篇论文："What's Advertising Content Worth? A Field Experiment in the Consumer Credit Market." *Quarterly Journal of Economics*, 125(1)。

49　做了一个选择实验. 这个随机选择实验是在 2000 年，由 S. S. 艾扬格（S. S. Iyengar）和马克·莱珀（Mark Lepper）设计和实施的：S. S. Iyengar and Mark Lepper. 2000. "When Choice Is Demotivating: Can One Desire Too Much of a Good Thing?" *Journal of Personality and Social Psychology* 79:995—1006。

50　设计了一个随机实验来弄清楚. Shawn Cole, Xavier Giné, Jeremy Tobacman, Petia Topalova, Robert Townsend, and James Vickery. 2008. "Barriers to Household Risk Management: Evidence from India." Mimeo, World Bank. The working paper is at http://www.hbs.edu/research/pdf/09 – 116 . pdf（accessed 4/26/10）。

第四章

58　拥有了许多其他的东西. 波托西女士的故事源自于国际社区援助基金会的网站：http://www.villagebanking.org/site/apps/nlnet/content2.aspx? c = erPI2PCIoE&b = 5004173&ct = 7159949 （accessed 1/5/10）。

59　改变人们的生活. 描述玛尔塔的故事的邮件组请参见：http://www.opportunity.org/wp-content/uploads/2010/06/Impact – 2008 – Spring. pdf （accessed 1/5/10）. It appeared originally in *Impact* (spring 2008 edition), published by Opportunity International, 2122

York Road, Suite 150, Oak Brook, IL 60523. Janna Crosby, editor。

60 为穷人提供银行服务. 读者如果想了解他自己描述的整个故事,请参见:Muhammad Yunus and Alan Jolis. 2003. *Banker to the Poor: Micro-lending and the Battle Against World Poverty*. New York: Public Affairs, hardcover pp. 20—29. ISBN 978-1-89162-011-9。

61 接近6.5亿美元. 这些数据源于 Mix Market,它是一个很好的数据来源,拥有许多关于小额贷款的行业数据。请参见: http://www.mixmarket.org/mfi/grameen-bank (accessed 3/7/10)。

61 大约1.55亿借款者. *State of the Microcredit Summit Campaign Report* 2009. Washington, DC: Microcredit Summit Campaign。

62 一生不愁吃穿. http://www.nytimes.com/2005/09/21/readersopinions/bono-questions.html (accessed 4/9/10)。

65 年利率82%. 年利率(annual percentage rate,简称 APR)是讨论利率时最常用的一个术语。我们在讨论借贷、储蓄和投资的成本与收益时,经常要用到它。事实上,你几乎随时都会见到它,例如,信用卡协议、储蓄账户证明、汽车贷款单、抵押贷款合同,就是其中的几个例子。正文中提到的这些小额贷款利率都是资产组织的回报率,它们是根据公开发布的会计数据计算出来的。至于这些数据是怎样计算出来的,读者可以参见 http://www.themix.org 网站上的例子。

67 适用于每个人. Dean Karlan and Jonathan Zinman. January 2010. "Expanding Credit Access: Using Randomized Supply Decisions to Estimate the Impacts." *Review of Financial Studies*, 23(1).

70 穷人实际上能获得. Suresh de Mel, David McKenzie, and Christopher Woodruff. 2008. "Returns to Capital: Results from a Randomized Experiment." *Quarterly Journal of Economics* 123(4):1329—72. 在扶贫创新研究会的协助下,这些研究者还在加纳和斯里兰卡的现场复制、并扩展了这些实验研究。

72 每天不到 2.5 美元. http://www.globalissues.org/article/26/povertyfacts-and-stats (accessed 4/4/10).

73 平均年收益率为负数. 关于性别效应的完整分析, 见: Suresh de Mel, David McKenzie, and Christopher Woodruff. 2009. "Are Women More Credit Constrained? Experimental Evidence on Gender and Microenterprise Returns." *American Economic Journal: Applied Economics*, 1(3):1—32。该文是前面引用过的发表在《经济学季刊》(*Quarterly Journa of Economics*)上的论文的姊妹篇。

75 对企业主贷款. Dean Karlan and Jonathan Zinman. 2010. "Expanding Microenterprise Credit Access: Using Randomized Supply Decisions to Estimate the Impacts in Manila." Working Paper.

78 做了一个随机对照实验. Abhijit Bannerjee, Esther Duflo, Rachel Glennerster, and Cythia Kinnan. May 2009. "The Miracle of Microfinance? Evidence from a Randomized Evaluation." Poverty Action Lab Working Paper 101.

第五章

89 在给定的日子里工作多少时间. Colin Camerer, Linda Babcock, George Loewenstein, and Richard H. Thaler. 1997. "Labor Supply of New York City Cab Drivers: One Day at a Time." *Quarterly Journal of Economics* 112(2):407—441.

92 个体经营户或临时工. http://www.wiego.org/stat_picture (accessed 3/30/10). 小额贷款客户或许不太可能成为正式的雇佣劳动者,因为大多数小额贷款都是发放给拥有自己的"生意"的人的。

93 他们已经掌握的技能. Muhammad Yunus and Alan Jolis.

2003. *Banker to the Poor: Micro-Lending and the Battle Against World Poverty*. New York: Public Affairs, p. 140.

94 秘鲁国际社区援助基金会. 秘鲁国际社区援助基金会并不隶属于我以前在萨尔瓦多工作过的国际社区援助基金会国际部。它之所以也采用这个名字,是因为它原先是作为国际社区援助基金会的一个辅助机构接受过后者的资助。

95 每周举行的例会. Dean Karlan and Martín Valdivia. "Teaching Entrepreneurship: Impact of Business Training on Microfinance Clients and Institutions." *Review of Economics and Statistics*, forthcoming.

96 对客户进行经营技巧培训. http://personal.lse.ac.uk/fischerg/Assets/Drexler%20Fischer%20Schoar%20-%20keep%20it%20Simple.pdf.

97 企业业务咨询的培训. Miriam Bruhn, Dean Karlan, and Antoinette Schoar. May 2010. "What Capital Is Missing from Developing Countries?" *American Economic Review Papers & Proceedings*.

104 在项目中也使用了这种分析技术. Dean Karlan and Jonathan Zinman. 2010. "A Methodological Note on Using Loan Application and Survey Data to Measure Poverty and Loan Uses of Microcredit Clients." Working paper.

105 用于消费. October 2008. "The Unbanked: Evidence from Indonesia." *World Bank Economic Review* 22(3):517—537.

第六章

111 加纳人均年收入. 根据联合国统计署的报告和联合国儿童基金会的资料,加纳 2008 年的人均国民总收入为 670 美元,请参见: http://www.unicef.org/infobycountry/ghana_statistics.html#69

(accessed 5/7/10)。

114 谁是借款人？用来描述这种现象的经济学术语是"逆向选择"。它最早是由诺贝尔经济学奖得主约瑟夫·斯蒂格勒茨和安德鲁·魏斯提出的。它们这篇论文是：Joseph Stiglitz and Andrew Weiss. June 1981. "Credit Rationing in Markets with Imperfect Information." *American Economic Review* 71(3):393—410。

115 谁能保证借款者会按时还款？刻画这种现象——借款人缺乏还款的激励，不愿意努力按期足额偿还借款，或者将借到手的款项用于风险更高的地方——的经济学术语是"道德风险"或"事后的道德风险"。

116 加纳大多数工作都是非正式的. http://unstats.un.org/unsd/demographic/products/indwm/ww2005/tab5e.htm（accessed 3/30/10）.

120 孩子的教育. http://www.grameen-info.org/index.php?option=com_content&task=view&id=22&Itemid=109（accessed 3/30/10）.

124 2004 年 370 万. 这些数据的获得，还是得感谢 Mix Market。至于格莱珉乡村银行的客户的有关数据，可以在以下网站找到：http://mixmarket.org/node/3110/data/100636/products_and_clients.total_borrowers/usd/2000-2004（accessed 4/26/10）。

125 个人与群体负债贷款对比. Xavier Giné and Dean Karlan. May 2010. "Group versus Individual Liability: Long Term Evidence from Philippine Microcredit Lending Groups." Working Paper.

129 秘鲁国际社区援助基金会的贷款客户. Dean Karlan. December 2005. "Using Experimental Economics to Measure Social Capital and Predict Financial Decisions." *American Economic Review* 95(5):1688—1699.

134 客户更好的结果. Dean Karlan. February 2007. "Social Con-

nections and Group Banking." *Economic Journal* 117:F52—F84.

136 频率、群体动态机制与客户违约. Benjamin Feigenberg, Erica Field, and Rohini Pande. June 2010. "Building Social Capital through Microfinance." Harvard Kennedy School Working Paper No. RWP10-019.

139 起哇网,200万美元. 源于完整行星基金会2009年年度报告,该报告的网址是:http://www.wholeplanetfoundation.org/files/uploaded/WPF_2009_Audited_Financials.pdf（accessed 3/25/10）。

141 绝大多数时候,就是储蓄. 斯图尔特·卢瑟福所著的《穷人与他们的钱》(*The Poor and Their Money*)是一本非常出色的入门图书,它对这个基本思想进行了精彩的阐述,同时它还指出,穷人最需要的是先持续不断地小额储蓄,在积少成多之后再取出来(即"零存整取")。不过,对于他们来说,在许多时候,上述次序并不特别重要。

第七章

149 无论是储蓄或借贷. 金融服务普及项目（Financial Access Initiative）提供了大量关于发展中国家（以及其他国家和地区）的银行服务以及其他金融服务的信息。这里引用的数据源于他们发布的一份"信息聚焦",可以从以下网页获得:http://financialaccess.org/sites/default/files/110109%20HalfUnbanked_0.pdf（accessed 4/26/10）。

149 2006年肯尼亚西部. Pascaline Dupas and Jonathan Robinson. September 2010. "Savings Constraints and Microenterprise Development: Evidence from a Field Experiment in Kenya." Working Paper.

155 "节省开支、快乐存钱"的储蓄账户. Nava Ashraf, Dean

Karlan, and Wesley Yin. May 2006. "Tying Odysseus to the Mast: Evidence from a Commitment Savings Product in the Philippines." *Quarterly Journal of Economics* 121(2):635—672.

158 轻推一把. 所谓"轻推一把"是指这样一种看似不显著的改进,即在不改变潜在的可选集的前提下(我们必须在某个可选集中进行选择),改变我们的决定。"轻推一把"的一个例子是,改变自助餐厅的菜单上食物排序的次序:如果把苹果放在巧克力松饼的前面,那么人们就很可能会更多地选择苹果。"轻推一把"这个术语是理查德·萨勒和卡斯·桑斯坦首创的,他们还写了一本同名著作,讨论如何通过"轻推一把"来帮助我们更好地做出决策。请参见:Richard Thaler and Cass Sunstein. 2008. *Nudge: Improving Decisions About Health, Wealth, and Happiness.* New Haven: Yale University Press.

159 员工的储蓄进展情况. Shlomo Benartzi and Richard Thaler. February 2004. "Save More Tomorrow: Using Behavioral Economics to Increase Employee Savings." *Journal of Political Economy* 112.1, Part 2: S164—S187. 与本书中讨论的大多数其他研究形成了鲜明的对照的是,这项研究并没有采用随机控制实验方法。这篇论文讨论了选择偏差,说这类偏差肯定会出现,研究者必须予以关注,同时他们的研究显示,这类偏差非常明显而且奇特,使读者不得不相信他们的发现(至少我本人是如此)。然而,这里还有一个有待解决的重要问题:退休储蓄的增加是以降低当前消费为代价才得以实现的,还是以更高的负债水平为代价才得以实现的? 如果是后者,那么所谓的"轻推一把"就蒙上了一个污点。

163 波利维亚、秘鲁以及菲律宾. Dean Karlan, Maggie McConnell, Sendhil Mullainathan, and Jonathan Zinman. April 2010. "Getting to the Top of Mind: How Reminders Increase Saving." Working Paper.

164 人数也增加了6%. 大约6%这个数字是根据上面引用的那

篇论文中的表 4 的 A 部分的第 3 列的数据计算出来的。计算方法如下：收到一条提醒信息对某人实现储蓄目标的影响的估计值为 3.1%。从整个样本来看，实现了自己的储蓄目标的人所占的比例为 54.9%，因此提醒信息带来的改善幅度为(3.1%/54.9% =)5.6%。

164　彼得·欧尔萨格以及伊曼纽尔·塞斯. Esther Duflo, William Gale, Jeffrey Liebman, Peter Orszag, and Emmanuel Saez. November 2006. "Savings Incentives for Low-and Middle-Income Families: Evidence from a Field Experiment with H & R Block." *Quarterly Journal of Economics* 121(4):1311—1346.

165　退休储蓄的随机对照实验. Emmanuel Saez. 2009. "Details Matter: The Impact and Presentation of Information on the Take-up of Financial Incentives for Retirement Saving." *American Economic Journal: Economic Policy* 1(1):204—228.

第八章

167　全世界的穷人中，农民占了10亿多. WB World Development Report 2008, p. 1. http://siteresources.worldbank.org/INTWDR2008/Resources/WDR_00_book.pdf.

170　随机对照实验评估"鼓网". Nava Ashraf, Xavier Giné, and Dean Karlan. November 2009. "Finding Missing Markets (and a Disturbing Epilogue): Evidence from an Export Crop Adoption and Marketing Intervention in Kenya." *American Journal of Agricultural Economics* 91(4).

172　简单的随机对照实验. Esther Duflo, Esther, Michael Kremer, and Jonathan Robinson. 2008. "How High Are Rates of Return to Fertilizer? Evidence from Field Experiments in Kenya." *American Economic Review 98(2):482—488.

176 服务与价格的组合. Richard Thaler. 1991. *The Winner's Curse Paradoxes and Anomalies of Economic Life*. New York: Free Press, p. 69.

176 维持现状的倾向. Shlomo Benartzi and Richard Thaler. 2001. "Naïve Diversification Strategies in Defined Contribution Saving Plans." *American Economic Review* 91(1):79—98.

177 大地震之后. M. H. Bazerman. 1986. *Judgment in Managerial Decision Making*. Hoboken, NJ: John Wiley & Sons, Inc., p. 19.

178 事件发生的整体可能性. Amos Tversky and Daniel Kahneman. 1973. "Availability: A Heuristic for Judging Frequency and Probability." *Cognitive Psychology* 5:207—232.

179 非洲一些项目. Esther Duflo, Michael Kremer, and Jonathan Robinson. July 2009. "Nudging Farmers to Use Fertilizer: Theory and Experimental Evidence from Kenya." NBER Working Paper No. 15131.

181 使用新的工具和新的技术. Timothy Conley and Christopher Udry. March 2010. "Learning About a New Technology: Pineapple in Ghana." *American Economic Review* 100(1):35—69.

184 一切承诺给我们的快乐……！这几句诗引自罗伯特·彭斯的诗《致老鼠》,该诗最初是用苏格兰语写成的,这几句诗原文如下:"The best laid schemes o' Mice an' Men,/ Gang aft agley,/An' lea'e us nought but grief an' pain,/For promis'd joy!"

185 祖父母多年来做的. 鼓网项目现在仍在运作,不过不在原来的领域,也不再针对原来那些作物.

186 调查鱼的销售情况. Robert Jensen. August 2007. "The Digital Provide: Information (Technology), Market Performance, and Welfare in the South Indian Fisheries Sector." *The Quarterly Journal of*

Economics 122(3):879—924.

188 "挑战者号"的故事. Michael Kremer. August 1993. "The O-Ring Theory of Development." *The Quarterly Journal of Economics* 108(3):551—575.

第九章

192 性别平等. 受过良好教育的人拥有更好的工作、更健康的人生,在性别问题上也可以得到更平等的对待. 请参见:"Education and the Developing World." Center for Global Development, 2006。

198 全世界未能入学的儿童. "Education and the Developing World." Center for Global Development, 2006.

199 随机对照实验来测试简单的解决方法. David Evans, Michael Kremer, and Muthoni Ngatia. 2008. "The Impact of Distributing School Uniforms on Children's Education in Kenya." Mimeo.

202 "进步"教育项目对入学注册率的影响. T. Paul Schultz. 2004. "School Subsidies for the Poor: Evaluating the Mexican Progresa Poverty Program." *Journal of Development Economics* 74(1):199—250.

203 设计一个评估实验. Felipe Barrera-Osoria (World Bank), Marianne Bertrand (University of Chicago), and Francisco Pérez (GI Exponential). 2010. "Improving the Design of Conditional Transfer Programs: Evidence from a Randomized Education Experiment in Colombia." *American Economic Journal: Applied Economics*, forthcoming.

204 与控制组相比. 这些数字是从前一个脚注所引用的那篇论文的表3的第7列的数据计算出来的. 计算方法如下:控制组的平均出勤率为0.786,这也就是说,缺勤率为0.214。基本处理组、第一变种处理组和第二变种处理组这三个处理组的处理效应分别体现为使出勤率上升了 0.025、0.028 和 0.055,这也就说明,各处理组缺勤率分别下降了(0.025/0.214 =)11.6%、(0.028/0.214 =)13.1%和(0.055/0.214 =)25.7%。

205 第二变种处理组……三倍多! 这是对以学校为基本单位展开的驱虫运动对肯尼亚学生的健康及出勤率的影响进行的评估。这些数字是根据同一篇论文的表 7 的第 6 列的数据计算出来的。计算方法如下:对于第一变种处理组,相对于控制组 0.205 的平均出勤率,处理效应为 0.094,这表明大专院校入学率提高了 46%。对于第二变种处理组,相对于控制组 0.205 的平均出勤率,处理效应为 0.487,这表明大专院校入学率提高了 237%。

206 每颗药丸 20 美分. http://Web.worldbank.org/WBSITE/EXTERNAL/TOPICS/EXTHEALTHNUTRITIONANDPOPULATION/EXTPHAAG/0,contentMDK:20785786~menuPK:1314819~pagePK:64229817~piPK:64229743~theSitePK:672263,00.html (accessed 3/31/10).

207 1998 年肯尼亚西部. Edward Miguel and Michael Kremer. 2004. "Worms: Identifying Impacts on Education and Health the Presence of Treatment Externalities." *Econometrica* 72(1):159—217.

208 印度德里的幼儿园. Gustavo Bobonis, Edward Miguel, and Charu Puri-Sharma. 2006. "Iron Deficiency Anemia and School Participation." *Journal of Human Resources* 41(4):692—721.

209 长期收入得到了提高. Hoyt Bleakley. 2007. "Disease and Development: Evidence from Hookworm Eradication in the American South." *Quarterly Journal of Economics* 122:73—117.

209 肯尼亚的大量证据. Sarah Baird, Joan Hamory Hicks, Michael Kremer, and Edward Miguel. "Worms at Work: Long-run Impacts of Child Health Gains." Working Paper.

212 学龄儿童. http://data.un.org/Data.aspx? q = India + pop-

ulation + age + 5 – 14&d = PopDiv&f = variableID：20；crID：356（accessed 3/31/10）. 这个数字是从联合国在线数据库中检索得到的。该数据库是一个非常有用的国家一级层面的统计数据来源，包括了经济、人口、健康、教育，以及其他方面的统计数据。2.5 亿这个数字是 2005 年印度人当中，年龄为 5 至 14 岁的儿童的人数的估计值（检索时返回的结果是 246,293,000）。

212　不会做基本的运算. Pratham Organization. 2006. *Annual Statu of Education Report 2005*. Mumbai：Pratham Resource Center.

215　对学生们的学习有影响. Abhijit Banerjee, Shawn Cole, Esther Duflo and Leigh Linden. 2007. "Remedying Education：Evidence from Two Randomized Experiments in India." *Quarterly Journal of Economics* 122(3)：1235—1264.

217　设计了另外一个随机对照实验. Esther Duflo, Pascaline Dupas, and Michael Kremer. November 2008. "Peer Effects and the Impact of Tracking：Evidence from a Randomized Evaluation in Kenya." *American Economic Review*, forthcoming.

218　2005 年的调查. Pratham Organization. 2006. *Annual Status of Education Report 2005*. Mumbai：Pratham Resource Center.

220　使乡村教育走向正轨. Abhijit Banerjee, Rukmini Banerji, Esther Duflo, Rachel Glennerster, and Stuti Khemani. February 2010. "Pitfalls of Participatory Programs：Evidence from a Randomized Evaluation in Education in India." *American Economic Journal：Economic Policy* 2(1)：1—30.

第十章

227　规定工作时间. Abhijit Banerjee, Angus Deaton, and Esther

Duflo. 2004a. "Wealth, Health, and Health Services in Rural Rajasthan." *AER Papers and Proceedings* 94(2):326—330.

228 随机对照实验来评估. Abhijit Banerjee, Esther Duflo, and Rachel Glennerster. 2007. "Putting a Band-Aid on a Corpse: Incentives for Nurses in the Indian Public Health Care System." *Journal of the European Economics Association* 6(2—3):487—500.

229 看起来是因为被重重地扔到墙上. 引用自上一个脚注所引用的那篇论文"Putting a Band-Aid on a Corpse"的第 11 页。

232 去公共卫生诊所. Paul Gertler. 2004. "Do Conditional Cash Transfers Improve Child Health? Evidence from Progresa's Control Randomized Experiment." *American Economic Review* 94(2):336—341.

233 保罗对它进行了研究. Paul Gertler and Simone Boyce. 2001. "*An Experiment in Incentive-Based Welfare: The Impact of Progresa on Health in Mexico.*" Working Paper.

234 单独的研究. John Hoddinott, and Emmanuel Skoufias. October 2004. "The Impact of Progresa on Food Consumption." *Economic Development and Cultural Change* 53(1):37—61.

235 经过严格的评估. Laura Rawlings. 2005. "Evaluating the Impact of Conditional Cash Transfer Programs." *The World Bank Research Observer* 20(1):29—55.

236 随机对照实验……进行检验. Xavier Giné, Dean Karlan, and Jonathan Zinman. 2010. "Put Your Money Where Your Butt Is: A Commitment Savings Account for Smoking Cessation." *American Economic Journal: Applied Economics* 2(4):1—26.

244 单就 2007 年. 这个数字源于国际人口服务组织为主任兼总裁卡尔·霍夫曼(Karl Hofmann)举办的一个新闻发布会。请参见：http://mim.globalhealthstrategies.com/blog/wp-content/uploads/2009/10/Karl-Bio.pdf (accessed 4/26/10)。

245 一起合作的随机对照实验. Jessica Cohen and Pascaline Dupas. 2010. "Free Distribution or Cost-Sharing? Evidence from a Randomized Malaria Prevention Experiment." *Quarterly Journal of Economics* 125(1):1—45.

246 全球每年. 源于世界卫生组织创建的关于水质、环境卫生和健康问题的一个网站。请参见：http://www.who.int/water_sanitation_health/publications/factsfigures04/en（accessed 3/28/10）。

248 到底哪种方法是最好的. Michael Kremer, Edward Miguel, Sendhil Mullainathan, Claire Null, and Alix Peterson Zwane. 2009. "Making Water Safe: Price, Persuasion, Peers, Promoters, or Product Design?"

第十一章

254 在墨西哥城. Paul Gertler, Manisha Shah, and Stefano Bertozzi. 2005. "Sex Sells, but Risky Sex Sells for More." *Journal of Political Economy*, 113:518—550.

256 这就是事实的真相."甜菜根博士"这些言论以及其他令人啼笑皆非的言论可以在以下网页找到：http://www.southafrica.to/people/Quotes/Manto/MantoTshabalalaMsimang.htm（accessed 3/15/10）。

259 2004年在布西亚附近. Pascaline Dupas. 2007. "Relative Risks and the Market for Sex: Teenage Pregnancy, HIV, and Partner Selection in Kenya." Mimeo, Dartmouth.

263 "请戴避孕套。"可以在 YouTube 网站上找到：http://www.youtube.com/watch?v=0ed1m16L1so。

264 购买避孕套. Rebecca L. Thornton. 2008. "The Demand

for, and Impact of, Learning HIV Status." *American Economic Review* 98(5):1829—1863.

264 美国0.6％. 在联合国儿童基金会网站上可以找到数百个国家和地区的经济、人口统计学、流行病学,以及其他方面的统计数据。这里引用的这些数据是从以下网页中找到的:http://www.unicef.org/infobycountry/malawi_statistics.html#66（accessed 6/22/10）and http://www. Unicef.org/infobycountry/usa_statistics.html#66（accessed 6/22/10）, respectively。

265 价值十倍于它. 源于桑顿的论文。请参见该文第10页的有关讨论,以及该文第51页的表4。

致谢

迪恩的致谢

我发现,写这份致谢对我来说是一个极大的挑战。我要怎样写,才能既不过于矫情也不过分多愁善感地表达出我的感激之情呢?我真的需要感谢许多人。感谢那些曾经与我并肩工作的同事、朋友;感谢那些给我提出过许多宝贵建议的人;感谢那些为我工作的人。我还要感谢另外一些人,他们虽然与我毫不相干,但是,由于他们所付出的伟大的努力,才使我得以完成本书的写作。

在专业上,我要终身感谢我的导师埃斯特·迪弗洛、阿巴吉特·班纳吉,在他们的领导之下,我创办了扶贫行动创新研究会以及麻省理工学院反贫困行动实验室,由于他们的努力,这个世界变得更加美好了。能成为受他们指导的学生,我将永远感到无比自豪。森德希尔·穆莱纳桑,他既是我的导师,现在也是我许多研究的合作者,同时,他还是我身边的一位非常有趣的极富创造力的人之一,他自始至终影响着我对这本书的写作,同时也在其他方面一直影响着我。我要感谢理查德·萨勒,当我在攻读工商管理硕士时,是他引导我进入了行为经济学的殿堂;我继续攻读哲学博士时,作为他的学生,他仍然对我进行了远程指导;最后一点,同样也是重要的一点,我之所以能够写就这本著作,他在背后起到了极大的推动作用。我要感谢迈克尔·克雷默,在我早期的研究生学习生涯中,他给我提出了许多建议,其中与他一起喝咖啡的一次经历特别令人难忘(对我来说),那时候,我第一次思考有关运用实验来解决现实问题的挑战;在扶贫行动创新研究会和阿卜杜勒·拉蒂夫·贾米尔反贫困行动实验室成立之前,也是在他的领导之下,我开始尝试着进行了许多随机对照实验。我要感谢乔纳森·默多克,在有关小额贷款的政治学、经济学领域,他给了我许多指导,教会了我许多东西。

最后,按时间顺序,我要感谢克里斯·尤迪。在我就读于研究生院的某一天,埃斯特告诉我,让我乘火车去纽黑文市(New Haven),在那里呆上几个小时,拜访一下克里斯。那时我虽然不是耶鲁大学的学生,但是,克里斯还是亲切地接待了我。我相信,这段坐火车的经历对我日后的学术生涯产生了极大的影响。当然,我很难百分之百地肯定这一点(因为这个世界上不存在一个没有坐火车去拜访克里斯的我,所以也就没有一个可以用来比较的控制组)。有人说,埃斯特的建议可以改变某人的一生,这就是一个绝佳的例子。谢谢你,埃斯特(同时感谢克里斯)。

乔纳森·辛曼对我一生的影响和帮助是无可比拟的,他既是我的兄弟,也是我最最经常合作的伙伴。有句话虽然显得有些老生常谈,但是我还是要说,如果没有他,本书中讨论到的我与他一起做的研究,以及我自己所做的研究,都不可能完成。这是千真万确的。还有另外一些合作伙伴,他们与我一起完成了这本书中所讨论到的一些发展项目,我与他们的合作虽然不那么频繁,但是我还是非常的感谢他们。他们是:纳瓦·阿什拉夫、玛丽安娜·贝特朗、米里亚姆·布鲁恩、泽维尔·吉内、玛吉·麦康奈尔、乔纳森·默多克、安托瓦内特·舍布尔、埃尔达·沙菲尔、马丁·瓦尔迪维亚以及韦斯利·殷。

即使有千言万语也表达不出我对扶贫行动创新研究会的研究团队以及麻省理工学院反贫困行动实验室的研究团队的感谢。是扶贫行动创新研究会当前的领导团队——安妮·迪弗洛、凯瑟琳·维埃琳(Kathleen Viery)、迪莉娅·威尔士(Delia Welsh)——一直以来都给予了我帮助,让我每天晚上都能有几个小时的睡眠时间,多年来,也是她们帮助扶贫行动创新研究会扩大了规模,获得了双倍的增长。我们在现场的工作人员是一群最努力、最专业以及最精明能干的人。虽然他们来到这里的动机不同,途径也不一样,但是他们彼此之间,在工作上合作得非常愉快,也总是满怀激情。没有他们中的任何一个人,我们的这些工作都将成为不可能。在过去的这些年里,温迪·刘易斯(Wendy Lewis)一直给了我以及扶贫行动创新研究会许多支持,使得扶贫行动创新研究会能够一直持续而有序地运行下去——谢谢你,温迪。

写到这里,我还要感谢另外一群人。他们是一些学者朋友。在这个研究领域,我只是他们当中的一员而已。我要衷心地感谢这些做实地调查的研究者们,我在本书中所讨论的那些调查研究工作都是由他们完成的,由于利用了他们在现场调查时所获得的数据和资料,才使我能够得以完成本书的写作。这些研究者分别为:阿巴吉特·班纳吉、斯特凡诺·贝尔托齐、苏雷什·德·梅尔、埃斯特·迪弗洛、帕斯卡利娜·杜帕斯、乔纳森·罗宾逊、保罗·格特勒(Paul Gertler)、泽维尔·吉内、蕾切尔·格兰内斯特、罗伯特·詹森、辛西娅·金南、迈克尔·克雷默、大卫·麦肯兹、爱德华·米格尔、克莱尔·纳尔、乔纳森·罗宾逊、伊曼纽尔·赛斯、玛尼沙·沙赫、丽贝卡·桑顿、克里斯·伍德拉夫、迪恩·杨(Dean Yang)、阿利克斯·朱瓦内。

我要感谢扶贫行动创新研究会的董事会成员,他们分别是,我的导师埃斯特、阿巴吉特、森德希尔以及雷·菲斯曼,是他们在董事会上讨论并同意了他们这个刚从研究生院毕业的学生如此疯狂的想法,他们认为我提议创立这样一种组织是一个绝妙的点子(感谢他们并没有让我更理智地采取非终身教授常用的策略,即,只关注自己的研究)。我同样也要感谢现任的扶贫行动创新研究会的董事会成员——葛雷格·费舍尔、杰瑞·麦康奈尔（Jerry McConnell）、帕拉斯·梅塔（Paras Mehta）、乔迪·尼尔森（Jodi Nelson）、J.J. 普莱斯考特（J. J. Prescott）、史蒂夫·托宾（Steve Toben）以及富山健太郎（Kentaro Toyama），是他们"高举火把"，领导、引导、指导着扶贫行动创新研究会，带领着我们不断地向前进——以及三位前董事会成员：温迪·阿勃特（Wendy Abt）、露丝·莱文（Ruth Levine）以及阿利克斯·朱瓦内，在过去几年间，他们一直都是扶贫行动创新研究会的董事会成员，那几年是扶贫行动创新研究会最为关键的成长阶段。

我要特别感谢那些曾经与我们并肩工作过的组织，虽然在本书讨论的这些研究当中，有一部分并不涉及对某个组织的核心任务的检验，但是，大部分确实是的。一个献身于抗击贫困事业的人，宁愿暂时将他自己的信念和希望搁置在一边，反而致力于去寻找证据，即使最终找到的证据可能会违背他曾经说过的东西以及他曾经认为应该做的事情，再也没有比这个更让人钦佩的了。所以，失败也应该得到更多的鼓励。本书所述及的工作，都是一些极具典范性的组织支持或实施的，它们全都竭尽全力追求卓越。本书中也讨论了许多我自己的研究项目，在这些项目中，我与以下人士的合作非常的愉快，他们是：奥马尔·安达亚、杰拉尔德·安达亚（Gerald Andaya）、乔纳森·坎佩恩（Jonathan Campaigne）、克里斯·邓福德（Chris Dunford）、鲍比·格雷（Bobbi Gray）、曼得雷德·库恩（Mandred Kuhn）、爱丽丝·拉瑙、雷吉·奥坎波以及约翰·欧文斯，我要感谢他们，在弄明白哪些项目对抗击贫困有用方面，他们作出了许多贡献。

在实验现场最美好的一段时光，当属我的家人加入进来的时候。这是一段真正幸福的时光，因为我不必在家庭和工作之间作出艰难的选择。虽然我自信地认为，我的家人也会从这些经历中得到很多益处（他们说，他们确实有）！但是，我自己清楚地知道，我才是那个得益最多的人。我不必做出任何牺牲就能愉快地开始工作，哪怕是一丁点儿牺牲都没有。当然，如果辛迪（Cindy）不是那么的随遇而安,那么的支持我;如果我的孩子不是天生而伟大的旅行家,那么,这一切都将变得不可能。我的家人能够适应于任何环境,在任何地方都能开开心心:一路颠簸、长途跋涉奔波于加纳时,睡在马里(Mali)农村的到处充斥着臭虫的行军床上时,学会吃任何可以吃的东西时(美味的食物他们甘之如饴,难以下咽的东西他们一笑置之)。

最近,当我再次阅读我的毕业论文中的致谢辞的最后一部分时,我不禁被自己当时写下的文字深深地感动了,它们是那么的真实,完全是我真情的流露,放在今天,也完全一样。因此,现在,我逐字逐句地再次把它们写出来——只有关于加比(Gabi)这一点有所不同,因为,加比是在我研究生毕业后出生的——"最重要的是,我要感谢我的家人:我的妻子辛迪,我的儿子麦克斯韦(Maxwell),我的女儿玛雅(Maya)和即将出生的另一个女儿[她就是加比]。在我为各种研究而奔波的旅程当中,有了辛迪、麦克斯韦、玛雅[以及加比]的陪伴,一切就都变得完全不同了。如果没有辛迪的支持、没有她的随遇而安和她那颗热忱的心,我是不可能成为一个发展经济学家的……我将这[本书]献给我的妻子、我最好的朋友以及我生命中的至爱——辛迪,我也将此书献给麦克斯韦、玛雅[以及加比]。"

杰克的致谢

在 2009 年,我花了一整年时间穿梭于各个项目的实验现场,这是一段充满着震撼和冒险的经历,有时候甚至会令人产生想大声尖叫的感觉。当然,如果没有许许多多热心人士的真诚帮助、殷勤款待,没有他们的热忱和勇敢,这些项目是不可能完成的。

首先,我最应该感谢的是那些愿意抽出他们的时间,与我一起分享他们的经历的女士们和先生们(男孩们)——不仅仅包括那些被收录于这本书的故事当中的主人公。他们几乎无一例外都非常主动、不计报酬地与我分享他们的经历,无论他们当时在忙些什么,他们都会放下手头的工作,热情地接待我这个完全陌生的人,让我有宾至如归的感觉。他们的仁慈,他们的慷慨超出了我的想象,令我自愧不如。谢谢他们。

然而,如果没有研究者以及合作组织全体员工的努力,我将永远也不可能遇见这些卓而不凡的人。感谢分布在世界各地的合作组织的工作人员的接待、向导、翻译、筹划、推荐和协调工作,本书所述,远远无法充分反映出他们所做的奉献。感谢印度的贾斯廷·奥利弗(Justin Oliver)和杰伊·米勒(Joy Miller),整个儿童医健基金会团队(the entire CMF team)、赛尔凡·库马尔(Selvan Kumar)、尼勒什·费尔南多(Nilesh Fernando)、阿贝·阿格沃尔(Abhay Agarwal)、斯里·玛蒂(Sree Mathy)、乔丝(Jyothi)、斯里库玛·罗摩克里希纳(Srikumar Ramakrishnan)。感谢秘鲁的塔尼亚·阿方索(Tania Alfonso)、大卫·巴龙—巴顿(David Bullon‐Patton)、威尔伯特·亚力克斯·杨基·奥里萨巴(Wilbert Alex Yanqui Arizabal)、西尔维亚·罗伯斯(Silvia Robles)和卡尔蒂克·阿卡尔斯华伦(k Akileswaran)。感谢玻利维亚的道格·帕克森(Doug Parkerson)、马丁·罗滕伯格(Martin Rotemberg)、玛丽亚·艾斯特(Maria Esther)和乌尤尼市"民兵比萨"(Minuteman Pizza in Uyuni)的克里斯(Chris)。在乌干达,我要感谢皮亚·拉斐勒(Pia Raffler)、萨拉·卡贝(Sarah Kabay)、贝嘉·福斯特—尼科尔斯(Becca Furst‐Nichols)和威廉·巴穆苏特(William Bamusute)。感谢肯尼亚的凯伦·利维(Karen Levy)、安德鲁·费舍尔·利兹(Andrew Fischer Lees)、杰夫·贝伦斯(Jeff Berens)、欧文·奥齐尔(Owen Ozier)、基努·库拉(Jinu Koola)、布拉斯图斯·布瓦尔(Blastus Bwire)、伦纳德·布克克(Leonard Bukeke)、格莱丝·玛卡娜(Grace Makana)、摩西·巴拉查(Moses Baraza)和阿迪娜·罗姆(Adina Rom)。感谢马拉维的尼尔·克海勒(Niall Keheler)、杰西卡·戈德伯格(Jessica Goldberg)、卢塔米奥·瓦利玛(Lutamyo Mwamlina)、卡斯伯特·曼波(Cuthbert Mambo)和马拉维农村金融公司的菲利先生（Mr. Phiri of MRFC）。感谢菲律宾的丽贝卡·休斯（Rebecca Hughes）、梅根·麦奎尔（Megan McGuire）、南希·海特（Nancy Hite）、余雅英（Yaying Yu）、安·玛瑜珈（Ann Mayuga）、马里奥·葡萄牙（Mario Portugal）、普里莫·奥博斯奇奥（Primo Obsequio）、亚力克斯·巴迪克（Alex Bartik）和亚当·朱克尔（Adam Zucker）。感谢哥伦比亚的安吉拉·加西亚·巴尔加斯（Angela Garcia Vargas）。

感谢温迪·刘易斯，她总是不知疲倦地工作着；感谢在纽黑文市以及国外的扶贫行动创新研究会的所有同仁，他们自始至终都给了我们宝贵的支持。

感谢所有阅读过本书的初稿并且提出宝贵意见的人；感谢那些与我们一起进行头脑风暴的人；感谢那些帮助我们一起讨论想法的人。在这里，我要特别感谢劳拉·菲尔莫（Laura Fillmore），在本书写作的每个阶段，她都参与了讨论，这是非常难能可贵的。感谢海伦·马金森（Helen Markinson）的鼓励。感谢切尔西·杜布瓦（Chelsea DuBois），是他为我们提供了开篇的故事以及许许多多其他的故事。

最后，感谢我的妈妈、爸爸、娜奥米（Naomi）以及朱莉（Julie），毫无疑问，他们是我所认识的最好的人。

迪恩和杰克的共同致谢

感谢我们的出版代理吉姆·莱文（Jim Levine），当与我们签约的时候，他发誓他不是那种不负责任、签约之后便对此事置之不理的那种人。我们相信他是一个有责任心的人，当然他确实是的！他一直与我们一起努力工作，直到定稿（也包括敲定书名——这确实很辛苦！）。感谢莱文的工作团队——伊丽莎白·费舍尔（Elizabeth Fisher）、萨莎·拉斯金（Sasha Raskin）和克里·斯帕克斯（Kerry Sparks）——以及莱文·格林伯格工作室一直以来为我们所做的努力。感谢企鹅出版集团旗下的杜登出版社(Dutton, Penguin Books)的编辑斯蒂芬·莫罗(Stephen Morrow),他对本书提出了许多宝贵的建议和指导意见。他的编辑工作始终细致而耐心,他还不厌其烦与我们一次又一次地修改书名。感谢安德鲁·赖特(Andrew Wright)卓越的文字处理工作,他不仅输入了全部内容,还完成了字体和版式方面的设计。

感谢许许多多在第一时间阅读过我们手稿(我们这本书有很多稿)的人士——大卫·阿佩尔(David Appel)、朱莉·阿佩尔(Julie Appel)、娜奥米·阿佩尔(Naomi Appel)、斯科特·伯恩斯坦(Scott Bernstein)、凯利·比德威尔(Kelly Bidwell)、劳拉·费尔曼(Laura Fellman)、埃里卡·费尔德(Erica Field)、劳拉·菲尔莫(Laura Fillmore)、莎莉·菲尔莫(Sally Fillmore)、爱丽莎·费希班(Alissa Fishbane)、纳森尼尔·高登伯格(Nathanael Goldberg)、辛迪·卡尔兰(Cindy Karlan)、凯伦·利维、大卫·麦肯齐(David McKenzie)、泰德·米格尔(Ted Miguel)、克利奥·奥布莱恩·尤迪(Cleo O'Brien-Udry)、蒂姆·奥格登·罗西尼·潘德(Tim Ogden Rohini Pande)、乔纳森·罗宾逊、理查德·萨勒、丽贝卡·桑顿和克里斯·尤迪。

索引*

Abdul Latif Jameel Poverty Action Lab（J-PAL），阿卜杜勒·拉蒂夫·贾米尔反贫困行动实验室　27，78，228

absenteeism，缺勤，缺勤率　199—201，205—209，212，213—214，226—231

accounting training，账户培训　97

administrative costs，管理成本　270—271

advertising，广告宣传　41，43—44，46—47，263

　　See also marketing 请参见：marketing

advocacy groups，拥护团体　43

agriculture. See farming 农业。见 farming

Akwapim South District of Ghana，加纳阿夸平南部地区　181—182

altruism，利他主义　137—138

American South，美国南部　209

Andaya, Omar，奥马尔·安达亚　125

Andhra Pradesh, India，印度安得拉邦　50—52

anemia，贫血，贫血症　208—209，234

Arariwa，"阿拉利哇"小额贷款机构　104

The Art of Choosing (Iyengar)，《选择的艺术》(希娜·艾扬格著)　48—49

---

* 索引中的数字为原书页码，即本书的边页码。——译注

Ashraf, Nava,纳瓦·阿什拉夫　155, 170

ATMs,自动取款机　140—141

attendance rates,出勤率,出席率　214, 222, 227—231, 273—274

availability bias,可行性偏差　177—178

Babcock, Linda,琳达·巴布科克　89

balsakhi program,"家庭教师"计划　215, 216—217, 274

Banerjee, Abhijit,阿巴吉特·班纳吉　26—27, 78, 215, 220, 228

Bangladesh,孟加拉国　61, 64, 113, 124

Ban Ki-moon,潘基文　139

banking systems,银行体系　140—141

bare-bones loans,最简单的贷款,最简朴的贷款　65—69, 75—78

Barrera-Osorio, Felipe,费利佩·巴雷拉·奥索里奥　202—203

Becker, Gary,加里·贝克尔　6—7

bed nets,蚊帐　3, 242—246, 252

"before-after" evaluations,事前-事后评估　30—31

behavioral economics　行为经济学

　　and choice aversion, ~~与决策厌恶　47—48, 48—49

　　described,描述的　6—7

　　and difficulty of saving, ~~与储蓄的困难　147, 158—162

　　and evaluation of lending programs, ~~与借款计划的评估　102—105

　　and farming practices, ~~与农业生产实践　177—178, 178—180

　　and foundations of development, ~~与发展的基础　185—187

　　harnessing behavioral shortcomings,纠正行为上的弱点　178—180

　　and incentives plans, ~~与激励计划　162—166, 203—205

　　and marketing, ~~与市场营销　13—15, 17

　　and opportunity cost, ~~与机会成本　89—91

　　recency and availability bias, ~~与近期偏差和可行性偏差　177—178

　　and social learning, ~~与社会学习　181—183

　　and solicitation of donations, ~~与捐献的诱导　12—16

　　and water sanitation, ~~与水有关的卫生设施　248—249

Benartzi, Shlomo, 什洛莫·贝纳茨 158—160, 176

Bertozzi, Stefano, 斯特凡诺·贝尔托齐 254—255

Bertrand, Marianne, 玛丽安娜·贝特朗 45, 202—203

Bill & Melinda Gates Foundation, 比尔及梅林达·盖茨基金会 17, 19, 151, 248

Bleakley, Hoyt, 霍伊特·贝里克利 209

Bobonis, Gustavo, 古斯塔沃·波波尼斯 208

Bogotá, Colombia, 哥伦比亚首都波哥大 202—205

Bolivia, 玻利维亚 163, 273

Bono, 博诺 61, 139

Bruhn, Miriam, 米里亚姆·布鲁恩 97

Buddhist monks, 佛教徒, 和尚 1—3, 6, 8

Burns, Robert, 罗伯特·伯恩斯 183—184

Busia, Kenya, 肯尼亚的布希亚 26, 172, 174, 247—249, 257—262

business training programs, 经营技巧培训项目 94—98, 120

Butuan, Philippines, 武端市（位于菲律宾棉兰老岛北部） 152

California Raisins, 加州葡萄干 43

Camerer, Colin, 科林·凯莫勒 89

career choices, 职业选择 87—88, 195—196

Cebu, 宿务岛（位于菲律宾） 126—127

celebrity activists, 名人活跃分子 61, 123

cell phones, 手机 14—15, 48, 163, 186—187

Center for Global Development, 全球发展中心 82

Challenger space shuttle disaster, "挑战者"号航天飞机 188—189, 201

charities, 慈善机构 13, 17, 161, 267, 270, 277n5

Charway, Davis P., 戴维斯·P. 查韦 239—240, 242, 252

Chennai, India, 印度金奈市 143

Children's Investment Fund Foundation, 儿童投资基金会 218

Chile, 智利 151

Chittagong University, 吉大港大学 60

chlorine dispensers,"净水先锋"自动售卖机 247—249,274—275

choice,选择,决策 47,48—49,153—154,174—176

Christmas Clubs,圣诞俱乐部(一种储蓄账户) 153

classical economics 古典经济学

  and bed net prices,~~与蚊帐价格 245

  and HIV/AIDS prevention,~~与艾滋病病毒/艾滋病防治 258—259

  and microlending,~~与小额贷款 47,123

  and rationality,~~与理性 6—7

  and retirement savings,~~与退休储蓄 159

  shortcomings of,~~的缺点,~~的缺陷 177

  and the Trust Game,~~与信任博弈 130

  See also market-based solutions 请参见:market-based solutions

Clegg,Gary,加里·克莱格 39

Cohen,Jessica,杰西卡·科恩 245

Cole,Shawn,肖恩·科尔 50,215

collateral,抵押,抵押品 56,116

college education,大学教育 195—196

  See also education 请参见:education

Collins,Daryl,达雷尔·柯林斯 64

Colombia,哥伦比亚 202—205

commitment savings plans,承诺储蓄计划 152—154,155—158,275

Committed Action to Reduce and End Smoking(CARES),减少和终止抽烟的承诺行动 236—239

communication technology,通信技术 186—187

community assistance,社区协助 117

  See also Foundation for International Community Assistance(FINCA)请参见:国际社区援助基金会

community development,社区发展 76,77—81,110—111,218—221

Community Leaders,社区领袖,社区意见领袖 110—111

Compartamos,墨西哥国民银行 65

索引　321

conditional cash transfers，有条件的现金转移支付　201—202, 203—204, 231—235

condoms，避孕套　253, 255, 257—262, 263—267

Conley, Timothy，蒂莫西·康利　181—182

consumption patterns，消费模式　80

control groups，控制组　31—33

convenience stores，便利店　62—65

cooperation，合作　138—139

　　See also group lending 请参见：group lending

Credit Indemnity，信用补偿公司　45—46, 50, 66—69, 75, 101

credit reporting，信用报告　114—115

creditworthiness，信誉，有资格获得信用贷款　67—68, 76

crop rotation，轮流耕作　181

cultural issues，文化议题　35, 131—134

daily loans，每日贷款　144—145

daily targeting theory，每日目标理论　91

debt，债务　59—60, 91—98, 122

　　See also microcredit and microfinance 请参见：microcredit and microfinance

defaulted loans，违约贷款　117—119, 131

Delhi, India，印度德里　208—209

delinquent loans，过失贷款　118—119, 121

De Mel, Suresh，苏雷什·德·梅尔　70—71, 72, 74

demographics，人口统计资料，人口统计学　79—80

developing countries　发展中国家

　　and credit reporting，～～与信用报告　115

　　and deworming programs，～～与驱虫项目　205—209, 273—274

　　farming in，～～的农业　167—168

　　and malaria prevention，～～与疟疾防治　240

　　and savings rates，～～与储蓄率　158—162

　　See also specific countries　请参见：各特定国家

Development Innovations, 发展创新研究会　26—27

deworming programs, 驱虫项目　3, 188, 205—209, 222, 273—274

diarrheal diseases, 腹泻（病）　42, 44, 246—249, 249—252

discipline, 学科　147, 154—155, 156

Drexler, Alejandro, 亚历杭德罗·德雷克斯勒　96

DrumNet　鼓网项目

  collapse of, ~~的崩溃　183—185, 185—186, 189

  and fertilizer coupon programs, ~~与肥料优惠券项目　171—172, 179—180, 189, 273

  and kitchen sink approach to development, ~~与发展问题上的简单易行的方法　168—171

Duflo, Annie, 安妮·迪弗洛　218, 274

Duflo, Esther　埃斯特·迪弗洛

  and community development, ~~与社区发展　78

  and Development Innovations, ~~与发展创新研究会　26—27

  and fertilizer use study, ~~与肥料使用的研究　172—173, 179

  and genius grants, ~~与"天才奖"　188

  and health worker absenteeism, ~~与卫生所员工缺勤率研究　228

  and Millennium Development Goals, ~~与新千年发展目标　191

  and remedial instruction, ~~与补习指导　215

  and retirement savings plans, ~~与退休储蓄计划　164—165

  and teacher absenteeism, ~~与教师缺勤率研究　213—214

  and tracking programs, ~~与追踪计划　216

  and Village Education Committees, ~~与乡村教育委员会　220

Dupas, Pascaline, 帕斯卡利娜·杜帕斯　149—151, 216, 245, 259

earthquake insurance, 地震灾害险　177

East Africa, 东部非洲　169

Easterly, William, 威廉·伊斯特利　4—5, 27—28, 243—244, 252

economic capacity, 经济能力, 经济空间　64

Econs, 经济人　5—6, 10—13, 130, 174, 254

education 教育

　　and community involvement, ~~与社区参与　218—221

　　and conditional cash transfers, ~~与有条件的现金转移支付　201—202

　　cost to students, 学生承担的教育成本　197—199

　　and deworming programs, ~~与驱虫项目　205—209, 273—274

　　in Ghana, 在加纳的教育　192—197, 198, 210—211, 218

　　and health care incentives, ~~与卫生保健激励制度　192, 232—233

　　and HIV/AIDS prevention, ~~与艾滋病病毒/艾滋病防治　258—260, 263

　　and malaria prevention, ~~与疟疾防治　241—242

　　and the Millennium Development Goals, ~~与新千年发展目标　191—192

　　and remedial instruction, ~~与补充指导　214—215, 215—218, 274

　　and student absenteeism, ~~与学生缺勤率　199—201, 205—209, 214

　　and teacher absenteeism, ~~与教师缺勤率　212, 213—214

　　and tracking programs, ~~与追踪项目　215—218

　　and tuition subsidies, ~~与学费补贴　201—202, 202—205

　　and uniform giveaways programs, ~~与分发校服项目　26, 199—201, 207—208, 216—217, 247, 273—274

　　variety of problems and solutions, 各种问题及其解决方法　222

efficiency, 效率　77, 82—83, 186—187

　　See also classical economics　请参见：classical economics

El Salvador, 萨尔瓦多　23—24, 94, 263

employment, 就业　68—69, 97, 192

empowerment, 赋权, 授权　59, 120

entrepreneurs 企业

　　and bare-bones loans, ~~与最简朴的贷款　69

　　and evaluation of loans, ~~与贷款的评估　105—107

　　and informal savings schemes, ~~与非正式储蓄计划　149

　　and marginal returns, ~~与边际回报　70—71

　　and microcredit, ~~与小额贷款　56, 69—71, 71—75, 75—78, 80—81,

81—82, 91—98

ethics, 伦理, 伦理学　10—12, 30

EurepGap, 欧洲良好农业规范　184—85, 185—86

evaluation of programs　项目评估

    and administrative costs, ~~与管理成本　270—271

    "before-after" evaluations, ~~与"事前—事后"评估　30—31

    and education programs, ~~与教育计划　203

    and effectiveness of aid, ~~与援助的有效性　27—28, 31—33

    and health care incentives, ~~与卫生保健激励制度　232—233

    and HIV/AIDS prevention, ~~与艾滋病病毒/艾滋病防治　260—62

    importance of, ~~的重要性　8—10

    and innovation, ~~与创新　271—72

    and microcredit, ~~与新小额贷款　25—27, 81, 101

    and Proven Impact Initiative, ~~与项目效果论证计划　275—276

    and randomized control trials (RCTs), ~~与随机控制实验　29—31

    and standardized testing, ~~与标准化的检验　38, 200

    and teacher absenteeism, ~~与教师缺勤率　213—214

    tracking actual uses of loans, 跟踪贷款的实际用途　102—105

Evans, David, 大卫·埃文斯　199

evidence on poverty reduction programs, 减少贫困项目的证据　28

    See also evaluation of programs　请参见: evaluation of programs

Facebook, 脸谱网　14—15, 18, 270

face-to-face marketing, 面对面营销　52

farming　农业

    and behavioral economics, ~~与行为经济学　177—178, 178—180

    and choice overload, ~~与选择过载　174—176

    in the developing world, 发展中国家的~~　167—168

    and DrumNet, ~~与鼓网项目　168—171, 183—185

    and fertilizers, ~~与肥料　41, 171—174, 179—180, 181—183, 189, 273

    and foundations of　~~的基础

　　　　development，~~发展　185—187

　　　　and marketing，~~与市场营销　41

　　　　and non-rational behavior，~~与非理性行为　174

　　　　and social learning，~~与社会学习　181—183

Federal Reserve Bank，联邦储备银行　50

Feigenberg, Benjamin，本杰明·费根伯格　136—139

Fertilizers coupon programs，肥料优惠券项目　179—180，189，273

　　　　and marketing，~~与市场营销　41

　　　　and pineapple cultivation，~~与菠萝种植　181—183

　　　　rate of usage，~~的使用率　171—174

Fidelity Investments，富达投资集团　160

Field, Erica，埃里卡·费尔德　136—139

First Macro Bank，第一宏大银行　75—78，79

Fischer, Greg，葛雷格·费舍尔　96

fish markets，鱼市　186—187

Fisman, Ray，雷·菲斯曼　26

flower merchants，鲜花商　143—145

Food and Drug Administration（FDA），美国食品和药物管理局　29

food stamps，食品券　92

foreign aid，国际援助　270

Foundation for International Community Assistance（FINCA）　国际社区援助基金会

　　　　background of，~~的背景　23—27

　　　　and business training programs，~~与经营技巧培训项目　94—97，120

　　　　and cultural issues in lending，~~与放贷中的文化问题　132—134

　　　　and lending practices，~~与借贷实务　58

　　　　and loan terms，~~与贷款条件　65

　　　　and Trust Game study，~~与信任博弈研究　129—130

foundations of development，发展基金会　185—187

Freedom from Hunger，"免予饥饿"（一家小额贷款公司）　272

fungibility of money,货币的流动性 100,105—107

Gale, William,威廉·盖尔 164—165

Gates, Bill,比尔·盖茨 87

gender issues 性别问题

 and education,~~与教育 192

 and group lending,~~与群体贷款 109—112

 and impact of microlending,~~与小额贷款的影响 79

 and microsavings,~~与小额储蓄 272—273

 and return rates from microlending,~~与小额贷款的回报 73—74,77

Gertler, Paul,保罗·格特勒 233,253—254

Ghana 加纳

 and benefits of microcredit,~~与小额贷款的好处 59

 and credit reporting,~~与信用报告 114—115

 and education system,~~与教育体系 192—197,198,210—211,218

 and field research,~~与实地研究 34—36

 and group lending,~~与群体贷款 109—112

 health care system,~~的卫生保健体系 223—226

 and HIV/AIDS prevention,~~与艾滋病病毒/艾滋病防治 263

 and informal employment,~~与非正式就业 116

 and loan defaults,~~与贷款违约 118

 and loan practices,~~与贷款实务 114

 and malaria prevention,~~与疟疾防治 239—242

 and randomized control trials,~~与随机控制实验 34

 and rate of microcredit borrowing,~~与小额贷款利率 72

 and remedial education programs,~~与补习教育项目 274

 and social learning,~~与社会学习 181

 and taxi drivers,~~与出租车司机 55—57

Gichugu Constituency,吉楚古地区 169,170,171,185

Giné, Xavier,泽维尔·吉内 50,124,170,236

Glennerster, Rachel,蕾切尔·格兰内斯特 78,220,228

索引 327

Good *Morning America*,早安美国（美国广播公司早间电视节目的名称） 40

Google,谷歌 104

"goose that lays golden eggs" scenario,"会下金蛋的鹅"情境 70—71

government funding,政府资助 17, 231—235, 270

GRADE, 94GRADE 智库

Grameen Bank 格莱珉乡村银行

  and entrepreneurship, ~ ~与企业家精神 92—93

  and gender differences in lending, ~ ~与借贷行为中的性别差异 74

  and group lending, ~ ~与群体贷款 113, 120, 136

  origin of, ~ ~的起源 60—61

Grameen Foundation,格莱珉乡村银行基金会 104

Grameen II,第二格莱珉乡村银行 123—124, 124—125, 126

Green Bank of Caraga and commitment savings plans,卡拉加绿色银行的承诺储蓄计划 152—154, 155—158

  and individual-liability loans, ~ ~与个人责任贷款 125—129

  and personalized incentive programs,按每个人量身定制的激励计划 236—239

  and SEED savings accounts, ~ ~与"节省开支、快乐存钱"账户 155—158

group lending 群体贷款

  advantages of, ~ ~的优势 119—120

  assessing loan use patterns,评估贷款使用模式 109—112

  contrasted with simple individual loans, ~ ~与单纯的个人贷款相比 122—124

  future of, ~ ~未来 139—141

  and importance of meetings, ~ ~与会议的重要性 135—139

  and individual-liability loans, ~ ~与个人责任贷款 124—129

  lending practices described,描述的 ~ ~借款实务 114—115

  and loan defaults, ~ ~与贷款违约 117—119, 131

  model described,描述的 ~ ~模式 112—114

  origin of, ~ ~的起源 60

    and peer pressure，~~与同伴的压力　107，117，249—252

    problems with，~~的问题　120—122

    and risk，~~的问题　115—117，121—122，129—131，138—139

    and social trust，~~与社会信任　129—131，131—134

    See also microcredit and microfinance 请参见：microcredit and microfinance

Gugerty, Mary Kay，玛丽·凯·古格蒂　154—155

Gujarat, India，印度古吉拉特邦　50—52

Hanna, Rema，雷马·汉纳　213—214

happiness，快乐，幸福　89—91，112

health care　卫生保健

    and conditional cash transfers，~~与有条件的现金转移支付　231—235

    and deworming programs，~~与驱虫项目　3，188，205—209，222，273—274

    and diarrheal diseases，~~与腹泻（病）　246—249

    and education，~~与教育　192，232

    and HIV/AIDS prevention，~~与艾滋病病毒/艾滋病防治　256—257，257—262，262—267

    and incentive programs，~~与激励计划　192，227—231，231—235，232—233，235—239

    and malaria prevention，~~与疟疾防治　239—242，242—246，252

    and medical worker absenteeism，~~与医务工作者的缺勤率　226—231

    and smoking cessation，~~与戒烟　275

    and traditional medicine，~~与传统医药　28—29，224—226

    and water sanitation，~~与水处理设施　247—249，249—252，274—275

Henry E. Niles Foundation，亨利·E. 奈尔斯基金会　94

herbalists，江湖郎中，草头医生　224—226

heuristics，启发式的　97

Hewlett Foundation，休利特基金会　17

hidden traits，隐藏的特性　32

higher education，更高等的教育　195—196

HIV/AIDS prevention，艾滋病病毒/艾滋病防治 256—257，257—262，262—267

Honduras，洪都拉斯 202

honesty，诚实，正直 101—105

hookworm，钩虫，十二指肠虫 188，209

H & R Block，布洛克税务税收筹划办公室 164—165

Hyderabad, India，印度的海得拉巴市 72，78—79

ICS Africa，非洲促进儿童生活环境改善投资计划组织 179，199—200，207，216—217

"identifiable victim" issue，"可识别的受害者"问题 12，16

immunizations，免疫接种 232

incentives 激励，激励机制

 and health care，~~与卫生保健 192，227—231，231—235，232—233，235—239

 and HIV testing，~~与艾滋病病毒检测 262—267

 and Internet resources，~~互联网资源 160—162，235—236

 personalized incentive plans，按每个人量身定制的激励计划 235—239

 and savings plans，~~与储蓄计划 162—166

 and teacher absenteeism，~~与教师缺勤率 213—214

India 印度

 and communications infrastructure，~~通信基础设施 186—187

 and deworming programs，~~与驱虫项目 208—209

 and education programs，~~与教育项目 218—221

 and informal lending，~~与非正式贷款 143—145

 and microlending，~~与小额贷款 72，78—79

 and public health care，~~与公共卫生保健 227—231

 and rainfall insurance policies，~~与降水保险政策 50—52

 and remedial education，~~与补习教育 214—215

 and teacher absenteeism，~~与教师缺勤率 212，213—214

indígenas，土著居民 132

individual-liability loans，个人责任贷款 124—129

Indonesia，印度尼西亚 105

informal savings plans 非正式储蓄计划 148—152，154—158

  See also moneylenders 请参见：moneylenders

information 信息

  and farming，~~与农业 169，171，174—176，182—183

  and group lending，~~与群体贷款 114

  and HIV/AIDS prevention，~~与艾滋病病毒/艾滋病防治 256—257

infrastructure，基础设施，公共设施 114—115，186—187

in-home sales，入户推销 52

innovation，创新 271—272

Innovations for Poverty Action（IPA） 扶贫行动创新研究会

  and business training programs，~~与经营技巧培训项目 96

  and community development research，~~与社区发展研究 78

  and deworming programs，~~与驱虫项目 274

  and evaluation of aid programs，~~与援助项目的评估 28，276

  and malaria prevention，~~与疟疾防治 239，241—242

  origins of，~~的缘起 27

  and remedial education programs，~~与补习教育项目 274

  and water sanitation，~~与水处理设施 250—252

interest rates 利率

  and loans to microentrepreneurs，~~与小微企业的贷款 56，76

  and microcredit marketing，~~与小额贷款的营销 45—48

  and microcredit usage rates，~~与小额贷款的使用率 72

  and microlending theory，~~与小额贷款理论 9

  and short-term loans，~~与短期贷款 144

International Monetary Fund（IMF），国际货币基金组织 50

Internet 互联网

  and incentive programs，~~与激励计划 160—162，235—236

  and marketing，~~与市场营销 40

索引   331

　　　　and social learning, ~~与社会学习　181

　　　　and solicitation of donations, ~~与捐献的诱导　14—15, 18, 269—270

interview data, 访谈资料　34—36

IRA plans, 退休账户计划　165—166

iron supplements, 铁元素补充剂　209

Iyengar, Sheena, 希娜·艾扬格　48—49

Jamaica, 牙买加　202

Jamison, Julian, 朱利安·贾米森　104

Jensen, Robert, 罗伯特·詹森　186

John Bates Clark medal, 约翰·贝茨·克拉克奖章　27

Jonathan, Zinman, 乔纳森·辛曼　163

Kahneman, Daniel, 丹尼尔·卡尼曼　177—178

Kenya　肯尼亚

　　　　and deworming programs, ~~与驱虫项目　188

　　　　and education programs, ~~与教育项目　216—217

　　　　and farming practices, ~~与农业实践　169—171, 171—174, 179, 184

　　　　and HIV/AIDS prevention, ~~与艾滋病病毒/艾滋病防治　257—262

　　　　and informal savings schemes, ~~与非正式储蓄计划　149—52

　　　　and Kremer's research, ~~与克雷默的研究　26

　　　　and malaria prevention, ~~与疟疾的防治　245—246, 252

　　　　and prepaid fertilizer sales, ~~与预付货款的肥料销售　273

　　　　and water sanitation, ~~与水处理设施　247—249, 249—252

Kerala, India, 印度喀拉拉邦　186—187

Khemani, Stuti, 斯图蒂·科马尼　220

Kinnan, Cynthia, 辛西娅·金南　78

kitchen sink approach to development, 发展问题上的简单易行的方法　168—171

Kiva.org, 起哇网　15—16, 75, 139, 269

Korle Bu Teaching Hospital, 柯尔布医学院的附属医院　225

Koyamedu Market, 科雅迈都市场　143—145

Kremer, Michael　迈克尔·克雷默

and author's dissertation, ～～与本书作者的博士论文 25—26

and complexity of development programs, ～～与发展项目的复杂性 187—189

and deworming programs, ～～与驱虫项目 205, 207—208

and fertilizer use study, ～～与肥料使用研究 172—173, 179

and genius grants, ～～与"天才"奖 188

and student sponsorship programs, ～～与学生助学金项目 199

and tracking programs, ～～与追踪项目 216

and water sanitation, ～～与水处理设施 247—248

Laibson, David, 大卫·莱布森 154

Lanao, Iris, 爱丽丝·拉瑙 94, 131—132

last-mile problem, 最后一英里问题 42—44, 44—48, 247, 249

Latin America 拉丁美洲

See specific countries 见各特定国家

legal systems, 法律制度 114, 117

leisure time, 休闲时间 89—91

See also opportunity cost 请参见: opportunity cost

lending practices 贷款实务

*See m*icrocredit and microfinance 见: microcredit and microfinance

Lepper, Mark, 马克·莱珀 49

Liebman, Jeffrey, 杰弗里·利布曼 164—165

Linden, Leigh, 利·林登 203, 215

literacy, 读写能力 192

See also education 请参见: education

Loewenstein, George, 乔治·列文斯坦 89

lottery game, 彩票游戏 137—139

Lunyofu Primary School, 伦约富小学 241—242, 252

MacArthur Foundation, 麦克阿瑟基金会 27, 43—44, 188

Makola, 马克拉市场 111

malaria prevention, 疟疾防治 239—242, 242—246, 252

Malawi，马拉维　151，264—267

malnutrition，营养不良　232

marginal return，边际回报　70

market-based solutions，基于市场的解决方法　186—187，245，252

　　　　See also classical economics　请参见：classical economics

marketing　市场营销

　　　　and behavioral economics，~~与行为经济学　13—15，17

　　　　and credit options，~~与信用选择权　128—129

　　　　face-to-face，面对面　52

　　　　and future of microfinance，~~与小额贷款的未来　140

　　　　and the last-mile problem，~~与最后一英里问题　42—44，44—48

　　　　of microcredit，小额贷款的~~　16，44—48，49，50，58—59，82，126

　　　　promotional programs，促销计划　46—48，248—249

　　　　of rainfall insurance policies，~~的降水保险政策　50—52

　　　　and salesmanship，~~与推销技巧　53—54

　　　　Snuggie example，Snuggie 案例　39—40

　　　　ubiquity of，~~的普遍存在　40—41

marriage practices，婚姻生活　257，261

Massachusetts Institute of Technology（MIT），麻省理工学院　27

matching funds，配对基金　165—166

McConnell, Maggie，玛吉·麦康奈尔　163

McKenzie, David，大卫·麦肯齐　70—71，72，74

mestizas，女性混血儿　132—133

Mexico　墨西哥

　　　　and business training programs，~~与经营技巧培训　97

　　　　and education programs，~~与教育项目　201—202

　　　　and health care incentives，~~与卫生保健激励　231—235

　　　　and moneylender borrowing，~~与放债人借款　65

　　　　and sex workers，~~与性工作者　255

microcredit and microfinance　小额贷款与微型金融

benefits of，~ ~的好处 57—62

and capital investments，~ ~与资本投资 69—70

and community development，~ ~与社区发展 77—81

and creditworthiness，~ ~与获得信贷的资格 67—68

current status of，~ ~的当前状况 81—83

and efficiency of programs，~ ~与项目的有效性 3

and entrepreneurship，~ ~与企业家精神 56，69—71，71—75，75—78，80—81，81—82，91—98

and FINCA，~ ~与国际社区援助基金会 23—27

and future of microfinance，~ ~与微型金融的未来 140

and individual-liability loans，~ ~与个人责任贷款 124—129

and loan allocation procedures，~ ~与贷款分配程序 26

and malaria prevention，~ ~与疟疾防治 239

and marketing，~ ~与市场营销 16，41，44—48，49，50，58—59，82，126

and moneylender borrowing，~ ~与放债人借款 64—65

and rainfall insurance policies，~ ~与降水保险政策 50—52

and randomized control trials，~ ~与随机控制实验 31—32

rate of borrowing，借款利率 71—75

and risk assessment，~ ~与风险评估 67

shortcomings of，~ ~的缺点 62—65

and simple individual loans，~ ~与单纯个人贷款 122—124

support for，对~ ~的支持 19

terms of loans，贷款条款 65—69，101

theory of，~ ~理论 9—10

typical loan terms，典型的贷款条款 56—57，65—69

See also group lending 请参见：group lending

microsavings，小额储蓄 62，272—273

See also savings 请参见：savings

Miguel, Edward，爱德华·米格尔 205，207—208，248

Millennium Development Goals (MDGs), 新千年发展目标 61, 191

Mindanao, Philippines, 菲律宾棉兰老岛 125

Ministry of Agriculture (Kenya), 农业部(肯尼亚) 172, 173

moneylenders, 放债者, 放贷者 60, 64—65, 227, 272

money transfers, 资金转移 140—141, 203—204

monitoring programs, 监督项目 213—214, 270

  See also evaluation of programs 请参见：valuation of programs

Morduch, Jonathan, 乔纳森·默多克 64, 105

Mullainathan, Sendhil, 森德希尔·穆莱纳桑 26—27, 43—45, 163, 188, 247—248

Mumbai, India, 印度孟买 214—215

MySpace, "我的空间"(网站名) 270

natural experiments, 自然实验 133—134, 187

New York City, 纽约市 89—91

Ngatia, Muthoni, 穆托尼·那提亚 199

Nicaragua, 尼加拉瓜 202

Nobel Peace Prize, 诺贝尔和平奖 61

nonprofit organizations, 非营利性组织 27, 64—65, 169—170, 179, 271

Nudge (Thaler and Sunstein),《轻推一把》(理查德·萨勒和卡斯·桑斯坦著) 6

Null, Clair, 克莱尔·纳尔 248

numeracy, 计算能力 192

nutritional supplements, 营养补充剂 232

Ocampo, Reggie, 雷吉·奥坎波 75

Oportunidades, 机会项目 201

opportunity cost, 机会成本 87—89, 89—91, 112, 198

Opportunity International, 国际机会组织 59, 110

oral rehydration therapy, 口服补液疗法 42, 44

Orszag, Peter, 彼得·欧尔萨格 164—165

Owens, John, 约翰·欧文斯 155

Pande, Rohini, 罗西尼·潘德 136—139

parasites, 寄生虫 205—209, 241—242

patience, 病人 156

payday loan companies, 发薪日贷款公司 9, 66—68, 145

peer pressure, 同伴压力 107, 117, 249—252

Pérez-Calle, Francisco, 弗朗西斯科·佩雷斯·卡利 203

personal loans, 个人贷款 99—100

Peru　秘鲁

 and business training programs, ～～与经营技巧培训项目 94—97

 and group lending, ～～与群体贷款 120, 129—131

 and loan usage studies, ～～与贷款用途研究 104—105

 and microcredit, ～～与小额贷款 24

 and savings programs, ～～与储蓄计划 163—164, 273

 and social connections in lending, ～～与借贷社会关系 131—134

philanthropic foundations, 慈善基金会 17, 123

 See also charities; nonprofit organizations　请参见：charities; nonprofit organizations

Philippines　菲律宾

 and Grameen II, ～～与第二格莱珉乡村银行 125

 and informal savings, ～～与非正式储蓄 151

 and loans to ～～与贷款

 microentrepreneurs, ～～与小微企业家 75—78

 and *sari sari* stores, ～～与萨力萨力商店 62—65

 and saving programs, ～～与储蓄计划 152—154, 155, 163, 273

 and smoking cessation plans, ～～与戒烟计划 275

pineapple cultivation, 菠萝种植 181—182

politics, 政治，政治学 232

Population Services International, 国际人口服务组织 244—245, 247—249

Portfolios of the Poor (Collins, Morduch, Rutherford and Ruthven),《穷人的投资组合》(达雷尔·柯林斯、乔纳森·默多克、斯图尔特·卢瑟福和奥兰多·鲁斯

文著）64

Portman, Natalie, 娜塔丽·波特曼 61

Port Victoria, Kenya, 肯尼亚维多利亚港 240

PotosíRamírez, María Lucía, 玛莉娅·露西娅·波托西·拉米莱斯 58, 61, 75

poverty 贫困, 贫苦

  complexity of, ~~的复杂性 38, 187—189

  day-to-day experiences of, ~~的日常经验 38

  defining, ~~定义 36—38

  and entrepreneurship, ~~与企业家精神 91—92

  and fungibility of money, ~~与金钱的流动性 105—107

  and malaria prevention, ~~与疟疾防治 240—242

  persistence of, ~~的长期性 4

  and randomized control trials, ~~与随机控制实验 34

  and rate of microcredit ~~与小额贷款利率

  borrowing, 借款 72

  and savings plans, ~~与储蓄计划 154—158

Poverty Action Lab, 反贫困行动实验室 26—27

Pratham, "爱神布拉罕"（一个扶贫机构的名称）215, 220, 272, 274

pregnancies, 怀孕 260—261

prepaid fertilizer coupons, 预付货款的肥料销售 41, 273

preventive health care 预防性卫生保健

  See health care 见: health care

price equilibrium, 价格均衡 186—187

PRIDE AFRICA, "骄傲非洲"（一个扶贫机构的名称）169—170, 171

private schools, 私立学校 198

probability, 概率, 可能性 177

procrastination, 延宕, 拖延症 147, 159, 180

product inventories, 产品存货 63—64

profits 利润

  and fungibility of money, ~~与金钱的流动性 106—107

and marginal returns, ~~与边际回报 70—71
and return rates from ~~与源于……的回报率
microlending, 小额贷款 73—74, 77
and savings, ~~与储蓄 144
and short-term loans, ~~与短期贷款 145—146
and value of microlending, ~~与小额贷款的价值 69—70

Progresa program,"进步教育项目" 201—202, 204, 208, 233—235, 238—239

promotional programs, 推广项目 46—48, 248—249

Pro Mujer,"支持妇女"项目 65

property laws, 财产法 116

Proven Impact Initiative, 项目效果论证计划 270, 275—276

public health 公共卫生
　　See health care 见：health care

Puri-Sharma, Charu, 查鲁·普瑞·沙玛 208

race issues, 种族问题 48

Raffler, Pia, 皮亚·拉斐勒 103—104

rainfall insurance policies, 降水保险政策 41, 50—52

raisins, 葡萄干 42—43

Rajasthan, India, 印度拉贾斯坦邦 227—231

randomization, 随机化 103—105, 133, 187

randomized control trials（RCTs）, 随机控制实验 29—31, 31—33
　　See also specific studies and programs 请参见各项研究及各项目

"Read India" program,"阅读印度"项目 220—221

Reading Camps, 阅读营地 220—221, 222, 274

rebates, 回扣，部分退款 165—166

recency bias, 近期偏差 177—178

record keeping, 保存记录 119—120

regulation of programs, 项目的管理 74, 117, 184—185

Reative Risk Information Campaign,"告知相关风险信息活动" 259

remedial education, 补习教育 214—215, 215—218, 274

reminder messages，提醒信息 163—164

repayment rates，还款率 124—129, 135—139

research methods，研究方法 29—31

retirement savings，退休储蓄 159—160, 165—166, 176

risk 风险

    and banking systems，~ ~ 与银行体系 141

    and entrepreneurial lending，~ ~ 与小微企业贷款 67—68

    and group lending，~ ~ 与群体贷款 115—117, 121—122, 129—131, 138—139

    and HIV/AIDS prevention，~ ~ 与艾滋病病毒/艾滋病防治 255, 256, 258—259, 260—262

    See also credit reporting 请参见：credit reporting

Robinson, Jonathan，乔纳森·罗宾逊 149—151, 172—173, 179

Rockefeller Foundation，洛克菲勒基金会 209

Rotating Savings and Credit Associations (ROSCAs)，滚动式储蓄与信贷协会 148—150

"rule of thumb" training，"拇指法则"培训 97

Rutherford, Stuart，斯图尔特·卢瑟福 64

Ruthven, Orlanda，奥兰多·鲁斯文 64

Sachs, Jeffrey 杰弗里·萨克斯

    on benefits of microcredit，~ ~ 论小额贷款的好处 61

    on effectiveness of aid，~ ~ 论援助的效率 27—28

    and malaria prevention，~ ~ 与疟疾防治 243

    and poverty reduction strategies，~ ~ 与减少贫困策略 4—5

    and water sanitation programs，~ ~ 与水处理设施项目 252

Saez, Emmanuel，伊曼纽尔·赛斯 164—165

salaries，工资，薪金 213—214

salesmanship，推销技巧 52, 53—54

sari sari stores，萨力萨力商店 62—65

Save Earn Enjoy Deposit (SEED)，"节省开支、快乐存钱"储蓄计划 153—154,

155—158, 236, 275

Save More Tomorrow（SMarT），"明天储蓄更多"计划　20—21, 159—160, 176

Save the Children 救助儿童会　12—13

Savings　储蓄

  advantages of, ~ ~的优点　145—146

  and banking systems, ~ ~与银行体系　141

  and commitment devices, ~ ~与承诺机制　152—154, 155—158, 275

  in the developed world, 在发展中国家　158—162

  difficulty of saving, 储蓄的困难　146—148, 158—162

  and gentle incentives, ~ ~与温和的激励　162—166

  importance of, ~ ~的重要性　19

  informal saving schemes, 非正式储蓄机构　148—152, 154—158

  microsavings programs, 小额储蓄项目　62, 272—273

  and the poor, ~ ~与穷人　154—158

  reminder systems, 提醒系统　273

  short-term loans contrasted with, 作为 ~ ~对照的短期贷款　143—145

Savings and Fertilizer Initiative, 促进储蓄与施肥优惠券项目　179—180

Schoar, Antoinette, 安托瓦内特·舍布尔　96, 97

Schultz, Paul, 保罗·舒尔茨　202

seasonal businesses, 季节性业务　95

  See also farming　请参见：farming

SEED（Save Earn Enjoy Deposit），"节省开支、快乐存钱"储蓄计划　153—154, 155—158, 236, 275

self-control, 154, 156 自我控制

Seva Mandir, 213—214, 227—231, 272 舍瓦曼地尔（一个印度非政府组织）

sexually-transmitted disease 性传播疾病

  See HIV/AIDS prevention　见：HIV/AIDS prevention

sex workers, 性工作者　253—255

Shafir, Eldar, 埃尔达·沙菲尔　45

Shah, Manisha, 玛尼沙·沙赫　254—255

shortsightedness，短视，短视的行为 180

short-term loans，短期贷款 144—145, 145—146

  See also moneylenders 请参见：moneylenders

payday loan companies 发薪日贷款公司

Singer's Lake scenario，"辛格的湖"隐喻 10—12

Sixteen Decisions，十六个承诺决策 60—61

Slanket，袖毯 39—40

slipperiness of money，会溜走的钱 100, 105—107

small donors，小额捐赠 17, 269—270

SMarT (Save More Tomorrow)，"明天储蓄更多"计划 20—21, 159—160, 176

smoking cessation，戒烟 236—239, 275

Snuggies，袖毯 39—40, 54

social ties 社会联系，社会纽带

  and farming practices，~~与农业实践 182—183

  and group lending，~~与群体贷款 126—127, 129—131, 131—134

  and learning，~~与学习 181—183

  and loan repayment rates，~~与贷款偿还率 135—139

  and peer pressure，~~与同伴压力 107, 117, 249—252

  and safety nets，~~与安全网 92

  and water sanitation ~~与水处理设施

  programs，项目 248—249

South Africa 南非

  and consumer credit access，~~与消费者信贷渠道 10

  and microcredit marketing，~~与小额贷款市场营销 44—48, 49—51

  and moneylender borrowing，~~与放贷人借款 64, 66

  and sex workers，~~与性工作者 254

Spandana，斯邦达（印度的一个小额贷款机构） 78—81

sponsorships, educational，助学金 200

Sri Lanka 斯里兰卡

  and gender issues in microlending，~~与小额贷款中的性别问题 74, 77

and marginal returns of entrepreneurs, ~ ~ 与企业的边际回报　71—72

and microentrepreneurs, ~ ~ 与小微企业主　93

and rate of microcredit borrowing, ~ ~ 与小额贷款利率　71—72

standardized testing, 标准化检验　200

statistics, 统计，统计学　177

status quo bias, 现状偏差　175—176

Stewart, Potter, 波特·斯图尔特　66

stickK.com, stickK 网站　20—21，160—161，235—236

subsidies, 补贴　265

Subsidios program, 补贴项目　202

sugar daddies, 甜心老爹　257—262

sunk cost effect, 沉没成本效应　244

Sunstein, Cass, 卡斯·桑斯坦　6，158

supply and demand, 供给与需求　186，245，255

surveys, 问卷调查　34—36

sustainable programs, 可持续的项目　37，170

susu associations, 苏苏人协会　148

symbolic efforts, 象征性的努力　2

taxes, 税，税收　165—166

taxi service, 出租车服务　85—87，89—91

"teach-a-man-to-fish" approaches, "授之以渔"的方法　37

teachers, 教师　212，213—214，259—261

technology, 技术　168，186—187

temptation, 诱惑　155

text messaging, 短信　13—15，104，163—164

Thaler, Richard, 理查德·萨勒　6，89，158—160，176

Thornton, Rebecca, 丽贝卡·桑顿　263—267

time allocation, 时间分配　89—91，121

time/money equivalency, 时间/金钱等价性　87

　　See also opportunity cost　请参见：opportunity cost

timing of incentives, 激励的时机选择　203—204, 249

Tobacman, Jeremy, 杰里米·托巴科曼　50

Topalova, Petia, 比蒂·托帕罗瓦　50

Townsend, Robert, 罗伯特·汤森德　50

tracking programs, 追踪项目　215—218

　　See also evaluation of programs　请参见: evaluation of programs

traditional economics　传统经济学

　　See classical economics　见: classical economics

traditional medicine, 传统医药　28—29, 224—226

training programs, 培训项目　94—98, 120, 220

transportation costs, 交通成本　68, 168, 169, 206

trust, 信任　52, 101—105, 129—131, 169

Turkey, 土耳其　202

Tversky, Amos, 阿莫斯·特沃斯基　177—178

Twain, Mark, 马克·吐温　218

Twitter, 推特网　270

U2, U2 乐队　61, 123

Udaipur, India, 印度乌代布尔市　213

Udry, Chris, 克里斯·尤迪　181—182

Uganda, 乌干达　104, 151

UK Children's Investment Fund Foundation, 英国的儿童投资基金会　274

underestimation bias, 估计不足偏差　178

unemployment, 失业　92

uniform giveaways programs, 分发校服项目　26, 199—201, 207—208, 216—217, 247, 273—274

United Nations (UN), 联合国　4, 61, 191

United States, 美国　19, 114, 128

unrestricted loans, 没有任何限制条件的贷款　101

U.S. Agency for International Development (USAID), 美国国际开发署　155

U.S. Department of Labor, 美国劳工部　28

usury，高利贷 65

    See also moneylenders；payday loan companies　请参见：moneylenders；payday loan companies

utilitarian reasoning，功利主义的推理 10—12

Uttar Pradesh, India，印度北方邦 218—221

Valdivia, Martín，马丁·瓦尔迪维亚 94—95

Vanguard，先锋集团 160

Vickery, James，詹姆斯·维克利 50

Village Education Committee，乡村教育委员会 219—221

Village Welfare Society（VWS），乡村福利协会 136

Water Guard system，"净水先锋"水处理系统 247—249, 249—252

water sanitation，水处理设施 247—249, 249—252, 274—275

West Africa，西部非洲 148

The White Man's Burden（Easterly），《白人的负担》（威廉·伊斯特利著） 243—244

Whole Foods Market，全食食品超市 13, 139, 269

Whole Planet Foundation，完整行星基金会 13

women　妇女,女人

    and group lending，~~与群体贷款 109—112, 131—134, 136

    and impact of microlending，~~与小额贷款的影响 79

    and informal savings schemes，~~与非正式储蓄机构 150—151

    and microcredit marketing，~~与小额贷款市场营销 46—47

    and microlending theory，~~与小额贷款理论 9

    and return rates from　~~与源于~~的回报率 microlending，小额贷款 73—74, 77

Woodruff, Chris，克里斯·伍德拉夫 70—71, 72, 74

World Bank　世界银行

    and business training programs，~~与经营技巧培训项目 97

    contrasted with small donors，~~与小额捐赠人对比 17

    and education programs，~~与教育项目 220

and individual-liability loans, ~～与个人责任贷款　124

and malaria prevention, ~～与疟疾防治　243—244

and poverty reduction efforts, ~～与减少贫困的努力　4

and rainfall insurance policies, ~～与降水保险政策　50

Yin, Wesley, 韦斯利·殷　155—156

YouTube, "油管"网　40, 181

Yuan Chou, 周远　90

Yunus, Muhammad　穆罕默德·尤努斯

　　and business training programs, ~～与经营技巧培训项目　94

　　and entrepreneurship, ~～与企业家精神　92—93, 98

　　and evolution of microfinance, ~～与小额贷款的演变　66

　　and gender differences in lending, ~～与贷款中的性别差异　74

　　and group lending, ~～与群体贷款　60, 113, 123, 136, 140

Zambia, 赞比亚　244

Zinman, Jonathan, 乔纳森·辛曼　44—45, 50, 66, 75—78, 104, 236

Zwane, Alix, 阿利克斯·朱瓦内　248

译后记

统计表明,全世界有 8.65 亿人的日均生活费不足 0.99 美元。迪恩·卡尔兰和雅各布·阿佩尔合著的这本著作也以反贫困为宗旨,它强调,要对抗贫困问题,我们不能仅"流于美好愿望",而要利用各种工具,引导和帮助穷人像发达国家的成功人士那样,更聪明地花钱、更多地储蓄,逐步走向美好的生活。而要做到这一点,特别重要的是对各种"反贫困疗法"进行严格的评估,其中非常重要的一种方法就是随机对照实验。

值得指出的是,本书并没有完全局限于随机对照实验给出的结果上,它也包括了许多其他证据。作者们不仅揭示出,在反贫困斗争中,哪些方法是有效的,哪些方法是无效的;它们各自能有(或不能发挥)什么作用。他们还力图阐明有效的那些方法为什么是有效的,它们又是如何起作用的。

卡尔兰和阿佩尔同情穷人,但是他们从来都不认为穷人笨。穷人只是更容易受环境因素的影响。由于可以选择的范围过于有限,穷人也显得更容易屈从于惰性等陋习。他们强调,关键是创造条件,提供正确的激励,合理利用各种因素(包括人性中的非理性因素),促使穷人自己做出正确的决策。

这是一本开创性的著作,卡尔兰和阿佩尔描述了许多实地研究

（这些研究本身都是非常引人入胜的故事），让读者直面世界各地的穷人的困境。他们将行为经济学理论应用到金融领域、教育领域、健康保障领域等关键的反贫困领域，让理论与实践相互碰撞，从而成功地证明，提高穷人的福利水平的方法无处不在。

卡尔兰是著名经济学家阿巴吉特·班纳吉、埃斯特·迪弗洛和森德希尔·穆莱纳桑的学生。他的博士论文还得到了著名行为经济学家理查德·萨勒的指导。班纳吉和迪弗洛是随机对照实验这一研究范式的主要倡导者，也是"穷人经济学"的领军人物，迪弗洛还是2010年克拉克奖得主。卡尔兰本人也已经迅速成长为该领域最活跃的经济学家之一。

英国诗人约翰·德莱顿曾把译者形容为"戴着镣铐在绳索上跳舞的舞者"。本书是我首次独立完成的翻译著作，困难之大可想而知。所幸的是，我得到了众多亲人和朋友的帮助。

尤其是我的丈夫贾拥民，给了我莫大的鼓励和帮助。他在学术翻译方面拥有丰富的经验，又能得心应手地驾驭文字。不管是在翻译风格，还是在对待工作的态度上，他都影响我至深。本书的翻译工作得以圆满完成，我最应该感谢的人，就是他。当然我还应该感谢我的儿子贾岚晴，翻译此书占据了我大部分空余时间，仅五岁的儿子似乎一下子懂事了许多，不再有事没事就缠着我一遍又一遍地讲故事，而是默默地陪在我身边，独自绘画、看小人书、做游戏等，尽他最大的努力不来打扰我。

我还要感谢我的母亲蒋仁娟、父亲傅美峰以及傅晓燕、鲍玮玮、傅锐飞、傅旭飞等对我儿子的关心和照顾，使我得以安心地从事翻译工作。同事陈贞芳、郑文英等在工作上对我支持和帮助，我一并致以诚挚的谢意。

最后，感谢三辉图书。

图书在版编目（CIP）数据

不流于美好愿望：新经济学如何帮助解决全球贫困问题 /（美）卡尔兰（Karlan, D.），（美）阿佩尔（Appel, J.）著；傅瑞蓉译 .—北京：商务印书馆，2014

ISBN 978-7-100-06903-8

Ⅰ. ①不… Ⅱ. ①卡… ②阿… ③傅… Ⅲ. ①贫困问题－研究－世界 Ⅳ. ① F113.9

中国版本图书馆 CIP 数据核字（2014）第 027069 号

所有权利保留。
未经许可，不得以任何方式使用。

不流于美好愿望
——新经济学如何帮助解决全球贫困问题
〔美〕迪恩·卡尔兰　〔美〕雅各布·阿佩尔 著
傅瑞蓉 译

商 务 印 书 馆 出 版
（北京王府井大街 36 号 邮政编码 100710）
商 务 印 书 馆 发 行
山东临沂新华印刷物流集团
有 限 责 任 公 司 印 刷
ISBN 978-7-100-06903-8

2014 年 4 月第 1 版　　开本 960×1300　1/32
2014 年 4 月第 1 次印刷　　印张 11.375
定价：49.00 元